劳动关系管理：情景模拟与行为塑造

主　编　张旭军
副主编　李　薇　陈松洲
参　编　赵　铭　宋　永　李　丹

華中科技大學出版社
http://www.hustp.com
中国·武汉

内容简介

本书是编者全面、深入、系统地阐述劳动关系管理领域理论、实践、情景、能力和技能的一本教材，针对目前高校劳动关系管理课程教学中理论教材与实践教材失衡的状况，根据《"十四五"职业教育规划教材建设实施方案》，结合高校教学改革需要编写。

全书系统地介绍了劳动关系管理中的各种情景、典型行为、风险来源、管理要素，深入解析情景，内容简明实用，针对性强，重点突出了如何在具体的劳动关系管理情景中把理论和技术运用于实践，培养学生正确处理劳动关系的能力和技能，提高劳动关系管理的效果和效率。

本书包括八个项目，分别是概述，走进劳动关系管理，员工入职管理，劳动合同管理，劳务派遣、非全日制用工与劳务关系，工伤事故风险管理，社会保险及其风险管理，女性与特殊群体劳动关系管理。本书理论与案例并重，情景解析全面透彻，对塑造典型行为具有很好的指导作用，案例力求新颖，生动有趣，提高针对性、可读性。

本书适合用作高校经管类专业专科生、本科生、研究生教材，也适合企事业单位、政府与公共组织中的管理者阅读参考。

图书在版编目(CIP)数据

劳动关系管理：情景模拟与行为塑造/张旭军主编. —武汉：华中科技大学出版社，2022.10
ISBN 978-7-5680-8714-8

Ⅰ.①劳… Ⅱ.①张… Ⅲ.①劳动关系-管理 Ⅳ.①F246

中国版本图书馆 CIP 数据核字(2022)第 173469 号

劳动关系管理：情景模拟与行为塑造
Laodong Guanxi Guanli：Qingjing Moni yu Xingwei Suzao

张旭军 主编

策划编辑：彭中军
责任编辑：狄宝珠
封面设计：孢 子
责任监印：朱 玢
出版发行：华中科技大学出版社(中国·武汉) 电话：(027)81321913
武汉市东湖新技术开发区华工科技园 邮编：430223
录 排：武汉创易图文工作室
印 刷：武汉开心印印刷有限公司
开 本：787mm×1092mm 1/16
印 张：12.75
字 数：326 千字
版 次：2022 年 10 月第 1 版第 1 次印刷
定 价：39.00 元

前言

Preface

劳动关系是生产关系的重要组成部分，是最基本、最重要的社会关系之一，构建和谐劳动关系，是建设社会主义和谐社会的重要基础，是增强党的执政基础、巩固党的执政地位的必然要求，是坚持中国特色社会主义道路、贯彻中国特色社会主义理论体系、完善中国特色社会主义制度的重要组成部分，其经济、政治、社会意义十分重大而深远。随着工业化、信息化、城镇化、市场化、国际化的深入发展，我国劳动关系领域出现了一些新情况、新问题，对它们进行总结、提炼，及时吸收新变化，编入教材体系，促使教学紧扣时代脉搏，与时俱进，培养与时代要求相适应的专业工作者，具有重要的现实意义和价值。

一、关于劳动关系管理的思考

在实践中培养劳动关系管理能力，并非主观臆想，而是由人力资源管理的实践性决定的。

(1)劳动关系风险识别需要实际情景。劳动关系风险可能产生于人力资源管理的每个环节，无论是招聘、培训、绩效，还是薪酬、配置、信息管理，都可能因操作不规范而埋下风险隐患。这些操作很难在实际情景中被观察，而理论学习不能弥补实训的不足，学习者的风险意识和操作能力培养面临困难。

(2)劳动关系管理实操能力需要适用性强的实训教材。当前，市场上劳动关系管理方面的教材大多数都偏重理论，实践性强的教材相对匮乏。即使是实操性的教材，多数都采用单一的案例分析，没有很好地提炼各种情景下从业者应具有的正确行为和能力，不能很好地培养学习者相应能力、塑造典型行为。

(3)培养劳动关系管理能力需要避开错误的言行。管理者在日常工作中不但需要塑造典型的合法行为，而且应该了解不规范行为的特征或者行为本身,以达到规避风险的目的。

(4)训练实际操作能力需要创设仿真情景。劳动关系管理诸多情景涉及相关法律法规的把握与应用,单纯靠记忆只能满足理论需要,如欲完成知识向能力的转化,需要创设知识的迁移场所——场景,把风险要素和所需能力嵌入其中,让学习者能够通过解构风险、实际操作完成知识迁移。

二、本书的内容与特点

本书共八个项目,较为全面系统地介绍了劳动关系管理的理论、方法、技术及其应用。

项目一概述,系统介绍了全书的写作思想、目的意义、章节结构、内容特点、学习指南,便于读者把握全书知识框架,提高学习效果。项目二走进劳动关系管理,回顾了劳动关系管理发展历程,各个阶段的特点以及与管理理论的联系。项目三员工入职管理,重点对产生劳动关系风险较为集中的入职环节进行详细解构分析,把规避入职阶段劳动风险的要求转化为从业者的典型行为。项目四劳动合同管理,详细介绍劳动合同内容撰写、协商、修改、签订、续签、中止、终止、解除等的过程和程序合法性、规范性。项目五劳务派遣、非全日制用工与劳务关系,对几种特殊用工形式的性质、内容、法律法规进行全面介绍,对用人单位与劳动者建立相应关系的规范化程序和制度建设进行了系统的描述。项目六工伤事故风险管理,系统全面介绍了工伤风险、控制要素、工伤事故处理规范、工伤认定等涉及工伤管理的内容,首次根据法律法规相关规定把新型用工形式下劳动者受伤鉴定、责任划分、待遇给付等问题转化为学习者的典型行为,培养学习者识别、规避、处理相关情形下风险的能力和素质。项目七社会保险及其风险管理,系统地对当前我国政府、公共部门和企事业单位共性社会保险制度建设、费用缴存、管理全过程加以阐述和介绍,指出其中的风险因素,建立管理规范。项目八女性与特殊群体劳动关系管理,介绍女性劳动特点、性别歧视、性骚扰、特殊保护规定以及相关法律法规,对残疾人、外国人等特殊群体劳动保护、特殊规定做出全面讲解,从制度体系和操作层面介绍了相应风险的规避方法。总之,本书力求理论性、实践性与应用性相融合,重点放在了应用性方面。

与国内外同类教材相比,本书具有以下特点:

(1)以ISO标准质量管理体系建设为参考,建立了较为完整的劳动关系管理全过程教学内容体系,认为劳动关系管理的教学内容应该由情景、风险、行为、能力及实践五大模块组成,其中行为和实践是重点。

(2)提出了劳动关系管理内容、行为标准化的理念,也不失在标准化指导下,具体情景具体分析的权变管理思想。

(3)建立了把创设观察情景、模拟情景、角色扮演练习等融合为一体的综合实训体系，提高了学习者知识迁移的效果和效率。

三、关于本书编写的说明

本书的编写得到了汕尾职业技术学院管理学院陈松洲院长、宋永副教授的大力支持和帮助，天津职业技术师范大学经济与管理学院李薇、赵铭两位老师，汕尾职业技术学院组织人事处李丹协助编写。全书由张旭军博士主编与审定。

本书引用了部分劳动关系管理专家学者、法律工作者的辛勤劳动成果。在此，我谨向在本书撰写、修改、出版过程中提供过帮助与支持的同志表示衷心的感谢！

由于水平有限，尽管在撰写过程中编者已经付出了很大努力，我们仍然清醒地认识到，本书还有许多可以完善和修改的地方。我们真诚希望广大读者不吝赐教，提出修改意见和建议，以便在今后的修订中改进。

张旭军

汕尾职业技术学院管理学院教师

汕尾职业技术学院数字经济与高质量发展研究中心副主任

目录
Contents

项目一 概述

在我国，自20世纪末引进经济管理类专业以来，我国高等教育界的有识之士不断探讨管理学科中应用型专业的教学改革这一话题，并初步形成了案例教学探索基础。案例式教学是管理专业的一个基础教学方式，2021年4月，机械工业出版社出版了《行为观察案例教程》(杨勇、赵铭主编，张旭军、齐旭高副主编)，这本教材作为一个情景案例式实训教学的基础样本，对人力资源管理专业案例教学做出了有益的探索。劳动关系学实训教材——《劳动关系管理：情景模拟与行为塑造》可以看作是情景案例教学的一个延伸话题，也是本课题组编写的人力资源管理专业系列实训教材之一。

劳动关系管理是人力资源管理专业的一个重要的组成部分，与招聘与甄选、培训与开发、绩效管理、薪酬管理等共同构成了人力资源管理的完整知识和业务框架。劳动关系管理也是社科领域一个非常重要的应用话题，在现实工作中，劳动关系涉及包括政府、机关、社会性组织、企事业单位和劳动者等众多主体，处理好各方的利益，维持各方利益平衡不仅是构建和谐劳动关系的基础，也是用人单位开展人力资源管理的重要基础，还是促进家庭关系和睦，维护社会稳定团结，实现共同富裕，构建和谐社会的重要组成部分，是中国特色社会主义新时代社会发展的应有要义。作为实践性非常强的专业，人力资源管理乃至所有的管理工作，其专业工作者都需要具有一定的工作经验，这是产生优秀管理绩效的基本条件。因此，人力资源管理专业的合格毕业学生需要具备的一个重要基础，就是能够将书本知识和具体的工作情景相结合。《劳动关系管理：情景模拟与行为塑造》这本劳动关系学实训教材就是为满足这个学习需要而编写的。

本书中的案例涉及劳动关系规范化管理的系列情景，在模拟劳动关系管理各环节风险易发、频发的工作情景中，讨论用人单位、劳动者在劳动关系管理中各自的角色以及责任、义务，风险防控系统，风险防范的控制点、控制要素与规范性管理行为。

任务一 实训目的和变革意义

本书将劳动关系管理与具体的工作情景相结合。介绍劳动风险防范与控制并设计相应的操作和练习，涵盖针对劳动关系管理的全过程管理体系。以《劳动法》(全称为《中华人民共和国劳动法》)、《劳动合同法》(全称为《中华人民共和国劳动合同法》)、《工伤保险条例》、《残疾人就业条例》、《中华人民共和国社会保险法》等我国关于劳动合同、就业、社会保障等方面的法律法规相关规定，分析劳动关系管理过程中的易发劳动风险的风险点，找出风险控制因素，具体分析典型管理行为，总结劳动争议易发事项。通过规范劳动关系管理过程双方行为，预防、及时化解双方分歧、纠纷，塑造规范化的管理行为，减少劳动关系管理中的劳动风险和劳动纠纷。

本书所倡导的实训并非一般意义上的"案例式教学"，两者的区别在于教学理念和认知策略的显著差异。

案例式教学的教学理念中，案例是作为一个辅助工具，用来帮助或检验学生理解或掌握教师所传递的信息(知识)。而本书的实训所涉及的案例是为学生创造思考的机会，进一步将所学知识应用于实践的学习过程。

在认知策略方面，案例式教学中体现的认知策略是一种输入输出模式，即学生在获得教师传递的信息或知识的基础上，通过一个具体案例来探讨如何具体应用这些知识，学生的注意力集中在知识的理解和应用上。而本书的变革意义在于构建了一个加工反馈认知模式。即通过案例提出问题，引发思考，通过设计让学生为案例中的情景提供具体解决问题的方案来建立认知。学生的注意力集中在对知识的组织上。应用知识相对于组织知识的区别在于，前者是一个较多被动的学习环节，而组织知识是一个大部分主动的建构过程。

任务二　内容设计结构

认知理论认为学生是学习认知的主体，应发挥其主观能动性，在学习中不断探究，并与他人合作。所谓认知，并不是个别的感知和部分的知觉，而是对含有格式塔心理学所说的形态知觉这种更大的整体的认识。所谓学习，并不像赫尔(C. L. Hull)所说的那样是由 S－R 结合而成，而是这种符号完形的形成。认知理论的学习原理用于教学，其要点在于教师要善于安排教材或提问，把关键性的东西放在较为突出的地位，但并不完全显露，以便让学生经过努力自己掌握问题；问题的难度还可逐步加深。由此可知，以认知理论为指导的教学过程中，教师的作用类似于教练员，从旁不断帮助和促进学生学习，其指导作用不可忽视。因此，学习过程中，需要强调学生在学习中的主体地位，对教师教、学生学的传统教学理念进行变革，转变教师角色，以学生为中心，教师进行必要的协助和指导。本书的案例结构就是基于这一教学理念来构建的。

本书所涉及的劳动关系管理总共有以下几个主题：劳动关系管理的发展历程，员工入职管理，劳动合同管理，劳务派遣、非全日制用工与劳务关系，工伤事故风险管理，劳动保险风险管理，特殊群体劳动关系管理。涵盖了劳动关系管理所涉及的基本要素，构成了一个完整的知识架构，本书中称之为体系。

具体的章节结构包括项目目的、风险控制要素与管理规范、定义、典型行为与风险来源、情景解析、模拟案例、观察练习、模拟练习，总共 8 个部分。

其中的项目目的阐明学习的目标，各章针对劳动关系管理的全过程，根据《劳动法》《劳动合同法》《工伤保险条例》《残疾人就业条例》《中华人民共和国社会保险法》等我国调节劳动关系的法律法规相关规定，分析劳动关系管理过程中的易发、频发劳动风险的风险点，找出风险控制因素，具体分析典型管理行为，总结劳动争议易发、频发事项。通过规范劳动关系管理过程双方行为，降低风险发生概率，做好预先控制，及时化解双方分歧、纠纷，塑造规范化的管理行为，减少劳动关系管理中的劳动风险和劳动纠纷风险，降低劳动关系纠纷成本。

风险控制要素总结归纳各章所涉及的法律法规相关规定，将它们转变为劳动关系管理规范；定义给出了该章节涉及的专用术语、概念的明确表述；典型行为与风险来源进一步把本章、本节涉及的法律法规细化为劳动者、用人单位双方在劳动关系管理过程中的正面规范性行为以及负面非规范行为即风险来源；情景解析阐述了各类劳动风险易发、频发的具体情景，分析劳动者和用人单位双方在这些具体情景中需要规避的行为。以上各部分包含教学目标中所涉及的理论知识信息。

模拟案例中创设情景，将本章节的风险要素嵌入案例当中，提出问题，通过学生自己探究，组织知识完成加工反馈型的认知。观察练习要求学生深入实际工作情景，通过观察某个组织相应管理行为，分析其与典型行为、风险来源的异同，把观察获得的信息与同学交流，达到运用知识解决实际问题的目的。模拟练习中，教师指导学生总结实际观察获得的知识，模拟建立某个组织，模拟各类角色，塑造角色行为，完成知识迁移。

任务三　应用范围

首先，本书作为劳动关系管理领域的应用型实训教材，偏重对劳动关系过程及特殊群体劳动关系管理进行情景化实际技能培养与训练，从风险体系构建和控制要素的角度切入，更好地诠释了程序和规范，切合国家中长期人才发展规划纲要（2010－2020 年）关于高技能人才队伍建设提出的明确发展目标和主要举措，符合国家关于应用型人才培养的教育理念，为培养具有实际操作能力的高技能应用型人才提供了一定的理论基础和实践参考。

其次，本书可以为职业教育的实践，以及管理类学科的能力训练、技能开发提供补充与参考。针对现有组织中行为评价标准模糊、主观因素偏重做了一个全面、清晰的界定和研究提升，对组织行为评价专业领域的发展有一定的借鉴意义。

最后，本书可作为师范类专业硕士的教学训练用书。熟练地结合理论知识解析具体案例是管理类师资的必修功课，年轻师资在校培养期间普遍缺乏实践机会，在学校学习的主要内容是输入输出型的传输知识，缺乏对组织知识的引导能力。参加工作后，这些师资在教学过程中缺乏实践过程对知识运用的体会，导致授课“从书本中来，到书本中去”。本书通过情景化的技能实际训练，使刚走出校门的师范生能够更好地开展实验实训教学，授课过程结合实际，使教学更加生动。

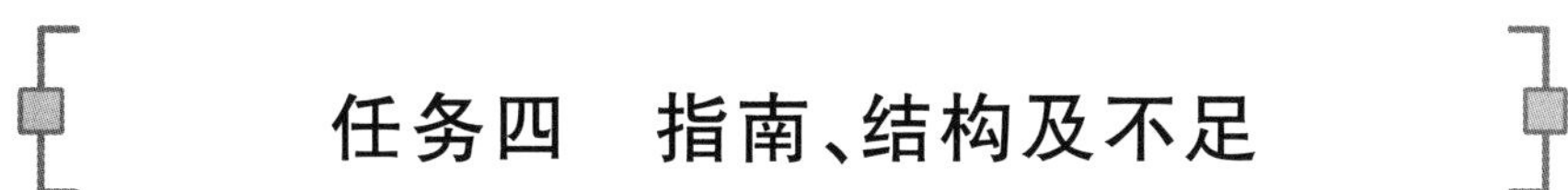

任务四　指南、结构及不足

本教材的使用要点在于教师要对加工反馈型认知策略有一定的理解，注意回避输入输出型认知策略。教学中确立以学生为主体的理念，教师主动转变角色，扮演引导者、组织者和管理者的角色，提倡学生自主学习，提高探究知识的能力，理论联系实际，动手动脑，倡导正确的逻辑思维，重点在于组织知识，而不是强调统一答案。

本书结构框架参照了企业质量、安全、环保、健康管理控制体系（QHSE 管理体系）的思路和术语，理论和案例融会贯通，我们注意运用相关理论对组织中出现的行为结合具体情景进行实际问题分析，同时也努力对行为实践中出现的新问题进行总结和研究，以达到提炼出新的方法和理论的目标。

全书结构如图 1-1 所示。

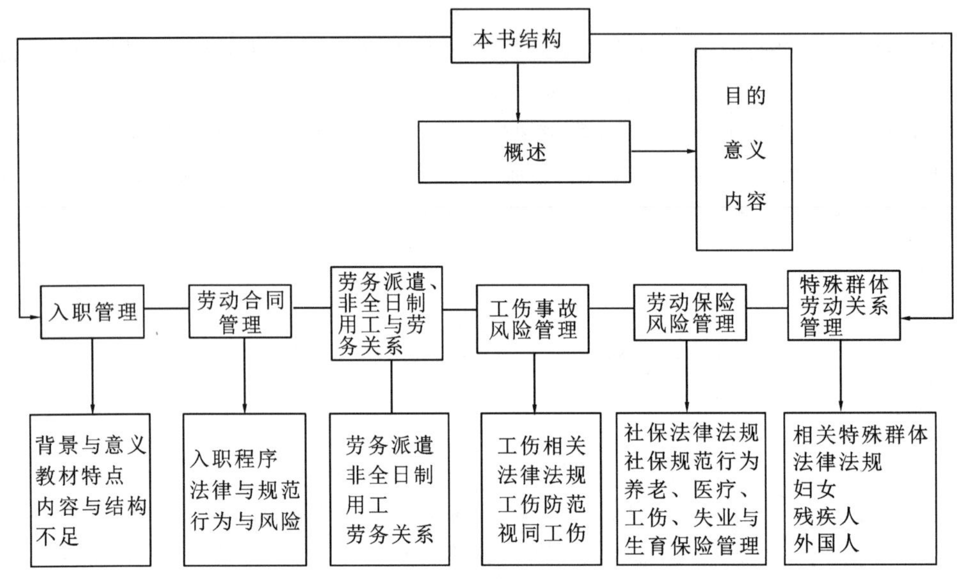

图 1-1 全书结构

本书主要参考了国内外相关理论的研究，引用了具体的法律法规和理论、专用术语、概念等，运用情景教学的方式方法，编写的范畴限于人力资源管理专业、社会保障专业、工商企业管理专业等的教学研究，缺乏广泛的基础研究。但是，本教材从一开始就注重把握以下原则：

第一，优选教材作者。本书的作者不限于一个学校，他们都长期从事人力资源管理工作，在人力资源管理相关领域或模块中兼具雄厚理论与丰富实践经验。我们要求这些学者必须亲自主笔，以保证教材的质量。

第二，优化教材结构。本书既可以满足学生系统学习劳动关系管理知识的需要，也可以供人力资源管理从业者作为业务管理的指导性用书。

第三，注重法律文献与实际案例的收集和运用。劳动关系管理的规范根源于法律法规，本书编写过程参考包括《中华人民共和国宪法》《中华人民共和国劳动法》《中华人民共和国劳动合同法》《工伤保险条例》《残疾人就业条例》《中华人民共和国社会保险法》《妇女权益保障法》《女职工劳动保护特别规定》《外国人在中国就业管理规定》等劳动相关法律法规、部门规章、地方法规等 30 余部（篇），结合我国涌现出的大量有价值的本土化劳动关系管理案例进行探究。我们特别强调尽量使用最近 5 年来的案例，以帮助读者更好地理解和掌握最新的相关理论、法律法规知识和方法。

由于水平有限，尽管在撰写过程中编者已经付出了很大努力，我们仍然清醒地认识到，本书还有许多可以完善和修改的地方。我们真诚希望专家和广大读者不吝赐教，提出修改意见和建议。

项目二 走进劳动关系管理

随着全球竞争态势的加剧,引起国内外社会变化的因素增多,变化程度更加剧烈,社会成员受教育水平的普遍提高,构建和谐劳动关系已经逐渐成为维护社会稳定的核心。在学习劳动关系管理内容之前,我们需要首先了解劳动关系管理的历程、现状,预测未来趋势。

任务一 劳动关系管理的历程与现状

在人的解放、人的全面发展、人类自由王国的实现过程中最根本的东西是劳动与人的关系的发展。当劳动成为关注焦点的时候，不难发现，不光是人类解放的问题和人的全面发展的问题可以得到终极解决，而且人类与劳动的关系也会被放在一个长期发展过程中去加以考察。在这个过程中,劳动是人们根本的谋生手段,是财富的源泉。下面从各个历史时期总结劳动关系的状况及特点。

一、经验管理时代的劳动关系

劳动关系是社会历史发展的产物。在西方,十八世纪中叶以前,雇主与劳动者的关系主要受亚当・斯密的影响。斯密认为,劳动创造的价值是利润的源泉,工资越低,利润就越高;反之,工资越高,利润就越低,把雇主和劳动者的利益天然对立了起来。由于雇主把追求利润最大化作为唯一的目标,因此采取压低工人工资、延长工时、增加劳动强度、不改善劳动条件和劳动保护设施、完全控制工人等手段提高利润。同时,斯密主张以"看不见的手"来自动调整市场的供求,政府仅仅作为守夜人,不干涉劳动市场的供求和经济的发展。没有制度作保证,雇主对劳动者拥有极大的雇佣、使用、解雇的权力,工人处于绝对劣势而雇主处于绝对优势地位。

二、工业化早期的劳动关系

18 世纪中期,以蒸汽机的发明为标志的产业革命从英国开始,席卷欧洲、美洲等,全球进入了一个新的时代——资本主义工业化时代。机器代替手工工具,机器工业代替手工业作坊,新技术的大量使用,极大提高了劳动生产率。这个时期,资本主义处于原始积累阶段,对内表现为对本国劳动者的剥削,对外表现为在殖民地的掠夺。在企业内部,雇主和工人之间形成了相互对垒的态势。

18 世纪末 19 世纪初,西欧各国爆发了各种工人反抗斗争,他们破坏机器、烧毁厂房、停工怠工、罢工游行,以各种方式要求改善劳动条件和提高工资待遇。但这些斗争或行动基本上都是自发的和分散的，没有经过周密的组织和计划，所以往往以失败告终。意识到单打独斗不能有效争取到自己的利益后，工人们开始自我组织起来，出现了类似于工会的工人组织，但这种工人自发组织因为规模小、层次低，不能提出更高级的斗争理想和目标，往往作用有限，只是工会组织的萌芽。总之，早期工业化时代劳动关系的表现形式是雇主与劳动者的激烈对抗，双方直接对立，劳动关系处于不稳定状态。

面对早期的工人组织，雇主进行了激烈的抵制，政府也采取了法律上的不承认或严格限制的态度。各国也都立法禁止工人结社、罢工和示威，代表性的包括1799年英国的《结社法》、1791年法国的《夏勃里埃法》。

工业化早期劳动关系的特点如下：

(1)雇主或资方通过压低工资、延长工时、提高劳动强度、控制工人、不改善恶劣的劳动环境等来获得更多利润。

(2)工人在争取工资、工时、就业和劳动条件改善方面进行了不懈斗争。但由于工人反抗运动分散、个别、局部化，往往以失败告终。劳动关系直接对立、激烈对抗、不稳定。

(3)政府表面上对劳资关系不干预，采取放任自由的态度，但实际的立法和政策倾向于雇主一方。

从18世纪末产业革命以来，随着社会经济的发展和产业化程度的提高，劳动关系经历了专制的劳动关系、温情主义的劳动关系、缓和的劳动关系、民主的劳动关系等几个不同的发展过程。由于各个国家的社会经济发展水平以及产业化程度的不同，同一个历史发展时期也会存在不同的劳动关系发展形态或类型。

专制的劳动关系是产业化初期的一种劳动关系形态。19世纪中期以前，资本集中在个人资本家手中，尚未形成自由的资本市场。这个时期所有权和经营权没有分开，资本所有者直接经营企业，并对企业实行专制化管理。这一时期的劳动力尚未完全脱离农村的形态，近代的劳动市场也尚未建立。在此背景下，雇主拥有绝对的优势，劳动者处于绝对的劣势，一切雇佣条件都由雇主专制决定，雇主与劳动者之间是剥削与被剥削、命令与服从的隶属关系。

三、科学管理时代的劳动关系

19世纪中期到20世纪初期，资本主义经济开始从自由竞争向垄断过渡。19世纪60年代到20世纪初这段时间，人类完成了第二次工业革命，进入电气化时代。电力代替蒸汽机，成了新的生产能源。与蒸汽机相比，电力被引入工业生产系统，几乎不占用土地，引发了生产工艺组织的变革。新技术革命也带来了生产组织的变革，使得机器体系(工作机、发动机、传动机)能够连成一体，同种机器并列被产品加工工艺组成的流水线代替。科学技术的巨大进步，工业生产的迅速发展，生产效率的极大提升，使企业规模迅速扩大，财富逐步聚集到少数资本家“精英”手中，垄断组织在各个部门陆续建立。

从19世纪中期开始，随着资本投入的增加和生产规模的扩大，雇佣劳动的规模也不断扩大。在这种情况下，虽然资本仍然居于统治地位，但由于劳动者整体力量增强，雇主单靠专制、高压手段，已很难取得劳动者的屈从和合作。资本家为了争取劳动者合作，提高生产效率，不得已为劳动者提供了少量最基本的福利措施，对劳动者表现出一些家族式的温情主义。劳动者也出现了报答雇主“恩典”，主动配合的情况。这一阶段，劳动关系呈现出温情主义色彩。

19世纪70年代至第一次世界大战爆发的40多年里，五次世界经济危机，每次都使资本主义国家的生产急剧下降、资产贬值、企业破产、失业人数增加，生产力遭到严重破坏。政府为了稳固政权、巩固统治，不得不要求雇主做出某些让步，同时对劳动者的工作保障加以干预。

这一时期工人运动的特点如下：

(1)工人运动继续发展，工会组织广泛建立，队伍逐渐壮大，并形成层次，工人力量开始不断增强。

(2)资方或雇主在不断加强的工人运动下，开始让步，从直接剥削和压迫转变为改进管理、科学分析和对工人的激励，追求利润最大化。

(3)劳资矛盾目标没有变化，仍然是争取更好的工作和生活条件，但激烈程度下降，集体谈判制度得到了确认。

(4)政府的政策发生了变化。各国政府改变了以往对工人运动和工会或放任或压制的政策，采取了所谓的"建设性"干预政策，建立相应机构管理劳资关系，对改善工人状况进行国家干预，使劳动关系向更加稳定、有序的方向发展。工厂立法、劳动保护立法、劳动保障立法、工会法、劳动争议处理法开始在各国涌现，如 1871 年在英国诞生了世界上第一部工会法，1905 年在新西兰诞生了世界上第一部集体合同法等。

19 世纪末，随着资本的积累，企业规模的进一步扩大，分散经营风险的需要，企业界出现了股份公司的组织形式，管理更强调科学化与合理化。另一方面，随着近代劳动市场的逐渐形成，工会不断涌现、力量不断壮大。这一变化限制了资本的绝对专制。但是，这一时期，资本集中还没有促使资本与经营完全剥离，而且工会的力量和组织形态尚处于初级阶段，远未达到实质性改变劳资双方力量对比的程度。因此，该时期资本的专制地位并没有实质性的改变，只是出现了缓和。总体来看，这一阶段劳动关系呈现缓和特点。

四、冲突制度化时期的劳动关系

20 世纪二三十年代，西方资本主义国家爆发了空前严重的经济危机，大量企业破产和工人失业，劳资关系重新紧张起来。

受俄国社会主义革命和经济危机的影响，各主要资本主义国家相继都爆发了以政治要求为目标的较大规模的罢工。例如，英国的罢工在 1919 年达到 1352 次；法国在 1919 年罢工次数多达 2026 次。柏林爆发了工人总罢工。远在东方的中国也爆发了全国性"罢工、罢课、罢市"，声援北京"五四"爱国运动。

在此情况下，各国政府不得不再次直接干预经济，最有名的就是罗斯福新政。罗斯福政府出台了著名的《产业复兴法》，规定工人有权组织工会、参加工会、通过代表与资方签订集体合同的权利；同时，规定了最低工资和最高工时；通过执行公共工程计划，吸收失业者重新就业。1935 年，美国通过《国家劳动关系法》(《瓦格纳法》)进一步确认了工会的权力；通过了《社会保障法》，标志着现代社会保障制度从社会保险制度向综合性社会保障制度的转变。

这一时期，科学管理理论已经不能解释"为什么工人拿着高工资却怨气冲天，生产效率低下?"等问题，不能进一步提高劳动生产率，行为科学理论应运而生。

与科学管理学派偏重于对工作进行科学分析不同，行为科学学派偏重于对人的心理活动进行研究，研究人们的行为规律，从中寻找管理员工的新方法和提高劳动效率的途径。行为科学学派的开创者梅奥的心理学背景及其主导的、取得巨大成功的霍桑实验，也促使大量的心理学研究者加入工业生产管理，由此出现了工业心理学，雨果·闵斯特伯格是这一领域的先驱，被称为工业心理学之父。他在《心理学与工业效率》中提出，工业心理学的研究目标是“寻求如何使人们的智能同他们所从事的工作相匹配”。

这一时期，劳动关系双方冲突向制度化进化。两次世界大战期间，劳动关系有了进一步的发展，世界大战和经济危机影响了各国政治和经济的稳定，加快政府干预步伐，各国从初期的干预向制度化、法制化过渡。劳资矛盾一度非常尖锐，也引发了很多社会问题，为了缓解劳资矛盾，开展了“产业合理化”运动，主要内容是工人参与企业管理的产业民主化运动。这一时期的另一个重要标志是政府、雇主、工人共同参与劳资谈判，以构建稳定劳动关系的三方性原则开始出现。三方合作的方式有两种，一是在政府主持和法律约束下，以集体方式处理劳资关系；二是雇主组织和工人组织共同参与劳动法的拟定和实施。

这一时期的劳动关系特点如下：

(1)劳动关系受重大历史事件影响较其他时期更为明显。

(2)政府进一步放弃了原来不干预的政策，不但加强了劳动保障方面的立法，而且对产业发展和劳动力市场等诸多领域进行了宏观调控。

(3)企业管理方更加关注员工的社会性特征，如士气、满意度等，客观上缓和了劳动关系紧张状态。

(4)该时期冲突逐步制度化，产业民主化和三方性原则首次被提出，集体谈判制度范围进一步扩大，调整劳动关系的渠道更宽。

五、第二次世界大战后的劳动关系

第二次世界大战结束至20世纪八九十年代，劳动关系逐渐进入成熟时期。

第二次世界大战结束后，资本更加集中，垄断型企业开始出现。独立的管理阶层日渐成熟，企业中开始形成经营职能的分化与专业化，经营者团体组织也相继出现，促使资本与管理进一步分离。劳动市场得到强化，经营规模扩大促使劳动力更加集中，劳工组织由原来的职业工会扩大到了产业工会以及全国性工会。在发达资本主义国家里，出现了工会与经营者团体交涉确定劳动条件的集体谈判方式。工人阶层文化程度提升，工人觉醒，为了争取更大的权益与资本家展开了不懈的斗争。为了安抚工人，政府纷纷介入，各发达资本主义国家制定了保护劳工的法律及劳动合同法等相关法律，工会组织也得到国家承认，试图使劳资双方在法律上出于相对平等的地位，促使工会与企业合作。这一时期，劳动关系呈现出民主特点。

这一阶段，世界经济发展出现了很多新变化：科学知识技术蓬勃发展，计算机的发明和应用，自动化控制领域的突飞猛进。在科技快速发展的情况下，世界各国经历了一个经济快速增长的时期。资本密集度不断增加，对工人的技术水平要求也在提高，企业规模不断扩大。

随着战后全球经济的快速发展，英国、瑞典等国家的高福利制度开始出现，社会保障制度也有不同程度的增长，于20世纪50年代后进入了成熟阶段，对于劳动关系意义重大。

这一时期劳动关系的主要特征如下：

(1)经过前几个时期的发展，政府不但认识到调整劳动关系的重要意义，而且调整手段已经相当完备，立法体系完善，社会保障制度和保障水平随着经济的发展不断提高，为劳资双方有效沟通所提供的各种服务也比较完备。

(2)在政府立法、服务体系干预下，管理方与员工双方都更愿意通过相对缓和的形式来解决冲突使双方都得到好处。总体来看，冲突的激烈程度不断下降，合作成为主流。

(3)经过长期发展,“三方格局”相对成熟,员工参与管理的产业民主化制度、集体谈判制度已经相当完善。

六、经济全球化下的劳动关系

20 世纪 90 年代以来,电子信息技术日新月异,新技术的采用带来新的组织制度发展,加上全球经济一体化的影响,新时期劳动关系也发生着日益明显的变化。随着科学技术的不断发展,新技术在销售、生产、设计和生产重组等方面,要求更具柔性的专业特征,从而使工作组织和工作设计发生了根本性的变化。

新时期劳动关系出现的新矛盾和新问题有:

(1)全球经济一体化带来国际竞争的加剧和雇主策略的变化。

(2)跨国公司的兴起和经济全球化的趋势改变了资方、政府和工会的权力平衡。

(3)跨国工会和工会联盟发展相对滞后。

(4)发展中国家面临新问题。

(5)发达市场经济国家的工会也面临着知识经济的挑战。

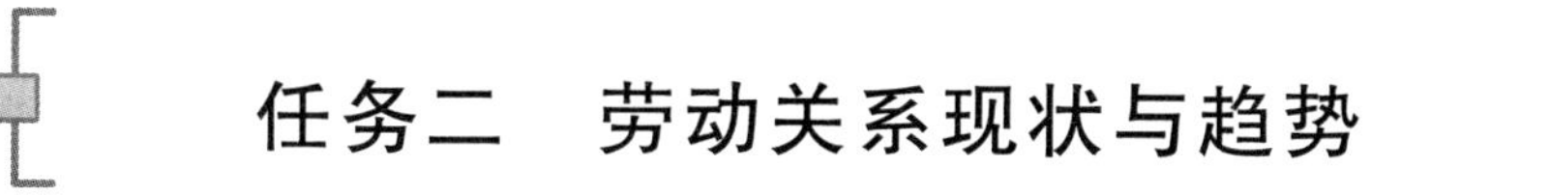

任务二　劳动关系现状与趋势

进入 21 世纪以来,劳动争议案件呈多发态势并保持在历史高位,主要原因在于:一是全球经济增速下滑,企业用人成本高企,为了降低成本被动地采取措施,损害了员工利益。二是在新的经济趋势背景下劳动关系矛盾日益显现。世界经济发展正进入一个生产要素成本周期性上升的阶段,成本推动的压力加大,经济增速放缓,特别是外向型经济和对外贸易受到严重冲击,企业经营出现困难,导致劳动关系矛盾日益显现,劳动争议案件大幅上升。三是用人单位传统用工模式与网络时代新用工方式快速变化之间存在难以调和的矛盾,用人单位用工模式变化跟不上新用工方式的变化。四是信息技术发展迅速,各国劳动法律法规修订速度严重滞后于新技术新业态带来的用工新变化,现有法律法规无法覆盖新用工变化情况下雇主与劳动者的关系。五是劳动者维权意识越来越强。进入 21 世纪,劳动者受教育程度大大提高,重视终身教育的理念使劳动者的知识更新速度和人力资本提升速度都快于以往任何时代。随着法制社会建设日臻完善,法律给予劳动者的保护范围也快速扩大,劳动者比以往更加清楚如何维护自己的合法权益。日臻完善的法律体系不仅为劳动争议的及时有效解决提供了法律依据,而且对劳动者权益保护提供了立法上的有力支持。同时,新法广泛深入的宣传极大地唤起了劳动者的权利意识,客观上增强了劳动者的维权能力。六是仲裁和诉讼的成本大大降低。以我国为例,《中华人民共和国劳动争议调解仲裁法》出台前,劳动者申请劳动仲裁均需缴纳一定的受理费和处理费,继《诉讼费用交纳办法》对诉讼案件只收取 10 元受理费后,《中华人民共和国劳动争议调解仲裁法》对于仲裁案件不收费,进一步降低了劳动争议的维权成本,在一定程度上刺激了劳动争议井喷式激增。

从以上原因分析可看出,劳动法律环境变化是劳动争议案件在这一阶段爆发的主要原因之一,并引发了企业对用工方式的大幅调整,非核心人员的人力资源外包和劳务派遣用工方式得到了广泛的应用。

基于劳动关系现有状况，可以推测未来劳动关系的发展趋势：一是各国政府会加快劳动立法的速度，增加修订法律法规的频率，尽可能降低法律法规相对于新型用工形态的滞后性。二是跨国工会的发展成为必然，也将推动国际劳动法律的相融性和互认，确保本国公民在他国劳动受到应有保护。三是劳动者维权意识和能力还将不断增强，在完善的法律环境中，倒逼企业真正关心员工利益，与员工结成利益共同体，构建和谐劳动关系。四是随着专业化程度的提高，人均效能压力的增大，外包和劳务派遣用工方式还将长期存在并得到发展。五是新型用工方式的出现，使得劳动关系三方主体可能扩充至四方，即政府、用人单位、劳动者、平台方，这将使劳动关系管理更加复杂。

项目三 员工入职管理

·引导案例·

诚信与能力哪个重要?

社会人员刘炫得于2017年5月5日到成都某科技公司求职,应聘职务为JAVA工程师。当日,成都某科技公司人力资源部招聘主管郭悠之详细告知了其工作地点、工作内容、工作待遇、工作条件、环境和职业保护等相关内容,询问了他的工作经历、曾任职位、现岗薪资、离开目前公司的原因及选择本公司的动机等,按照入职程序要求刘炫得填写了成都某科技公司《员工入职履历表》,教育经历一栏刘炫得填写的高等教育信息为"2010—2014年,在上海信息管理专修学院,计算机专业学习,取得本科学历"。

《员工入职履历表》中最后一栏设计有"声明",需要员工抄写"我对公司所问每一个问题的回答及所提供的资料都是真实的,同意公司获取关于我过去及目前雇主的所有信息、其他合适的资料。公司已经告知本人工作内容、工作条件、工作地点、职业危害、安全生产状况、劳动报酬,我已经知晓《员工手册》相关制度内容。本人《员工入职履历表》中的任何信息如有虚假,公司可以随时无偿解聘",最后是员工签名、按手印。刘炫得在郭悠之的指导下,在自己的《员工入职履历表》声明栏抄写了上述内容并签名、按了手印。

刘炫得向公司提交了《普通高等学校毕业证书》原件和复印件,证书落款为"上海信息管理专修学院"并盖章,郭悠之验看了一下原件与复印件,把原件退还给刘炫得,留下复印件存档。

双方订立了为期2年的劳动合同,自2019年3月起,刘炫得的职务调整为技术部门项目经理,月工资调整为25000元。

2019年5月5日,刘炫得与公司再次订立了《劳动合同书》,约定合同期限为2019年5月5日至2021年5月4日止,岗位为技术部门项目经理,……乙方(刘炫得)所提供的各种与甲方(公司)招聘要求有关的证件的真实性有疑义的,甲方可以解除本合同……。

2019年9月2日,公司向刘炫得送达了《解除劳动合同通知书》,内容如下:

解除劳动合同通知书

刘炫得,由于你提交的《普通高等学校毕业证书》在国家指定的查询网站上查询不到任何信息,且你在我公司提出质疑后,不能做出合理的说明或解释,亦未提交任何材料证实你的真实学历。据此,我公司认为,你的行为不仅违背了入职时的承诺,亦构成对我公司的欺诈。现依据《劳动合同法》第二十六条第一款第(一)项、第三十九条第一款第(五)项之规定,与你解除劳动合同。

刘炫得于当日办理了离职交接手续。2019 年 9 月 4 日，刘炫得申请劳动仲裁，要求公司支付其违法解除劳动合同赔偿金，理由是，学历并非公司录用他时所考虑的因素，而且他的工作能力已经得到了公司的认可并续签了劳动合同书，现在公司提出以虚假学历为由解除劳动合同系违法行为，据此提出公司支付其违法解除劳动合同赔偿金的仲裁请求。

公司亦申请劳动仲裁，请求仲裁双方劳动合同无效，理由是，刘炫得入职时填写了《员工入职履历表》，为公司提供了证明其学历的上海信息管理专修学院的毕业证书，且签署了“如实陈述”的声明。刘炫得提供的所有关于其学习、工作履历等相关的证明材料，系公司录用刘炫得担任相关岗位的重要考量依据。现刘炫得自认其在入职之时，向公司提交的毕业证书为虚假证书，其行为显然属于“以欺诈手段使得公司与其建立劳动关系”的行为。要求确认双方劳动合同无效并要求刘炫得赔偿公司因劳动合同无效而为刘炫得补缴的社会保险费、多支付工资的损失合计人民币 205656.45 元。

双方陷入了长时间的劳动争议和诉讼，给公司和个人都带来了本可避免的时间成本和伤害……

案例涉及本项目我们将讨论的员工入职阶段的劳动风险管理，通过归纳该阶段易发生劳动争议的事项，分析劳动争议原因，找出规避劳动争议的措施和方法，指出现行劳动法律法规的相关规定，把具体法律法规对用人单位和劳动者的权利、义务相关规定，总结为劳动风险控制要素，规范入职管理行为，进而转化为双方在实践中的典型行为和风险来源，通过行为塑造，达到在员工入职环节降低劳动风险的目标。

任务一　项目目的

本项目目的是，总结企业新员工入职通行做法、流程、内容、法律法规相关规定，明确劳动法律风险因素，确定风险环节，提出规避风险措施并从企业和劳动者两个角度，分别归纳规避风险的典型行为和风险来源。通过观察、模拟相关行为，形成行为规范，学习员工入职相关法律法规、规范操作以及风险，避免劳动法律风险发生，保护劳动者和用人单位双方的利益。

任务二　风险控制要素与管理规范

入职环节劳动风险控制要素就是在风险评估的基础上，识别风险点，整理相关要素，以利于企业对入职阶段劳动风险的控制。根据我国现行劳动法律法规，入职阶段的劳动风险控制要素如表 3-1 所示。

表 3-1　入职环节劳动风险控制要素表

控制要素	管理规范
高管层法律风险意识	1. 重视劳动法律法规，通过合适渠道学习相关法律法规，并密切关注劳动法律法规的变化，做出适应性改变。 2. 在现有劳动法律法规框架范围内制定本公司规章制度，内部管理制度应与现行劳动法律法规相适应。 3. 请劳动法律专业人士拟订本单位基本劳动合同条款，在签订一事一议的劳动合同前，交由专业人士如劳动法律专业律师把关。 4. 日常管理活动严格遵循相关法律法规，维护劳动者和单位双方的合法权益。 5. 在劳动关系建立前后、存续期间，以法律为准绳，约束管理人员的行为
规章制度	1. 合法的规章制度。用人单位内部与劳动相关的规章制度应当依法建立和完善。 2. 程序必须合法。用人单位的劳动报酬、工作时间、休息休假、劳动安全卫生、保险福利、职工培训、劳动纪律以及劳动定额等相关管理制度的制定、修改、发布过程，或者在决定那些直接涉及劳动者切身利益的规章制度、重大事项时必须遵守法定程序，即应当经由职工代表大会或者全体职工讨论，充分吸收他们提出的意见和建议，与工会或者职工代表平等协商确定。 3. 在实施规章制度，或者决定重大事项的过程中，管理者需听取工会或者职工的合理意见，与工会或职工平等协商，修改完善后予以实施。 4. 规章制度或重大事项的公示。与劳动者切身利益直接相关的规章制度和重大事项，必须在企业范围内向全体职工公示，组织干部职工培训，为制度实施或事项的执行打下基础
入职资料审查	1. 询问新员工相关信息，新员工口头提供的信息与入职申请表上的书面信息要逐一核对。 2. 调查、旁证，以核实新员工相关信息。 3. 与负有保密义务、有培训需要或竞业限制的新员工签订相应的专项协议或在劳动合同中加入相应内容。 4. 从学信网等国家政府部门管理网站或其他合法途径查询身份证明材料、学历证明材料、职业资格证书、执业资格证书等的真伪。 5. 审查劳动者与原单位解除劳动关系证明材料，向那些还没有拿到与原单位解除劳动关系证明书的入职者清楚解释暂不能办理入职原因并做出承诺，一旦拿到解除劳动关系证明即可办理入职。 6. 详细询问员工是否尚处于竞业限制期，要求新员工签署已经解除竞业限制的声明。 7. 详细询问新员工是否负有保密义务并处于保密协议期间，要求新员工签署已经履行完毕原单位保密协议的声明或出具保密协议

续表

控制要素	管理规范
劳动合同	1. 与拟入职新员工平等协商劳动合同内容，取得共识后确定劳动合同内容。 2. 入职时双方签订劳动合同，或于入职后的一个月内签订劳动合同。 3. 确保劳动合同内容符合现行劳动法律法规规定。 4. 确保劳动合同法定内容齐全有效
拟入职新员工身体健康状况	1. 要求拟入职新员工在指定医院进行入职体检。 2. 入职时要求新员工提供指定医院出具的体检表。 3. 根据指定医院出具的体检结果，判断其身体健康状况是否满足正常履职要求
告知义务	1. 认真履行告知义务。 2. 无论劳动者是否询问，均应如实告知劳动者工作内容、工作条件、工作地点、职业危害、安全生产状况、劳动报酬，以及劳动者要求了解的其他情况。 3. 劳动者应当如实向用人单位说明与劳动合同直接相关的基本情况
职工花名册	1. 将新员工相关信息录入职工花名册存档。 2. 在企业内部发布更新版职工花名册
抵押担保	1. 不得扣押劳动者的居民身份证和其他证件。 2. 不得要求劳动者提供担保。 3. 不得以其他名义向劳动者收取财物

企业高层管理人员劳动法律意识淡薄对企业的法治环境建设带来明显的阻碍，具体体现在以下几个方面：其一，企业高层对劳动用工方面的法律法规重视不足，他们常常会从自身利益的角度出发，制定出一些与国家法律法规相违背的内部管理规章制度；其二，企业高层劳动法律意识淡薄，在与劳动者签订合同时，合同条款公平性不足，往往过多主张企业方的权利、减少法定义务，排斥劳动者合法权利，为劳动纠纷的发生埋下隐患；其三，利用企业优势地位，在劳动用工期间违反法律法规相关规定，侵害劳动者合法权利和利益，如随意安排加班而不支付加班费，或者支付标准低于法定标准；其四，在企业员工选、用、育、留等全过程“心随我动”，无视法律规定，恣意妄为。同时，有些劳动者本身缺乏应有的法律常识，违约、跳槽的情况也时有发生。同时，部分劳动者由于缺乏长期的就业打算，他们多数都抱着临时就业的想法，由于不想受到用工合同的约束，从而不愿与企业签订劳动合同，这无形中给劳动用工管理增添了难度。

相反，如果企业高层劳动法律意识强，就会在劳动关系管理全过程表现出很强的守法意识，做出合法的行为，从而降低劳动风险。

企业在制定规章制度时，必须要依据现行法律法规，不得与法律法规相抵触。企业制定的规章制度最好经过专业律师的审核，以保证每个条款的合法性。与法律法规有抵触的规章制度从产生的时候起，就不具备法律效力，从而为劳动风险的发生埋下隐患。

员工入职资料审查的首要工作是完善员工入职流程，全面书面化签署确认各种文件，这是企业规避入职风险的重要利器。在实践中，有些企业没有制定完善的员工入职流程，甚至连入职流程都没有，人力资源管理人员在办理新员工入职时，随意性大，没有章法，往往遗漏一些重要内容，导致入职风险畸高，一旦发生劳动争议，企业往往处于非常被动的状态，遭受损失难以避免。

当然，很多企业的员工入职流程比较完备，但是，在执行这些流程时会出现问题，人力资源管理人员为了避免“麻烦”，“减轻”工作量，往往有意无意地“忽略”入职流程规定的某些环节，没有严格执行到位，如该填的表格没有填，该签署的文件没有签署，从而埋下劳动风险隐患。

员工入职资料审查的另一个重要工作就是严格审查拟入职员工相关经历、材料和证书，通过审查、核实拟入职员工的各种信息，保证员工所提供信息和证件证书的真实性，防止员工弄虚作假，给企业带来损害。

入职审查不严是导致入职风险畸高的主要原因之一。近年来，由于员工入职时提供了伪造学历证书、虚构工作经历，甚至是冒用他人身份证件、资格证书等导致的劳动争议案件层出不穷、屡见报端，大部分案件的起因均为入职审查工作不到位所致，一旦在该环节忽略了一些重要细节，就可能留下严重风险，最终诉诸法律，使企业蒙受损失。

劳动合同的主要风险控制点在于以下六个方面：一是劳动合同订立、变更、中止、终止、解除等的程序；二是劳动合同条款合法性；三是劳动合同中应包含的法定条款；四是劳动合同签订及续签时间；五是存续期间双方对劳动合同的遵守，包括劳动合同中止；六是劳动合同的终止、解除。

针对拟入职新员工身体健康状况进行审查时的风险控制点包括：一是对体检医院的要求，所有拟入职新员工的体检应尽量要求在指定医院体检，由于指定医院与企业形成了合作关系，所以企业对体检的要求是标准化的，避免发生过度检查带来入职者体检成本过高的可能性。其次，双方的合作关系使医院出具虚假体检报告的可能性降低。当然，对于招聘范围过大的企业来说，要求所有应聘者都到指定医院体检不太现实，例如全国性招聘，双方确定了入职意向后，可以要求应聘者在其所在地的医院体检。二是对体检结果即医院出具的体检报告表进行专业解读，需要获得医生的专业指导。三是异常指标是否对应聘者正常履职造成影响。

对于告知义务控制要素，风险控制点在于按照《劳动合同法》相关规定，劳动者和用人单位双方对对方的法定告知义务，包括：一是用人单位如实告知劳动者工作内容、工作条件、工作地点、职业危害、安全生产状况、劳动报酬以及劳动者要求了解的其他情况；二是劳动者向用人单位如实说明其与劳动合同直接相关的基本情况。

对于职工花名册控制要素，风险控制点主要在于：一是应当建立职工花名册；二是职工花名册应包含的法定内容要齐全，根据《中华人民共和国劳动合同法实施条例》第八条的规定，《中华人民共和国劳动合同法》第七条规定的职工花名册，应当包括劳动者姓名、性别、公民身份号码、户籍地址及现住址、联系方式、用工形式、用工起始时间、劳动合同期限等内容；三是职工花名册在新员工入职后要及时更新并在企业内部公布。

抵押控制要素的风险控制点主要在于：一是不要扣押劳动者证件，包括居民身份证、学历证件、资产证件、职业资格证件和其他证件等；二是不得要求劳动者提供担保；三是不得以押金、风险抵押等名义向劳动者收取财物，如扣发劳动者工资充当押金等。

任务三　员工入职程序

员工入职就是劳动者在形式上加入了某用人单位，成为该用人单位的员工。从物理属性而言，劳动者的工作地点固定在该用人单位，开始接受诸如考勤管理、劳动纪律、业务管理等由用人单位施加的各种管理，从事由用人单位分配的工作职责。从精神层面而言，员工需要调整自己的精神状态，从内心接受自己成为该组织成员的事实，认可自己是该“用人单位的人”。

不同公司的入职流程可能存在些许差异，但总体来说，应包含以下几个步骤：入职前工作、新员工报到、新员工培训等。

入职前工作是指用人单位为迎接新员工入职企业所做的各种必要工作，一般情况下，入职前的工作包括：一是准备办理入职手续所需的各种资料表单；二是向拟入职重要员工发送《录用通知书》；三是预先安排重要员工办公位，申领电脑、电话、办公网络等，预先安排基层生产类员工开展工作所需工具、调试设备等。这些工作往往涉及多个部门，由人力资源部、行政部、IT 管理部和用人部门等协调完成。入职前工作做得充分，能够体现公司的规范性，使新员工感觉受到尊重，从而降低适应新环境期间的焦虑感。

新员工报到就是指拟入职人员在约定的时间内到公司人力资源部报到、办理入职手续的程序。通用的事项包括引领新员工填写有关表单，新员工入职资料收取、查验及建档，制作发放工作证、班车证、就餐证等证件及发放员工手册、职位说明书、新员工培训相关资料等，与新员工签订劳动合同、保密协议。

人力资源部还应负责把新员工介绍给用人部门。由人力资源部人员引导新员工到用人部门，将新员工介绍给用人部门负责人或人事专员，协助安置工位并帮助其熟悉工作环境，解释一些基本事项如工作时间、基本办事礼仪、休息休假制度和组织机构，引领新员工领取办公用品，向新员工介绍管理层和同事，介绍公司情况，参观公司。应该培训部分员工，按既定流程负责新员工报到事宜，做到服务热情，使新员工产生归属感。切忌无人接待新员工，甚至“欺生”，使新员工产生孤独感或“受欺负”之感。用人部门应安排专人负责照顾新员工或安排新员工在本公司的业务师傅，由师傅负责新员工的向导和业务指导。如果一次招聘多人入职，需要系统安排报到事宜，如领导见面、欢迎仪式等。

劳动合同的签订主体可以是人力资源部，也可以是用人部门。应该在员工入职后尽快签订劳动合同，劳动合同明确了双方的权利义务、新员工工作岗位、工作职责、薪资待遇等一系列与其切身利益相关的诸多事项，使企业和新员工双方都安心。

新员工入职就要尽快安排入职培训，一般应在新员工入职三天内开展。新员工在熟悉了本部门情形之后，立即展开培训，有利于企业和新员工之间加深彼此了解，同时，避免了新员工在基本熟悉本部门人员后落入“无所事事”的状态。入职培训的内容一般包括公司基本情况、发展历程、企业文化、公司制度、公司组织结构、各部门职能与关系以及军训、专业技能，等等。

大型企业有专门的培训机构和培训场所，新员工数量较多，方便分期集中安排，食宿训一体，封闭性进行，培训时间也较长。中小企业由人力资源部门组织，按照事先制订的培训计划在企业内部进行，也可能选择外部培训机构按照计划要求进行封闭培训，规模较小的企业则一般由人力资源部门组织一对一或一对多的入职培训，内容也较简单。不同的岗位人员受训的内容和时间相差较大，如营销、售后、生产、质量、技术等岗位人员除了进行军训、历史、制度、文化等层面的通用培训以外，还需进行产品和技术层面的系统培训，往往需要的时间较长，少则一个月，多则半年，为新员工上岗后能够顺利工作和完成业绩提供知识和技能的准备。培训过程中，经企业组织的结业考核和测试，对于考试考核不合格者可予以淘汰。

一、定义

劳动者：广义的劳动者是指所有具有劳动能力的公民。狭义的劳动者仅指具有劳动能力且在法定劳动年龄内的公民。劳动者这一概念由于学科的不同会有不同的定义，劳动者也因为社会制度的不同而有多种不同的解释。劳动者的社会学定义是："劳动者"是指多阶级的政治集合，包括中小资产阶级、知识分子、公务员、自由职业者、工人、农民、渔民、手工业者等。劳动者的哲学定义是：指参加劳动的人，这些人以自己的劳动所得为主要生活资料来源。这个定义包括两个方面：其一，劳动者是指参加劳动的人，它既包括体力劳动者，也包括脑力劳动者；其二，劳动者是指以自己的劳动所得为主要生活资料来源的人。法律定义："劳动者"具体指达到法定年龄，具有劳动能力，以从事某种社会劳动获得收入为主要生活来源，在用人单位管理下，依照法律或合同从事劳动并取得劳动报酬的自然人（中外自然人）。但并不是所有的自然人都是合法的劳动者，要成为合法的劳动者必须具备一定的条件并获得劳动权利能力和劳动行为能力，这与"非法劳动者"，比如偷渡者是有区别的。劳动者既有本国人，也有外国人，还有无国籍人。对其称谓有工人、职工、帮工、帮手、学徒等。劳动者的主体资格从劳动者最低劳动年龄（从事特种工作除外，年满 16 周岁）开始，最后到法定退休年龄。达到法定退休年龄即丧失劳动者主体资格的劳动者，不得再与单位形成劳动关系。这时与单位之间的用工关系，就从劳动关系变成了劳务关系。马克思主义的劳动者定义为：劳动者是生产力的三个基本要素之一，是生产力诸要素中最活跃、最具有创造性的要素，是推动历史前进、创造人类世界物质财富和为创造精神财富提供条件的人民群众的主体部分。

本书所称劳动者，是指达到法定劳动年龄，具有劳动能力，以从事某种社会劳动获得收入为主要生活来源的自然人（中外自然人），在用人单位的管理下，依照法律或合同的规定从事劳动并获得劳动报酬。

用人单位是指中华人民共和国境内的企业、个体经济组织、民办非企业单位等组织，也包括可以与劳动者建立劳动关系的国家机关、事业单位、社会团体等。

员工：是指企事业单位中各种用工形式的人员，包括固定工、合同工，也包括代训工、临时工、实习生等。与员工含义相近的一个词是职工，职工是指职员或在职工作人员，旧时指工人，目前泛指以工资收入为主要生活来源的我国企事业单位和机关的职工和工作人员。本书所称员工，是指企业单位中以工资收入为主要生活来源的劳动者和工作人员。

员工入职：是指用人单位和劳动者缔结劳动关系的开始，劳动者进入用人单位，完成"员工"身份转变，接受用人单位管理并从事单位安排的工作。无论是否签订书面劳动合同，均意味着双方真正建立了劳动关系。

劳动关系：指用人单位与劳动者之间依法所确立的劳动过程中的权利义务关系。更具体地是指劳动者与用人单位依法签订劳动合同而在劳动者与用人单位之间产生的法律关系。劳动者接受用人单位的管理，从事用人单位安排的工作，成为用人单位的成员，从用人单位领取劳动报酬和受劳动保护。

事实劳动关系：是指劳动者与用人单位之间不存在书面劳动合同或虽有书面劳动合同但合同无效，或以口头约定达成劳动聘用关系，双方实际履行了劳动权利义务而建立的劳动法律关系。事实劳动关系与劳动关系相比，只是缺乏书面劳动合同这一形式要件而已。

劳动合同：根据《中华人民共和国劳动法》（以下简称《劳动法》）第十六条第一款的规定，劳动合同是劳动者与用人单位建立劳动关系，明确双方权利义务关系的协议。根据这一协议，劳动者加入企业、个体经济组织、事业单位、国家机关、社会团体等用人单位，成为其中的一员，在所在单位内承担一定的工种、岗位或职务，遵守所在单位劳动规则等规章制度；用人单位应当及时安排被录用劳动者的工作，根据劳动者提供的劳动数量和质量，支付劳动报酬，并根据劳动法律、法规的规定和劳动合同的约定，提供必要的劳动保护和劳动条件，保障劳动者享有合法的劳动保护和社会保险、福利待遇。

员工入职涉及的相关法律包括：《中华人民共和国劳动合同法》（以下简称《劳动合同法》）第七条、第八条、第九条；《中华人民共和国劳动合同法实施条例》（以下简称《实施条例》）第八条。

《劳动合同法》第七条规定“用人单位自用工之日起即与劳动者建立劳动关系。用人单位应当建立职工花名册备查”，《实施条例》第八条规定“劳动合同法第七条规定的职工花名册，应当包括劳动者姓名、性别、公民身份号码、户籍地址及现住址、联系方式、用工形式、用工起始时间、劳动合同期限等内容”。

《劳动合同法》第八条明确了用人单位的告知义务和劳动者的说明义务，“用人单位招用劳动者时，应当如实告知劳动者工作内容、工作条件、工作地点、职业危害、安全生产状况、劳动报酬，以及劳动者要求了解的其他情况；用人单位有权了解劳动者与劳动合同直接相关的基本情况，劳动者应当如实说明”。第九条规定，“用人单位招用劳动者，不得扣押劳动者的居民身份证和其他证件，不得要求劳动者提供担保或者以其他名义向劳动者收取财物”。

上述法律条文对员工入职环节用人单位和劳动者的行为提出了法律要求，以下我们进行详细说明和归纳。

二、典型行为与风险来源

入职环节，劳动者和用人单位都应诚实履行法律义务，行使合法权利，行为合乎法律规范。

典型行为，即合乎法律法规要求的行为，用人单位或劳动者的行为符合相关劳动法律法规规定，可以有效降低甚至消除劳动风险。

风险来源，即不符合法律法规要求的行为，用人单位或劳动者的行为不符合相关劳动法律法规规范，就会面临劳动风险，为双方日后发生劳动纠纷、争议或诉讼埋下伏笔。

（一）建立职工花名册的典型行为和风险来源

根据《实施条例》第八条，职工花名册内容应当包括：劳动者姓名、性别、公民身份号码、户籍地址及现住址、联系方式、用工形式、用工起始时间、劳动合同期限等内容。为便于管理，用人单位还可以在职工花名册的基础上，增加试用期、转正日期、续签劳动合同时间等内容后，将之转变成为人事基础管理台账。表 3-2 所示为建立职工花名册的企业典型行为与风险来源。

表 3-2 建立职工花名册的企业典型行为与风险来源

典型行为	1.询问新员工相关信息,新员工口头提供的信息与已提交书面信息应逐一核对。 2.调查、旁证,以核实新员工相关信息。 3.将新员工相关信息录入职工花名册存档。 4.在企业内部发布更新版职工花名册
风险来源	1.不建立职工花名册。 2.建立但不发布职工花名册。 3.有新员工加入,职工花名册发生变化但不及时更新并发布最新版职工花名册。 4.不闻不问不核实,直接把员工提供的书面材料信息录入职工花名册

劳动者在此过程中应遵循诚实信用原则,保证自己提供的信息真实、有效。表 3-3 所示为建立职工花名册的员工典型行为与风险来源。

表 3-3 建立职工花名册的员工典型行为与风险来源

典型行为	1.认真回答人事部门的询问,提供真实信息并保证与已提交书面信息一致。 2.提供相关佐证材料,以方便单位印证信息的真实性
风险来源	1.抵触人事部门的询问,提供虚假信息。 2.有意隐瞒对自己不利的信息或语言不详。 3.提供虚假证件或不提供相关证件,故意给用人单位核实相关情况制造障碍

(二)告知与审查环节的典型行为与风险来源

根据《劳动合同法》和《实施条例》相关规定,用人单位必须诚实履行告知义务,按照法律条文规定的告知事项如实告知劳动者相关情况。表 3-4 所示为告知与审查环节的企业典型行为与风险来源。

表 3-4 告知与审查环节的企业典型行为与风险来源

典型行为	1.将工作内容、工作条件、工作地点、职业危害、安全生产状况、劳动报酬等如实告知劳动者。 2.劳动者希望了解的与工作有关的其他情况,如实告知劳动者。 3.明确告知信息边界,超出劳动者应当了解情况范围的涉密信息予以保留,不告知劳动者。 4.让劳动者签署已获告知相关情况的书面材料并存档

续表

风险来源	1.劳动者询问的情况如实告知，没询问的情况则不告知。 2.故意隐瞒工作内容、条件、地点，职业危害、安全生产状况、劳动报酬等法定告知内容中的若干项情况。 3.有意夸大对新员工有利的相关情况或/和故意缩小对新员工不利的相关情况。 4.以“不方便”“不清楚”“以后自己可以慢慢体会”等类似托词，对新员工希望了解的情况加以隐瞒，或模棱两可。 5.口头告知而不留下已告知新员工相关情况的书面材料

劳动者应按照法律法规的要求，如实回答用人单位询问的情况并就自己关心的情况要求用人单位提供信息。表 3-5 所示为告知与审查环节的劳动者典型行为与风险来源。

表 3-5　告知与审查环节的劳动者典型行为与风险来源

典型行为	1.认真了解工作内容、工作条件、工作地点、职业危害、安全生产状况、劳动报酬等情况，如有疑惑，当面询问获得确切信息。 2.了解上述内容之外自己所关心的其他与工作有关的情况，消除疑虑。 3.如实告知用人单位询问的与工作相关的信息，对于涉密信息谨慎问询，并对人事部门明确告知并拒绝提供超出自己职责范围的涉密信息的行为予以理解。 4.签署已获告知相关情况的书面材料
风险来源	1.人事部门询问的情况如实告知，没询问但与工作密切相关的情况则不告知。 2.故意隐瞒工作内容、条件、地点，职业危害、安全生产状况、劳动报酬等法定告知内容中的若干项情况。 3.有意夸大对单位有利的相关情况或/和故意缩小对自己不利的相关情况。 4.以“不方便”“不清楚”等为借口对非个人隐私的、与工作有关的情况加以隐瞒，或模棱两可。 5.不签署或对被要求签署“已获悉工作相关情况”的书面材料表现出反感等负面情绪

(三)抵押、担保的典型行为与风险来源

现行劳动法律法规明确规定，用人单位不得以任何借口扣押劳动者证件，不得要求劳动者提供担保并且不得扣押劳动者任何财物，如果用人单位违反相应规定，就会面临劳动管理部门的处罚。表 3-6 所示为抵押担保的企业典型行为与风险来源。

表 3-6　抵押担保的企业典型行为与风险来源

典型行为	1. 不以任何借口扣押劳动者身份证、学历学位证、技能证、职称证、房地产证等证书。 2. 不以任何借口要求员工提供公司内外部人员做担保以获得入职资格、开展业务等。 3. 任何时候都不会以抵押金名义收取劳动者财物或扣发劳动者应得工资
风险来源	1. 以各种借口(如,员工需带公司产品外出推销、涉密、员工需要使用公司资产、可能损坏设施设备等)扣押劳动者身份证、学历学位证、技能证、职称证、房地产证等证书。 2. 以各种借口(如,员工需带公司产品外出推销、涉密、员工需要使用公司资产、可能损坏设施设备等)要求员工提供公司内外部人员做担保以获得入职资格、开展业务等。 3. 以抵押金名义收取劳动者财物或扣发劳动者应得工资

在用人单位提出抵押、提供担保、扣押财物等要求时,员工选择不一,其典型行为与风险来源如表 3-7 所示。

表 3-7　抵押担保的员工典型行为与风险来源

典型行为	1. 委婉拒绝企业提出的扣押自己身份、技能、职业资格、财产等方面证书的要求。 2. 委婉表达自己不接受提供担保要求的做法。 3. 明确拒绝用人单位提出的以抵押金名义收取自己财物或扣发工资的行为。 4. 向用人单位列举法律禁止上述行为的规定
风险来源	1. 对用人单位扣押劳动者身份证、学历学位证、技能证、职称证、房地产证等证书的做法表示理解并给予配合。 2. 对用人单位要求员工提供担保的做法表示理解并给予配合。 3. 对用人单位以抵押金名义收取劳动者财物或扣发劳动者工资的做法表示理解并接受

三、情景解析

新员工入职环节的情景包含把新员工信息录入职工花名册、更新并发布,行使告知权利和履行告知义务,规范行为等三个典型任务,此处分析这三个常见的典型情景和具体的要素。

(一)更新职工花名册

更新职工花名册就是在职工信息发生变动的情况下,将最新职工信息录入名册进行变更。职工花名册给人事管理提供基础信息,用于人事管理全过程,由于现代职场个人信息易变、人员流动性增加,因此应定期更新职工花名册,保持信息有效性。职工花名册变动要素包括新员工入职、员工离职、员工岗位调动、员工个人信息变动四种,如表 3-8 所示。

表 3-8 更新职工花名册的情景要素

要　　素	要素解析
新员工入职	1. 明确新员工需要提供的材料和信息。 2. 明确新员工提供相关佐证材料，如证书、证件。 3. 确定新职工花名册并发布
员工离职	1. 确认员工所有离职手续全部办理完毕。 2. 将职工花名册中的离职员工信息移入“离职员工信息表”保存。 3. 完成职工花名册更新并按期发布
员工个人信息变动	1. 在规定期间收集个人信息发生变动的员工信息。 2. 更新职工花名册并按期发布
员工岗位调动	1. 收集员工调动后的新工作地址、办公室、办公电话、新居住地址等信息。 2. 在职工花名册中进行相应更换并按期发布

新员工入职带来的职工花名册变动是人员增加，用人单位获取、查证新员工相关证件、信息后即可变更职工花名册。员工离职是人员减少，用人单位把拟离职人员的信息从职工花名册中删除后再更新职工花名册，但离职员工的信息应移入离职员工信息表，而不是永久性删除，以备将来重聘、离职人员吃“回头草”时审查之用。员工个人信息变动主要是员工个人的住址、邮箱、电话等发生变化，为方便联系，应及时更新。员工岗位调动是在本公司内发生的工作变化，可能会产生工作地址等的变动，也需要在职工花名册中进行相应变化。以上职工花名册变更后，都需在规定的周期或及时（如重要人员信息发生了变化）在公司内部发布。

（二）告知与审查环节

从《劳动合同法》第八条的规定可以看出，作为用人单位，在与劳动者订立劳动合同时，负有的义务和权利主要在于两个方面：一是对本单位与劳动合同直接相关的基本情况及劳动条件和待遇等有告知义务。用人单位在与劳动者签订劳动合同时，应当将劳动者的工作内容、工作条件、工作地点、职业危害、安全生产状况、劳动报酬以及劳动者要求了解的其他情况等有关内容依法告知劳动者。劳动者即使不提出要求，也必须主动告知。同时，还应积极采取书面方式对告知行为进行证据保全。二是有权了解和审查劳动者与劳动合同直接相关的基本情况。用人单位也有对劳动者的知情权，即有权了解劳动者的年龄、性别、学历、专业技术、工作经历、健康状况等与劳动合同直接相关的基本情况。上述情况，都需要劳动者提供相关的书面证明材料，用人单位也应对此予以保留、掌握并进行妥善管理。表 3-9 所示为告知与审查环节的情景要素。

从以上说明我们应该注意到，其中的用人单位告知内容是比较广泛的，基本涵盖了劳动关系的全部内容，而劳动者的告知义务相对少很多，仅限于与劳动合同直接相关的基本情况，实践中不外乎就是年龄、家庭住址、教育背景、学历、工作经历、是否与上一个任职单位解除劳动合同等，而对于与劳动合同没有直接关系的情况，劳动者可以不回答。

表 3-9　告知与审查环节的情景要素

要　素	要素解析
单位与劳动合同相关的基本情况	1.明确员工的具体岗位、工作职责、岗位权利、工作环境、工作条件、工作地点、劳动报酬等,与劳动者就工作事项充分沟通。 2.需与员工沟通休息休假、工作时间、职业危害、安全生产状况等,如是否需要出差及出差的频率与单次出差时间,是否需要加班以及加班的频度与加班时间,劳动者履职有无危害、职业病类型及风险防控等。 3.明确劳动者了解情况的边界,对超出员工职责范围的涉密信息给予解释,取得谅解。 4.劳动者与原工作单位解除劳动合同证明。 5.充分沟通,使劳动者获得其想了解的全部与工作相关的情况,留下劳动者签名的告知材料
劳动者基本情况	1.劳动者提供自己基本情况信息:年龄、性别、学历、专业技术、工作经历、健康状况等。 2.离开原工作单位的原因以及选择本单位的动机。 3.如实提供原岗位及薪资水平信息。 4.真诚与人事部门沟通自己的职业兴趣、职业发展规划

(三)抵押担保

在我国当前用工环境下,用人单位往往处于主动和强势地位,劳动者往往处于被动、弱势地位。劳动者为了维系劳动关系的存续,在被用人单位强行附加隐性不平等条件时,往往被迫接受。实践中,公司要求员工为公司业务提供担保的现象并不鲜见。但抵押担保活动应遵循平等、自愿的原则。公司要求员工为公司业务担保,是在免除公司的责任,将经营风险转移给员工,属于滥用劳动关系中优势地位的行为,违背自愿原则,员工无须为此承担保证责任。《劳动合同法》第九条所指的担保,是用人单位以此为名义非法向劳动者收取风险抵押金、扣押劳动者身份证件的行为。实践中,一些用人单位为防止劳动者在工作中给单位造成损失,不赔偿就不辞而别的情况,利用自己的强势地位,在招用劳动者时要求劳动者提供担保或者向劳动者收取风险抵押金,是一种不合法的行为。

另外一个现实的问题是,员工是否具有担保人的主体资格,以及由此产生的证据规则是什么?员工是否可以为所在公司的业务提供担保,目前法律并未做禁止性规定。但实践中,囿于公司在劳动关系中的优势地位,员工往往是迫于压力不得不为公司业务提供担保。在此情况下,担保活动所应遵循的平等、自愿原则,很难得到保障。由此发生纠纷时,员工亦很难举证。因此,人民法院在审理此类案件时,可在一定程度上参照劳动争议案件所适用的举证责任分配原则,适当加大公司的举证责任,除了一般的证明标准,公司还需证明曾明确告知员工担保的法律后果,又或员工为了获取明显不合理的高额业务提成,自愿为公司业务提供担保等情形。否则,员工无须承担保证责任。

表 3-10 所示为抵押担保的情景要素。

表 3-10　抵押担保的情景要素

情景要素	要素解析
扣押员工证件	1. 用人单位明确要求员工将自己的身份证件、资格证书、技能证书、财产证书等作为抵押物，以换取开展业务所需的公司应提供资源。 2. 用人单位以避免员工合同期跳槽、保守秘密等为由，明确要求扣押员工上述证件。 3. 用人单位以提供了特殊福利，如购房补贴、科研启动经费等为由，要求员工提供上述证件作为抵押
员工提供担保	1. 用人单位要求新员工提供担保人，否则不能入职。 2. 用人单位在需要员工开展某项业务时，要求员工提供担保，否则不允许员工开展该业务。 3. 用人单位在员工使用某项高价值设备设施时，要求员工提供担保，以便于在设施设备发生人为损坏时，能够得到赔偿保障
扣发员工工资	用人单位要求员工缴纳金钱或相应等价物作担保以入职、开展业务或使用某项设备，但员工无力缴纳时，以扣发工资代替

四、模拟案例：缺失潜逃高管信息，谁之过？

厦朋投资(集团)有限公司是厦门市一家以房地产开发为主营业务，集贸易、金融、影视、现代农业、酒店为一体的多元化集团公司，下辖厦朋贸易有限责任公司、厦朋金融服务有限责任公司、厦朋影视娱乐有限责任公司、厦朋现代农业发展有限公司、厦门厦朋酒店等子公司、分公司。2017 年 8 月，为了摸清各子公司、分公司业务开展现状和财务状况，集团董事会决定开展对各业务集团公司的财务审计活动。一天，审计组按计划到达厦朋影视娱乐有限责任公司准备进行审计，按照惯例，集团办公室已经提前把审计工作计划安排发给了厦朋影视娱乐有限责任公司的高管，审计工作开始前公司高管应该组织一个由高管和财务部、业务相关部门共同参与的审计工作推进会，布置相关工作。但出人意料的是，集团审计组却发现该公司没人安排会议，经询问才知道，厦朋影视娱乐有限责任公司总经理李东不在公司。进一步向该集团总经理办公室人员了解，总经办主任告诉审计组，李总已经离开公司 10 多天了，走的时候说是去北京总部参加经营会议。再次联系李东，发现手机关机，无法联系本人，查问人力资源部是否有李总的其他联系信息，结果发现其他人员都按要求填写了姓名、性别、居民身份证号码、户籍地址及现住址、联系方式等信息，而李东的信息只有手机号。

审计组迅速向集团总裁汇报了这一异常情况，总裁指示，先由厦朋影视娱乐有限责任公司的运营副总主持召开审计推进会，会后立即着手审计工作。在接下来的财务审计中发现，年初集团总部投入厦朋影视娱乐有限责任公司的 9000 多万元资金已经所剩无几，财务人员说不清楚资金去向，而支出项目基本上都是“明星”劳务费、“演员”差旅费、摄像器材费、公关费、设备费等名目，而所谓的“明星”也多是名不见经传的，但劳务费、差旅费高得离谱。摄像器材、设备费用都非常高，但却找不到任何实物器材或设备。消息汇报到集团总裁，又汇报到董事长，集团董事会紧急开会讨论处理方案。大家一致认为，厦朋影视娱乐有限责任公司总经理李东有套取公司资金的重大嫌疑且可能畏罪潜逃，应该马上向公安机关报案。但是，当初李东是毛遂自荐且由董事长和集团总裁、行政人事副总裁简单面试，认为其拥有相应能力和行业人脉就“空投”到了厦朋影视娱乐有限责任公司当总经理。集团人力资源部没有要求李东提供详细的个人信息，而厦朋影视娱乐有限责任公司人力资源部以为集团人力资源部留有足够信息，自认为没必要再深入了解其个人信息并核实。因此，现实情况是，除了手机号码，整个集团公司没有人掌握李东任何其他信息，即使向公安机关报案都可能因无法确定李东身份而不能立案，且李东这个名字是否是其真名也值得怀疑。集团董事长因此事大发雷霆，处分了人力资源副总裁和厦朋影视娱乐有限责任公司人力资源部负责人，但已经于事无补了。

讨论题 

(1)厦朋影视娱乐有限责任公司在人力资源管理哪个环节出现了重大纰漏？

(2)为了亡羊补牢，厦朋集团应如何完善管理？

五、观察练习：新员工入职过程双方行为如何规范？

以自己所在的实习单位为观察对象，对该单位新员工入职经过进行全过程观察，记录新员工入职过程中人力资源管理部门人员和新员工的关键言行，对照本节的规范行为表，说明单位人力资源管理人员和新员工的哪些言行是合乎规范的，哪些是合乎风险来源的，跟人力资源部人员交流你的想法。也可以跟同学一起参加他/她的实习生入职手续办理过程，对该过程进行观察和记录，并与同学交流心得体会。

六、模拟练习：创业公司人员入职行为模拟

以参加校园创业大赛的创业项目为目标公司，自拟情景(例如，为创业公司招聘业务人员，办理业务人员入职等)，进行人员入职行为模拟观察，总结出在特定情景下应呈现出的规范操作行为。

操作指导如下：

(1)教师向学生阐明训练目的和知识准备。

(2)学生分组，每一大组又分为行为模拟小组和行为观察小组。

(3)教师指导大组选择情景主题。例如，公司人员和应聘者双方行使知情权和履行告知义务的情景。

(4)行为模拟小组和行为观察小组分别进行模拟和观察准备。

(5)教师指导实施行为模拟观察。

(6)观察组阐述行为观察结果。

(7)每一大组提交一份行为观察模拟训练总结报告。

任务四 入职环节劳动关系风险识别

《劳动法》《劳动合同法》等法律、法规都规定了用人单位和劳动者双方在签订劳动合同时享有知情权。虽然双方在签订劳动合同时如果存在欺诈行为，双方都可以与另一方解除劳动

合同，但对用人单位和劳动者双方来说，都会带来不利的后果。用人单位一方会增加用工失败的成本，而劳动者则因失信给日后的择业埋下隐患。

一、定义

劳动关系风险：简称劳动风险，就是用人单位和劳动者因用工关系的存在，双方劳动关系存续期间各个环节可能产生的代价或收益的不确定性。它大致有两层含义：一层含义强调劳动风险表现为用人单位或劳动者收益的不确定性；而另一层含义则强调风险表现为双方成本或代价的不确定性。如果劳动风险表现为收益或者代价的不确定性，说明劳动风险产生的结果可能带来人身伤害或财产损失，或者无损失也无获利，属于广义风险，用人单位行使所有权人的活动或者劳动者行使劳动权的活动，应被视为管理风险。而劳动风险表现为损失的不确定性，说明劳动风险只能表现出损失，没有从劳动风险中获利的可能性，属于狭义风险。在劳动关系风险中，不存在风险和收益成正比的关系，所谓风险和收益成正比一般在投资领域中作为投资理念对投资者的行为进行指导。

员工入职风险，是指企业在完成员工招募后，求职者正式入职时所存在的有可能使企业蒙受损失的一系列风险，是企业用工风险的重要组成部分。员工入职是人力资源管理招聘模块中的核心环节，建立完善的员工入职流程，有效地规避员工入职所带来的风险，是企业人力资源部门责无旁贷的工作之一[①]。

风险隐患1：因未审查劳动者与原单位解除劳动关系证明而可能面临被劳动者原任职单位追究连带赔偿责任。

法律条文：《劳动合同法》第九十一条规定，用人单位招用与其他用人单位尚未解除或者终止劳动合同的劳动者给其他用人单位造成损失的，该用人单位与劳动者承担连带赔偿责任。

风险隐患2：未仔细审查新员工身体健康状况，误招患有疾病或职业病的员工，影响正常履职能力而付出代价。

法律条文：《劳动合同法》第四十条规定，劳动者患病或者非因工负伤，在规定的医疗期满后不能从事原工作，也不能从事由用人单位另行安排的工作的，经提前三十日以书面形式通知劳动者本人或者向劳动者另行支付一个月的工资后，用人单位可以解除劳动合同。更麻烦的是，如果雇主招来的员工患有职业病，那么雇主将为此付出更惨重的代价。因为《职业病防治法》（全称为《中华人民共和国职业病防治法》）规定，在工作中发现职工患有职业病，如果现用人单位能够出具证据证明职工的职业病是在前一个雇用该劳动者的用人单位内因职业危害所致，则由上一家用人单位负责，反之，则由当前用人单位负责。由此可见，在员工入职前，对其是否存在潜在疾病进行审查是非常重要的。

风险隐患3：审查员工身份信息存在疏漏，招用了没有达到法定劳动年龄的劳动者，可能会面临因使用童工、未成年工而被劳动行政管理部门罚款的风险。

风险隐患4：审查员工入职资料时不仔细，招用了尚处于竞业限制期的劳动者，使得用人单位存在被劳动者原单位控告赔偿损失的牵连风险。

风险隐患5：不注重入职审查都将给单位自身带来很大的风险。审查员工入职资料出现

---

① 谢炳城，曹庆忠.员工入职环节的风险及防范对策[J].石油人力资源，2018(05)：70-72.

疏漏，招用了负有保密义务且保密协议仍然有效的员工，该员工可能会泄漏原单位的商业秘密，也可能没有，但只要其原任职的单位提出该员工泄漏了其商业秘密并且给其带来损失的控诉，这时新任职单位就有可能跟员工一起作为被告，即新单位因此而受到了牵连。

风险隐患 6：不履行告知义务将会给用人单位带来法律风险。主动告知应聘人员与其任职相关的信息或员工关心的信息，是用人单位的法定义务。如果用人单位没有履行这一法定义务，将会影响到劳动合同的效力。

《劳动合同法》第二十六条规定，隐瞒真实情况，诱使对方做出错误的判断而签订劳动合同，可以认定为欺诈；因欺诈手段使对方在违背真实意思的情况下而订立的劳动合同可认定为无效劳动合同。轻视甚至忽略劳动者的知情权，还有可能给用人单位带来其他法律风险，甚至可能因此承担严重的法律责任。例如，对劳动者隐瞒职业的危害性，根据《职业病防治法》有关规定，用人单位要被处以 2 万元至 5 万元的罚款。

风险隐患 7：在招聘过程中，用人单位没有严格审查应聘者的资格条件、背景信息等而带来的法律风险。用人单位在招聘过程中程序简单化、形式化，不重视核实候选人信息、背景调查，仅根据候选人的简历、面试过程表现就做出录用决定，可能会犯“晕轮效应”等错误而招进不适岗人员，从而给用人单位用工带来很大风险。尤其是当个别应聘人员存在弄虚作假的情形而没有被用人单位及时发现时，问题将更加严重，一是新聘人员可能无法胜任工作，二是耗费工资福利待遇且可能带来很高的重置成本，三是浪费招聘成本，四是劳动合同可能无效等一系列严重后果。

其中最为直接的有两个法律风险：一是不进行入职审查或入职审查不严格，劳动者趁机以欺诈手段入职的，将会导致劳动合同无效。相关的法律条文为《劳动合同法》第二十六条的规定，以欺诈手段使对方在违背真实意思的情况下订立的劳动合同无效或者部分无效。二是招用的候选人与其他用人单位签订的劳动合同尚未解除或者尚未终止，因入职给其他用人单位造成损失的，需要承担连带赔偿责任。

从以上阐述我们不难发现，如果劳动者以用人单位未履行入职告知义务为由提起仲裁，或者由于用人单位放松了入职审查要求甚至放弃审查，劳动者凭虚假信息入职，当用人单位以欺诈为由解除双方的劳动合同时，用人单位都负有举证的责任。

二、典型行为与风险来源

入职环节出现的劳动风险，原因很多，有些是因为企业人力资源管理不懂劳动相关法律法规，不知道如何制定合法的规章制度，不明白在办理员工入职时应填写哪些表单、做出哪些声明或承诺，做到有效地规避风险，致使企业处于高风险状态下运作；有些则是人力资源管理懂劳动相关法律法规，但由于一些主观或客观的原因导致企业不守法，给企业带来风险。入职环节劳动风险产生的主要原因在于：一是企业高层劳动法律意识不强，二是企业人力资源管理不熟悉劳动相关法律法规，三是员工入职流程不完善，四是员工入职审查不严。

我国庞大的企业人力资源管理从业者中，有很大一部分并非科班出身，既没有受过专业训练，也没有在工作中勤于学习，不具备系统扎实的人力资源管理理论功底。在劳动法规方面，能够做到有深度了解的并不多，更多的是对劳动法律法规一知半解。然而，人力资源管理模块之一的劳动关系管理一刻也离不开劳动法规，而且，掌握现行劳动法律法规，是企业人力资源管理从业者最重要的基本素质，因为劳动法规知识贯穿整个人力资源管理工作全程。事实上，懂劳动法规的人力资源管理从业者开展工作往往比较顺利，他们在做决策之前，都习惯地把如何规避劳动风险考虑进去了，反之，对劳动法律法规一知半解的人力资源管理从业人员在工作中往往遇到较多的“障碍”，由于无从知道法律风险的规避，以致埋下诸多风险隐患。表 3-11 所示为企业人力资源管理人员典型行为与风险来源。

表 3-11　企业人力资源管理人员典型行为与风险来源

典型行为	1. 能够指出管理层不合乎劳动法律法规的行为并提出相应的建议，利用自己的专业特长影响更多的管理人员遵守劳动法规，而不“唯上”。 2. 对本公司不适应现行劳动法规的规章制度提出修改建议和依据，向公司管理层提出并跟踪改进情况。 3. 与劳动法专业律师保持沟通，确保本公司劳动合同、协议等处于现行劳动法律框架范围内。 4. 日常工作行为以公司利益为出发点，同时兼顾员工权益，在合法的前提下塑造双方和谐的劳动关系。 5. 规范自己的行为，在劳动关系建立前后和存续期间行为符合法律规定
风险来源	1. 对上级唯命是从，无论上级指示是不是符合劳动法律法规，甚至对上级的违法行为“点赞”。 2. 没有能力识别公司内部规章管理制度中存在的与现行法律法规相违背的地方，在制定或执行这些内部规章制度时不遗余力。 3. 明知本公司内部规章制度与现行劳动法律法规相悖，但怕“得罪”上级领导不敢提出，执行违法的制度。 4. 有意或无意识地在公司日常经营管理过程中做出侵害劳动者权益的行为

三、情景解析

前面总结归纳了企业高层管理人员、人力资源管理人员和入职资料审查中的典型行为，下面对行为的具体情景进行解析。

（一）内部规章制度检查

制定本企业规章制度时是否严谨，是否遵守现行法律法规框架是检验企业管理层法律意识强弱的试金石。在入职环节，要对企业内部规章制度进行检查，确保其符合最新的法律法规。表 3-12 所示为检查规章制度情景要素。

表 3-12　检查规章制度情景要素

要　素	要素解析
法律法规	1. 系统学习现行劳动法律法规，在知晓法律相关规定后，检查本企业内部管理规章制度，保证规章制度符合国家最新劳动法律法规的规定。 2. 企业的内部规章制度在合法的前提下，与本企业实际发展情况相适应，具有显著的企业特征

续表

要　　素	要素解析
规章制度的执行	1. 根据法律法规的变化，及时组织人员按法定程序修订单位规章制度。 2. 入职环节注重依据单位内部管理规章制度“依法管理”，尽力避免出现人为干扰和破坏。 3. 灵活经营管理，注重管理的艺术性

（二）告知与审查

告知与审查情景要素如表 3-13 所示。

表 3-13　告知与审查情景要素

要　　素	要素解析
劳动者与原单位解除劳动关系证明	1. 向有工作经验的入职者明确需要交纳与原单位解除劳动关系的证明材料，说明这是入职的必要条件。 2. 对于不能提供解除劳动关系证明的入职者，详细了解原因，解释暂不能办理入职原因，可以做出承诺，待拿到证明材料后再办理入职。 3. 初入职场的大学毕业生，以三方协议为准
员工身体健康状况	1. 要求员工出具指定医院的入职体检报告。 2. 仔细审查新员工入职体检报告单，对于报告单上的异常项目，可以求助体检医院专业人员的解读，避免招入因身体健康状况影响其正常履职的员工。 3. 易患职业病的工种，要求其出具职业病筛查报告
审查任职资格	1. 明确拟入职员工需要提交的身份证件原件和复印件，认真审查员工身份证件信息。 2. 明确拟入职员工需要提交的受教育经历、职业资格、工作经历等与工作有关的证书原件和复印件，通过学信网、联系学校或原用人单位等多渠道进行审查核实。 3. 要求拟入职员工签署“信息真实”承诺或声明
竞业限制和保密协议审查	1. 了解员工竞业限制及保密协议情况，明确员工应出具的已经解除竞业限制或/和保密协议的证明。 2. 拟入职员工如属涉密岗位，在正式上岗接触机密之前与其签订专项《保密协议》或者在劳动合同中设计相应条款
行使知情权和履行告知义务	1. 根据《劳动合同法》相关规定，认真履行如实告知劳动者工作相关情况的义务。 2. 行使知情权，明确劳动者需要向单位告知的与履行工作职责相关的情况。 3. 明确劳动者需要签订“保证所提供情况真实有效”的声明或承诺书，要求拟入职者规范签订

1. 入职体检

在实务中，带病入职者屡见不鲜。这里所说的病，分为职业病和普通疾病。前者是指员工在入职本企业前，就已患了职业病或者疑似职业病。后者是指一般疾病，比如一些传染性疾病。员工带病入职，不但将给其他员工带来威胁，同时也给企业带来风险。

2. 录用条件

录用条件是指企业正式录用员工的条件。根据《中华人民共和国劳动合同法》规定，员工在试用期被证明不符合录用条件的，企业可以与之解除劳动合同。在实际工作中，有些企业并没有制定具体的录用条件，员工入职时，企业只是口头说明录用条件，甚至连录用条件都没有告诉新员工。员工入职后经过一段时间的工作，企业认为其工作表现不佳，于是以“试用不合格”为由，单方面解除劳动合同。而员工则认为自己表现挺好的，双方站在各自立场各说自己的理，于是互相扯皮，由此引发劳动争议。根据《劳动法》和《劳动合同法》相关规定，员工试用期被证明不符合录用条件的举证责任由用人单位承担，用人单位还需要提供客观的录用条件。由于面试过程用人单位是按照确定的录用条件（无论明确与否，录用条件是客观存在的）招入新员工的，此时举证说明新员工不符合录用条件往往难度较大。缺少有力的证据，仲裁机构或审判机关往往难以支持企业的主张，企业需承担不利后果。

3. 签订劳动合同

劳动合同的签订时间，有三种情形：一是入职之前签订；二是入职之日签订；三是入职之后一个月内签订。第二种情形为常规情形，也是《劳动法》和《劳动合同法》立法者鼓励企业作为的情形，第一种和第三种是补充情形。简单来说，只要在双方建立了劳动关系的一个月之内签订劳动合同，都是合法的。法律法规对没有及时签订劳动合同的企业，规定了处罚条款，即向员工支付两倍工资。可见，不及时签订劳动合同，是存在法律风险的。来自中国裁判文书网的资料显示，在我国劳动争议案件中，因未及时签订劳动合同而判决企业向员工支付两倍工资的现象非常普遍。

4. 保密协议和竞业限制协议

保密协议是企业与员工签订的要求员工保守商业秘密的协议。竞业限制是指员工离职后一段时期内在一定地域范围内不得从事与本企业生产经营同类产品或具有竞争关系的企业去工作。在实际操作中，因企业未与掌握核心商业秘密的员工签订保密协议和竞业限制协议，导致企业商业秘密外泄，或者掌握企业商业秘密的员工离职后加入竞争对手企业，给企业造成惨重损失的例子，屡见不鲜。

除此之外，员工入职环节给企业带来的风险还有很多，比如是否有做入职培训、是否准确详细地进行了入职登记、入职手续是否健全、是否制定了岗位职责、是否出具了上家企业的离职证明，等等。有些风险为显性的，有些则是隐性的，这些风险都给企业带来经营隐患。

四、模拟案例：副总冒名任职，谁之过？

2020 年 5 月，天津市经济技术开发区民营集团公司某鑫集团于 2016 年投资建成的内蒙古乌海皮革商城由于连年亏损，加之新冠疫情影响下，人们尽量减少外出，该项目最终关门停业。自项目建成于 2016 年投入经营至停业时止，某鑫集团累计投入资金超过亿元，却始终未获任何回报，成了集团一个不断烧钱的“无底洞”，几乎拖垮了集团所有业务。这一切皆源于一个错误的关键先生——集团公司运营副总赵伟化。

赵伟化是 2010 年入职集团公司的，他的入职颇具戏剧性。有一次，某鑫集团董事长“微服”参加了一场管理人员招聘会，当时的赵伟化是一个科技公司的销售副总，代表他所在公司的老板与人力资源部招聘团队一起在招聘会上物色管理人才。两家公司招聘位置刚好相邻，两个人在闲聊中相识，赵伟化自述的经历给某鑫集团董事长留下了深刻的印象。后来，在一次高新区企业交流会上，两个人再次相遇，赵伟化代表所在公司做了发言，某鑫集团董事长觉得这是自己公司需要的人才，于是向赵伟化抛出了橄榄枝，而后者也顺水推舟，借机从小企业跳槽到了大型集团公司，并获得了相当满意的职位和薪资待遇。

由于赵伟化是由董事长介绍入职的，所以，人力资源部仅公事化象征性地把招聘流程过了一遍，一些本应严格审核的材料也匆匆看过，草草了事。如工作经历、工作业绩、当前薪酬等，都以赵伟化自己提供的简历为准，特别是学历证明材料，赵伟化只提供了复印件，当问及原件时，赵伟化称证书原件还被原公司扣押，自己目前还有原公司未完工的项目，等项目完工才可以拿回证书，到时再提供原件。人力资源部也不便因此拒绝其入职，就网开一面办理了入职手续，此后人力资源部又向其讨要过证书原件，但赵伟化都以“工作忙”“过两天”为由推脱，索要原件的事也就不了了之。赵伟化的简历载明，他于 2003 年 9 月毕业于天津某大学工商行政管理专业，MBA 学历。虽然在日后的工作中，他多次表现出了与 MBA 不符的能力，如看不懂财务报表、不会运用战略分析工具系统分析并决策，甚至一些常见的管理理论他也表现得懵懵懂懂，不由得让许多人怀疑他的能力，而人力资源部部长联想到他入职时的情况，直接怀疑他是否为某大学 MBA 毕业生，并把自己的疑虑私下与集团总裁进行过交流。至此，集团高层对赵伟化的质疑不时出现，也多多少少传到了赵伟化本人耳中，但他与董事长和总裁关系越发密切，以此压制了不少质疑之声。

2015 年，赵伟化任职集团运营副总，也许出于急于证明自己的目的，他力主投资内蒙古乌海皮革城项目，项目一经提出即遭遇众多质疑。因为内蒙古乌海地处偏远，人口规模小，消费能力不高，且项目所在地离市区还有 1 个多小时的车程，周边缺少配套商城和酒店、饭馆等资源，靠当地人根本无法支撑这种规模的高档皮革商城。如果商户无法生存，那么商城店铺就会处于闲置无人问津，巨额投资就将面临无法收回的沉没风险。但赵伟化提出，可以与旅行社合作，由旅行社组织旅游团到商城旅游购物，随着商城人气渐旺，会带动周边地价和商业地产，公司就可以因提前布局而获得巨额回报。赵伟化声情并茂地描绘了一个美好的未来，最终成功说服了董事长和集团总裁，他们力排众议，决定“抢占先机”，投资建设乌海皮革商场，导致了无可挽回的巨大损失。

痛定思痛，董事长等高管一致认为，赵伟化应对此败局负直接责任，责成集团行政人事副总裁负责、集团人力资源部具体实施，调查赵伟化及其项目团队。一个多月后，人力资源部提交了一份令人瞠目结舌的调查报告。经查，赵伟化确系天津某大学 MBA 毕业生，但照片等资料显示，证书原件上的赵伟化并非集团副总“赵伟化”，显然，集团副总“赵伟化”冒用了真名赵伟化的人的身份信息，那么其他入职资料的真实性显然就难以保证。震惊之余，集团立即决定开除赵伟化，然而，一切已经于事无补，董事长也陷入了深深的自责之中。

讨论题

(1)从入职风险角度分析造成某鑫集团公司巨大损失的主要原因。

(2)总结某鑫集团公司人力资源部在“赵伟化”入职过程中的典型行为和风险来源。

(3)解释董事长自责的原因。

五、观察练习：识别入职过程中新员工的行为

与所在实习单位的人力资源部人员沟通，获准观察管理人员入职过程，观察人力资源部招聘人员如何开展新员工的信息核对工作，总结他们的典型行为和风险来源，与本节典型行为表对照，说明如何改进。归纳识别新员工行为的技巧和要点，将自己的理解与人力资源部人员交流，总结经验，找出不足并提出如何改进。

六、模拟练习：中小企业管理人员入职行为模拟

学生分组，分别扮演某中小企业人力资源部招聘人员和拟入职的管理人员，自拟情景（例如，审查管理人员入职资料，核对其背景信息等），进行管理人员信息核查行为模拟观察，总结出在特定情景下应呈现出的规范操作行为。

操作指导如下：

(1)教师向学生阐明训练目的和知识准备。

(2)学生分组，除了模拟小组招聘人员组和拟入职管理人员组之外，其他学生列为观察小组。

(3)教师指导大组选择情景主题。例如，核查拟入职管理人员的证件资料，重点在于为不同证件的核实找到合适的方法和渠道。

(4)行为模拟小组和行为观察小组分别进行模拟和观察准备。

(5)教师指导实施行为模拟观察。

(6)观察组阐述行为观察结果。

(7)每一大组提交一份行为观察模拟训练总结报告。

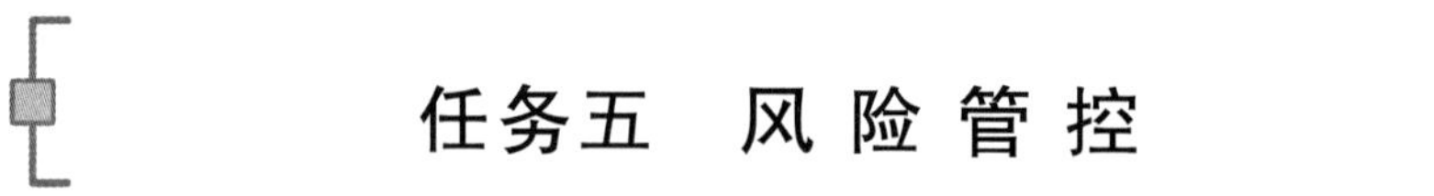

任务五　风险管控

企业在生产经营管理中，各种经营风险无处不在。就员工入职环节而言，大部分的风险都是可以预见的，企业只要认真分析各种可能发生的风险，了解其性质、特点，以《劳动法》和《劳动合同法》等相关劳动法律法规为基础，通过制定相应的防范对策并严格执行，大多数的风险是可以得到有效防范的。那些不易预防和控制的风险或查证成本过高的风险事项，如核实新员工的工作经历、工作业绩和工作表现、人际关系能力、离职原因等，可以通过其他手段实现。只有这样，企业才能降低用工风险，构建和谐劳动关系，促进企业健康稳定发展。

一、定义

职业病：指企业、事业单位和个体经济组织等用人单位的劳动者在职业活动中，因接触粉尘、放射性物质和其他有毒、有害因素而引起的疾病[①]。

---

① 《中华人民共和国职业病防治法》，2018 年 12 月 29 日第十三届全国人民代表大会常务委员会第七次会议修正。

生理健康：是指人体生理功能上健康状态的总合，也指人体结构完整、生理功能正常。世界卫生组织（WHO）关于什么是生理健康的定义是："健康，不仅指一个人没有症状或是疾病表现的状态，还是指有良好的生理、心理状态及社会适应能力。"

心理健康：心理学家英格里斯认为，心理健康是指一种持续的心理状态，当事人在这种状态下能进行良好的适应，具有生命的活力，并能充分发挥其身心潜力。这是一种积极的丰富的状态，而不仅仅是免于心理疾病。

马林格认为，心理健康是指人们以最高的效率和幸福感来适应环境和彼此。它不仅要有效率，而且要有一种满足感，或者要愉快地接受生活的规范。心理健康的人应该能够保持平静的情绪、敏锐的智力、适合社会环境的行为和愉悦的气质。

马斯洛认为，心理健康的人应该具备以下素质：①对现实的有效感知；②有自发但不庸俗的思想；③能够取悦自己和他人；④能够保持独立，在环境中享受宁静。⑤重视哲学和道德理论；⑥对平常的事情保持兴趣，甚至对每天的例行工作也保持兴趣；⑦能与少数人建立深厚的感情，有喜欢帮助他人的精神；⑧拥有民主态度、创新理念和幽默感；⑨可以体验快乐和伤害。心理健康应达到七个标准：智力正常；情绪协调，心境良好；具备一定的意志品质；人际关系和谐；能动地适应环境；保持人格完整；符合年龄特征。

录用条件：用人单位根据客观工作需要制订的、要求应聘者具备的正常履行职责所需的知识、技能、能力、心理、身体健康状况等方面的最低要求。

保密协议：就是约定劳动者对用人单位的商业秘密和与知识产权相关的保密事项负保密义务的专项协议或合同书中的相关条款。

违反约定保密义务的行为：是指劳动者在劳动关系存续期间和依法或违法解除或终止劳动合同后的保密期内，泄露用人单位商业秘密或与知识产权相关的保密事项的行为。

竞业限制：是指在解除或终止劳动合同后，负有竞业限制义务的劳动者不得到与本单位生产或者经营同类产品、从事同类业务的有竞争关系的其他用人单位任职，或者自己开业生产或者经营同类产品、从事同类业务。

违反约定竞业限制的行为：是指劳动者在依法或违法解除或终止劳动合同后的竞业限制期限内，且用人单位依约定支付经济补偿的情况下，就业超出竞业限制范围的行为。注意：竞业限制只能由用人单位和劳动者双方约定。

二、典型行为与风险来源

以上对入职环节的风险管控相关术语进行了定义，下面来总结和归纳在入职环节各类事项中劳动者和用人单位的典型行为与风险来源。

（一）身体健康审查

拟入职员工身体健康检查很重要，可以帮助用人单位把罹患职业病或其他疾病影响员工正常履行岗位职责的拟入职人员识别出来，从而避免不必要的劳动争议。表 3-14 所示为身体健康审查的典型行为与风险来源。

表 3-14　身体健康审查的典型行为与风险来源

典型行为	1. 观察拟入职员工外显性健康信息，如脸色、动作、身体是否有机能障碍等，记录所获信息，以备核验。 2. 明确员工需要出具的职业病防治报告、入职体检报告，在专业人士帮助下正确解读报告单信息。 3. 对拟入职新员工进行专业的心理测试，分析其心理健康情况
风险来源	1. 只查看员工提供的体检报告、职业病防治报告等，根据自我经验解读并得出结论。 2. 在收取拟入职员工的入职材料时不认真，遗漏应提交的部分入职资料。 3. 不对拟入职员工进行心理测试或虽测试但不经专业人士解读，或者测试不专业，未能发现员工隐性心理健康问题

(二)录用条件

企业在指定岗位录用条件时需要综合考虑企业内部和人力资源市场人才供需情况，包括企业吸引力、企业战略、区域人才供给等多种因素，结合内外部条件拟定客观可行的标准，保证企业能够招到合适的人才。标准过高或过低都对企业未来不利。表 3-15 所示为录用过程典型行为与风险来源。

表 3-15　录用过程典型行为与风险来源

典型行为	1. 根据企业内外部人力资源供需情况拟定合适的录用条件，对拟入职新员工按拟定的最低条件把关。 2. 综合考虑拟入职新员工综合素质，不以其中某项硬性条件如技能证书级别未达到设置条件等为由拒绝录用。 3. 录用过程不涉及员工个人隐私，如女性的婚育情况、拟入职员工的性取向等。 4. 不设置任何有歧视嫌疑的条件，如地域、性别、民族、国别等
风险来源	1. 拟定的录用条件过高，对拟入职新员工求全责备。 2. 对拟入职新员工不符合本公司企业文化要求的言行过分苛责，并作为办理入职与否的依据。 3. 了解拟入职新员工信息时触及员工个人隐私。 4. 存在歧视性条件

(三)规章制度和流程

公司规章制度是公司用于规范公司全体成员及公司所有经济活动的标准和规定，它是公司内部经济责任制的具体化。公司规章制度对本公司具有普遍性和强制性，任何人、任何部门都必须遵守。公司规章制度的制定要以《劳动法》为具体依据，不能出现违背相关法律的条款。它的作用在于：①依法制定的规章制度，可以保障企业合法有序的经营，将纠纷减少到最低限度。②良好的企业规章制度可以保证企业有序规范运行，降低企业运营成本。③规章制度可以防止管理的随意性，保护员工的合法权益；员工遵守规章制度比服务主管的随意性的命令指挥更容易。制定和实施合理的规章制度能够满足员工公平感的需要。④优秀的规章制度使员工能够通过合理设定权利、义务和责任，预测自己的行为和努力将要产生的结果，并鼓励员工为企业的目标和使命而努力奋斗。⑤良好的规章制度为企业节省了大量的人力物力，为企业的正常运营提供了保障。

制定规章制度既是用人单位的法定权利，也是用人单位的法定义务。根据《劳动法》第四条，用人单位应当依法建立健全规章制度，保障劳动者享有劳动权利，履行劳动义务。由此可见，完善的劳动规章制度有助于保护劳动者的权益。完善的规章制度可以规范用人单位的劳动管理行为，从而杜绝用人单位随意发号施令、滥用处罚权利，保护劳动者的合法权益。然而，不合理和违法的规章制度将在很大程度上侵犯员工的权益。当然，最终还是企业会遭受损失。

合理的规章制度有助于员工明确自己的权利和责任。同时，遵守规章制度要比完全服从武断管理者的意愿容易得多。良好的规章制度将特定的权利、义务和责任赋予特定的岗位，使员工能够预测他们的行为和努力对自己和单位可能产生的结果，激发他们的工作积极性。

法律明确规定企业在制定规章制度时，必须通过职工代表大会或者全体职工大会表决，这是保障职工通过民主程序参与单位民主管理的形式。表 3-16 所示为规章制度和流程的典型行为与风险来源。

表 3-16 规章制度和流程的典型行为与风险来源

典型行为	1. 设计的规章制度系统性强、齐全有效。 2. 企业内部规章制度合法合理，具有鲜明的企业特点。 3. 企业内部规章制度操作性强，不存在模棱两可的条款。 4. 设计规章制度时遵循强逻辑性，能够起到“治病救人”的作用。 5. 流程严密、科学、合理
风险来源	1. 制定规章制度时缺乏系统性，有拼凑迹象。 2. 本企业的规章制度与同类企业相比，基本类同，不能突出本企业特点。 3. 制度可操作性差，出现诸如“员工不遵守执行领导合理指示的视为一般违纪”等类似表述。 4. 流程设计不合理，存在低效、浪费资源现象

三、情景解析

入职风险成因复杂并且表现多样，下面通过总结入职过程的风险原因，找出风险防控点，对具体情景进行系统解析，提出防控措施，通过一定的防范措施，提前做好风险预防和管控，把问题消灭在萌芽状态。同时，风险防范的方式方法也多种多样，在不同的情景中，需应用对应的防范对策。

(一)拟入职员工健康审查

健康审查情景要素如表 3-17 所示。

表 3-17 健康审查情景要素

要　素	要素解析
特殊体检	1.特殊行业拟入职新员工的入职健康体检审查。 2.具有职业危害的岗位拟入职新员工体检审查。 3.从事有职业危害岗位的拟入职新员工职业病审查
普通入职健康体检	1.定点入职体检医院合作关系的建立及其维持。 2.订立借助医院体检医生专业能力解读体检报告的协议。 3.与职业病防治机构建立合作关系及其维持

把牢员工入职体检这一关，杜绝候选人带病进入。通过入职体检，可以筛选出患有严重疾病的人员，以保护企业的利益。入职体检分为特殊体检和普通体检两大类。

1.特殊体检

特殊体检涉及特殊行业和特殊岗位。对于食品生产等特殊行业，国家法律法规对员工健康状况有特殊要求，企业应根据法律法规对那些申请入职的候选人进行相应的体检，体检合格的，方可上岗。特殊岗位，主要是指接触职业危害的岗位。根据《中华人民共和国职业病防治法》规定，员工从事有职业危害的岗位，企业应当给其做岗前、在岗和离职的职业健康体检。企业应当依照法律相关规定，对患有职业病或者疑似职业病、有职业禁忌的人员进行筛查和清退，规避相关风险。

2.普通体检

对大多数企业、大多数员工来说，既不是特殊行业，也不是特殊岗位，只需做普通体检即可。我国法律法规并没有对员工入职必须体检做强制性规定，因此，企业可以要求员工做入职体检，也可以不要求。然而，为了防止员工带病入职，企业把入职体检作为一项强制环节列入入职流程，可以有效地保障企业的利益。

(二)审查录用条件

制定具体详细的书面录用条件。对于不符合企业最低录用条件但已被录用的员工，法律赋予企业单方面解除劳动合同的权利。但是，应该避免出现非法解除劳动合同的风险，企业依据“不符合录用条件”进行解除劳动合同的前提，是必须要有具体详细的录用条件。企业可以根据不同的工作岗位，制定不同的录用条件。录用条件审查情景要素如表 3-18 所示。

表 3-18 录用条件审查情景要素

要　素	要素解析
合法性	1.确保录用条件中的政治合格。 2.明确不能出现与现行劳动法律法规相悖的条件，如符合民族政策。 3.明确不能存在歧视性条件

续表

要　素	要素解析
具体可操作性	1. 政治合格的条件具体化为可操作的指标。 2. 最大可能地使用能够量化的条件。 3. 录用条件描述清晰明确

制定录用条件，需要注意以下几点：

(1)录用条件要具体、详细。对录用条件的描述，要清晰、可量化，不得模棱两可似是而非。比如，提供虚假学历的、虚假身份证的，为不符合录用条件。

(2)录用条件需合法。录用条件不得与法律法规相违背。比如，企业规定某岗位只招聘未婚的，一旦发现已入职的员工为已婚，则属于不符合录用条件。此定义违反国家有关职业歧视的规定，不可为之。

(3)要让员工签名确认。录用条件应在办理员工入职手续时给员工签名确认，或者发放给员工，并保留书面证据。录用条件的书面载体，可以是单独的录用条件告知书，也可以写入劳动合同文本，忌用口头、电子邮件、微信等方式传达。

(三)签订劳动合同

在实务中，有些企业招聘量不大，人力资源管理人员喜欢“攒”在一起签劳动合同，比如一个月签一次。这样其实很容易忘签或漏签。人力资源管理人员应该在办理员工入职手续时一并把劳动合同签了，这样做的最大优点是可以最大限度地避免忘签、漏签。签订劳动合同情景要素如表 3-19 所示。

表 3-19　签订劳动合同情景要素

要　素	要素解析
及时性	1. 在新员工入职当日签订劳动合同或试用期劳动合同。 2. 如果未及时签订劳动合同，设置提醒自己的方式，在新员工入职后的一个月内签订劳动合同。 3. 涉密岗位的新员工入职后，及时签订保密协议
合法性与公平性	1. 劳动合同条款与现行劳动法律法规并行不悖。 2. 合同条款能够兼顾用人单位和劳动者双方合法权益。 3. 劳动合同条款能够体现人才的个人价值
竞争性	1. 与竞争对手相比，劳动合同的待遇条件、工作环境和保障等具有相对优势。 2. 劳动合同中的待遇条件、环境和工作保障等在行业中具有竞争优势

若拟入职的人员是即将要掌握企业商业秘密的人员，为防止企业商业秘密外泄和掌握商业秘密的人员离职后从事相同行业的工作，给企业带来损失，企业应与其签订相关保密协议和竞业限制协议。

(四)入职审查

入职审查工作必须做细，拟入职新员工需要提交的资料多、事项杂、查证复杂，其中不乏难度较大的查证工作，如离职原因、新员工在原单位的工作表现等，需要认真对待，不应出现纰漏。入职审查情景要素如表 3-20 所示。

表 3-20 入职审查情景要素

要　　素	要素解析
身份信息	1. 年龄、性别、籍贯、民族、宗教信仰等。 2. 家庭基本情况、居住地信息。 3. 紧急联系人及双方关系、联系方式。 4. 主要社会关系
教育背景	1. 学历教育情况。 2. 行业培训情况。 3. 参加行业经验交流情况。 4. 拟入职新员工专业研究成果情况
工作经验	1. 拟入职新员工的社会工作经历和同类岗位工作经历。 2. 以往工作业绩情况及佐证材料。 3. 以往任职中成功与失败的经验
能力与技能	1. 证明拟入职新员工能力与技能的证书及出具证书机构的权威性。 2. 拟入职新员工能力结构与拟任职岗位胜任力的匹配程度。 3. 拟入职新员工的可开发潜力

对于普通岗位，只需做基本审查即可，内容主要是基本信息审查，如姓名、年龄、籍贯、身份证号、民族、宗教信仰等；工作经历审查，如是否与上家单位解除了劳动关系、是否符合将任职岗位的录用条件等。

对于关键岗位，如高级管理人员、高级技术人员、财务人员等，则需做深度审查。企业可以自主审查，也可以委托第三方机构进行背景调查。审查内容除上述基本审查以外，还包括学历证书、资格证书真伪审查，是否与上家单位解除了竞业限制协议审查，工作能力是否胜任任职岗位审核，过往工作经历是否属实审查，是否有犯罪记录审查，等等。

健全规章制度，完善入职流程，实行奖惩管理。轿子做得再漂亮，如果没有人抬，终究只是几块废木头。同理，入职流程做得再完善，如果企业人力资源管理人员责任心不强，敷衍了事，执行不到位，那也是徒劳的。具体而言，一是要健全企业规章制度，做到有章可循，二是要完善入职流程，人力资源管理人员应严格执行新员工入职管理作业指导书，三是要实施奖惩制度，对办理员工入职时敷衍应付的人力资源管理人员进行追责。

四、模拟案例：识别真假需内行

北京亿鑫恒昌集团公司成立于 2015 年 3 月份，前身是北京亿鑫贸易有限公司和恒昌房地产开发有限公司，主要业务是国际国内贸易和房地产开发。借助房地产行业持续快速发展的东风，公司取得了辉煌的经营业绩，资产规模已经从1995年刚成立时的500万元增长到了如今的200多亿元，员工3000多人，人员规模增长了100倍，公司已经从国际国内贸易、房地产开发逐渐拓展到包括国际国内贸易、房地产开发、商业地产运营、装饰装潢、建筑材料等多元化集团型公司，成立集团公司、分别单独设立子公司经营不同业务正是符合公司发展现状的重大战略。

集团公司成立后，集团总部和各子（集团）公司需要大量的专业人才和高水平、经验丰富的管理型人才，集团人力资源部面临艰巨的招聘任务。除了与专业猎头公司合作猎取高端人才，在公司网站也投放了精美的招聘广告，此外熟人推荐、专业人士群、微信群等各种渠道都同时开放招聘信息，多措并举，尽力在最短时间内招到合适的人才填补职位空缺。由于亿鑫恒昌集团刚成立，在业界缺少知名度，但集团开出的待遇条件比较优厚，除猎头渠道人才来源极其有限之外，其他渠道成了人才来源的主要方式。人力资源部每天收到的主动投递和猎头介绍的应聘简历少则几十份，多则上百份，其中不乏高端人才。

这天，董事长的一个朋友介绍了一位有海外博士学习经历的管理人才，通过邮箱把该人士的简历发送给了集团人力资源部。简历显示，此人名徐嘉，现年46岁，美国某大学工商管理专业毕业，获该校工商管理专业博士学位；工作经历丰富，曾任职企业中层管理职位、高级管理职位，目前在江苏省某多元化集团公司任集团运营副总裁，任职时间6年。从徐总简历来看，正是亿鑫恒昌集团常务副总裁的合适人选。集团人力资源部部长陆风喜出望外，马上把徐总简历转发集团总裁和行政人事副总裁，并请示两位领导能否尽快安排与徐总会面。集团总裁向董事长简短汇报并与行政人事副总裁协商后决定，由集团人力资源部做准备工作，邀请徐总到北京总部会面。经与徐总协商，双方确定三天后到北京面试。

面试当天，先是董事长抽时间与徐总进行了简短会谈，之后由总裁、行政人事副总裁、运营副总裁、陆风及招聘主管等人组成的面试小组对徐总进行了两个多小时的面试。整个过程，徐总表现出对运营业务非常娴熟，各种问题回答流利，还时不时飙几句英语，令面试小组非常满意，当场协商确定了双方都满意的薪资待遇以及大致入职时间，确定了徐总担任集团常务副总裁职位的意向。午餐后，集团人力资源部列出了新入职高管需要交给公司建立工作档案的资料清单，包括身份证件、学历学位证书、职业资格证书等的原件和复印件，入职体检报告、保密协议、竞业限制协议等请徐总在正式入职时再提供。徐总准备得很充分，把所需证件都交给了人力资源部，招聘主管核对了原件和复印件一致无误后，把原件归还了徐总。至此，常务副总裁人选似乎已经尘埃落定，徐总当天返回了江苏。

根据既定工作流程，人力资源部随后对徐总已经提交的证件信息逐一核对，从学校网站介绍情况看，徐总在该校取得博士学位授予的时间晚于其证书获得时间，招聘主管把情况汇报给了陆风，陆风觉得事情关系重大，处理起来比较棘手：一方面，董事长、集团总裁等高管花费了大量的精力和时间与其会谈且已经取得了共识、确定了入职意向，如果没有确凿的证据，仅因怀疑就贸然拒绝徐总入职，不但难以说服高管们，而且造成大量的人力物力浪费；另一方面，如果徐总不存在虚假情况，那可能因此而失去一位人才，但如果因为人力资源部工作疏漏，在如此重要的职位上招进了错误的人选，后果将会非常严重。最终陆风决定先封锁消息，认真查证，有确凿证据后再向高管汇报。由于徐总毕业时间早，海外学历证书缺乏查询渠道，使人力资源部查证工作陷入了困境。眼看距双方商定的入职日期一天天临近，有关工作却毫无进展，陆风与招聘主管一筹莫展，到底该怎么办？

讨论题

1. 亿鑫恒昌集团公司高管招聘入职流程合理吗？为什么？
2. 对于人力资源部面临的困局，该如何有效解决？请提出思路和具体办法。
3. 亿鑫恒昌集团的入职环节查证该怎么优化？

五、观察练习：解读员工健康报告

对入职时员工需要提交的资料进行观察和解读。请所在实习单位的人力资源部人员提供员工入职体检报告(隐去员工身份信息)、职业病防治报告，观察报告单，查阅报告项目相关知识，试着对员工健康报告单进行解读。与人力资源部人员沟通，获准观察入职过程，重点观察签订劳动合同过程，拟入职新员工与人力资源部人员对劳动合同交流哪些内容，如何达成一致等。记录签订劳动合同过程中的重要信息，与本节相应内容对照，说明新员工和人力资源部人员的行为是否符合规范，将自己的发现与同组同学讨论，写出改进建议。

六、模拟练习：劳动合同签订行为模拟

学生分组，分别扮演某中小企业人力资源部招聘人员和拟入职人员，自拟情景(例如，核查新员工提交的身体检查报告单，就其中异常项目与拟入职新员工交流或双方就劳动合同条款进行讨论等)，进行新员工身体健康状况交流或劳动合同签订中遇到的问题如何达成一致意见，进行人员健康状况或签订劳动合同的行为模拟观察，总结出在此类特定情景下，人力资源部人员和新员工应呈现出的规范行为。

操作指导如下：

(1)教师向学生阐明训练目的和知识准备。

(2)学生分组，除了模拟招聘人员组和拟入职管理人员组之外，其他学生列为观察小组。

(3)教师指导大组选择情景主题。例如，核查入职新员工的身体健康状况报告，重点在于解读异常项目及为此展开的交流。

(4)行为模拟小组和行为观察小组分别进行模拟和观察准备。

(5)教师指导实施行为模拟观察。

(6)观察组阐述行为观察结果。

(7)每一大组提交一份行为观察模拟训练总结报告。

项目四 劳动合同管理

·引导案例·

诚信与能力哪个重要?

洪某2013年毕业于T市的一所普通高校,是一名电子商务专业大学毕业生,2015年3月,洪某与T市某电商平台公司签订了为期三年的劳动合同,合同自2015年3月起至2018年3月止,共三年,试用期6个月。合同双方约定洪某负责公司的电商平台运营数据维护工作,月工资8000元。2015年9月份,已经过半年试用期,双方均表示满意,劳动合同正式履行。2016年5月,公司以营销部门缺少管理人员为由,在未与洪某协商的情况下,将洪某调到公司营销部门任营销主管,主要负责营销策划和数据维护。洪某不同意,认为签订合同时双方约定是负责公司电商平台运营数据维护工作,一年多来自己兢兢业业,对工作始终认真负责,由于业绩优秀,多次受到部门奖励。因此,洪某要求公司履行当初双方签订合同时的约定,拒绝前往营销部门上班。而公司则认为,变动职工工作岗位是企业行使用人自主权的正当行为,且洪某在营销部门从事的工作仍然以数据运营维护为主,并未实质改变工作性质,而且营销部门确实需要一位懂数据会管理的管理人员,根据工作需要,坚持要求洪某到营销部任职并做出了相应决定:如果洪某不服从工作分配,公司将停发工资,并限期一个月内调离公司。

该公司的做法对吗?

以上案例涉及企业劳动合同规范化管理,本项目我们将讨论用人单位和劳动者双方在劳动合同的协商、订立、履行、变更、中止、终止和解除等过程中,劳动风险的控制点、控制要素与规范性管理行为。

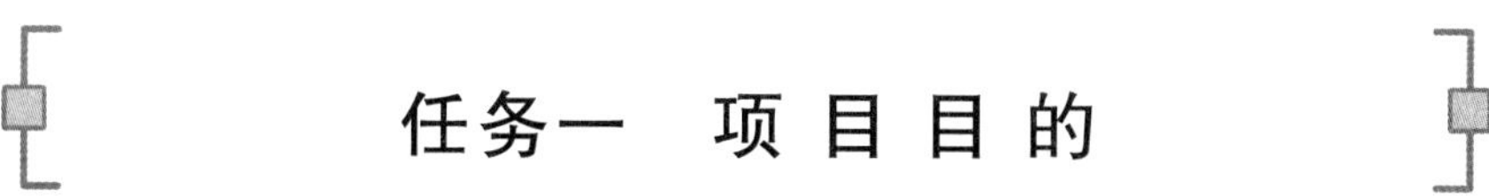

任务一 项目目的

在项目三中,本书介绍了新员工入职环节的劳动风险防范与控制,进行了相应的操作和练习,本项目针对劳动合同的协商、订立、履行、存续、中止、终止、解除等全过程管理根据《劳动法》《劳动合同法》等我国关于劳动合同的法律法规相关规定,分析劳动合同管理过程中的易发劳动风险的风险点,找出风险控制因素,具体分析典型管理行为,总结劳动争议易发事项。通过规范劳动合同管理过程双方行为,预防、及时化解双方分歧、纠纷,塑造规范化的管理行为,减少劳动合同管理中的劳动风险和劳动纠纷。

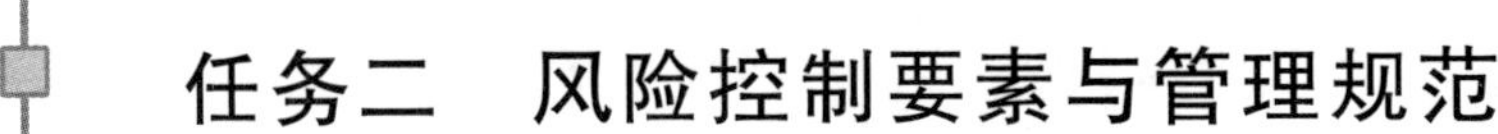

任务二　风险控制要素与管理规范

企业劳动合同管理是一个过程，这个过程伴随着劳动合同的产生至废止的整个过程，对劳动合同管理过程实施规范管理和科学控制，是降低劳动关系风险、构建和谐劳动关系的关键。

一、劳动合同管理过程

劳动合同的过程管理，目前学术界并没有严格界定，一般认为，劳动合同管理过程包括合同订立、履行、解除、终止。由这一含义可知，劳动合同管理过程指的是用人单位和劳动者双方构建劳动法律关系起至劳动法律关系消灭为止的过程，即劳动法律关系建立，劳动关系存续及劳动法律关系消灭的经过，伴随着劳动者和用人单位双方的共同参与，其实质是劳动关系管理过程。然而，劳动合同的实际管理过程要比前述一般意义的劳动合同过程长，它应该包含劳动合同文本的拟订，劳动合同的协商，劳动合同的废止等。由此，我们确定劳动合同的完整管理过程为：劳动合同文本拟订，劳动合同双方协商，劳动合同订立、履行、中止、解除、终止，劳动合同版本废止，如图 4-1 所示。

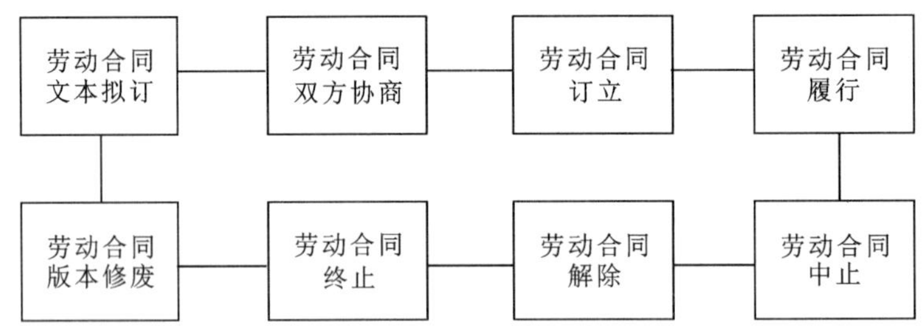

图 4-1　劳动合同管理过程

由图 4-1 可知，劳动合同管理过程共有 8 个部分，其中劳动合同文本拟订，劳动合同版本修改、废止与发布是用人单位单方行为，其他部分涉及劳动者、用人单位双方。8 个部分从劳动合同文本拟订起始，至劳动合同文本修订，废止旧版、发布新版为止，其中劳动合同中止和解除为或有部分，即劳动合同管理过程不一定会发生中止或解除，只有引起劳动合同解除或中止的法律事项出现，才会引起这两个管理行为。

劳动合同文本的拟订应由企业高级人力资源管理人员完成，如集团型企业的人力资源副总、总监，中小型企业人力资源管理部部长等，即劳动合同文本的拟订应是 HRD 的职责。实施 HR 三支柱（human resource service shared center，人力资源服务共享中心，简称 HRSSC；human resource business partner，人力资源业务伙伴，简称 HRBP；human resource expertise center，人力资源管理专家中心，简称 HREC）管理的集团型企业，应由 HREC 负责。劳动合同拟订完成后应交给法务部人员审核把关，确认与现行法律法规并行不悖后方可使用。

劳动合同协商，是指拟签订劳动合同的用人单位和劳动者双方在签订劳动合同之前应平等地就劳动合同条款进行讨论，充分沟通。如果确有必要，应修订劳动合同内容，最终的劳动合同，双方都应确认是否接受，达成意向。劳动合同经双方签字、盖章后订立。

劳动合同版本修订与废止是指，随着我国法律法规的变化，已有劳动合同内容可能与新修订的法律法规相抵触，或者出于现实需要，企业有必要重新修订劳动合同，废止旧版本，发布新的劳动合同版本。修废劳动合同都必须按程序进行。

二、劳动风险控制要素与管理规范

劳动合同管理过程涉及众多的劳动关系风险控制要素，如表 4-1 所示。

表 4-1　劳动合同管理过程风险控制要素

控制要素	管理规范
内容拟定	1.企业 HRD 或其指导的制定劳动合同小组成员草拟劳动合同。 2.劳动合同条款经过充分讨论并由 HRD 审定。 3.初步确定的完整劳动合同交由法务部门或外聘律师修改、审核。 4.确保所有条款合法并符合企业利益需要。 5.确保劳动合同包含全部法定内容
协商	1.合同签订之前，提供合同版本给对方（用人单位或劳动者），约定双方协商劳动合同的日期。 2.双方平等协商合同内容，如出现分歧，平等友好交流，协商修订。 3.记录双方协商经过及协商结果，在达成一致意见的前提下，双方签字、盖章。 4.个人劳动合同条件不低于集体劳动合同条件。 5.集体合同由用人单位和劳动者双方代表协商
签订	1.集体合同由用人单位代表和劳动者代表签订。 2.个人劳动合同由劳动者个人与用人单位代表签订。 3.签订之前，两类合同都应经过法务部门或法律专业人士审核
试用期	1.用人单位应确保劳动合同的试用期期限符合《劳动合同法》规定。 2.用人单位应确保新员工的试用期工资符合《劳动合同法》规定，即不低于同类岗位或约定薪酬的 80%且不低于当地最低工资标准。 3.双方均应确保依法解除试用期劳动合同，即解除程序必须合法
履行	1.用人单位与劳动者应严格遵守劳动合同约定，严格履行劳动合同。 2.当劳动合同履行当中出现分歧，双方能够平等友好协商解决。 3.劳动合同履行过程中出现纠纷时，双方善于利用职工代表大会、工会或其他调解机构对双方劳动关系进行调解
变更	1.因经营管理发生变化，需要变更劳动合同内容时，遵循法定协商程序，平等友好协商，达成一致意见后予以变更。 2.记录变更劳动合同的经过、内容及双方签字确认的变更结果。 3.变更的内容作为双方已签劳动合同的附件，双方各执一份，妥善保存。 4.关于劳动报酬、劳动地点、劳动内容、劳动条件等，一方认为确有变更必要时，均应遵循法定程序变更

续表

控制要素	管理规范
中止履行	1.引起劳动合同中止履行即劳动关系中止的法定事项如参军入伍、提升学历、离职培训、出国进修、长时间病假、产假、停薪留职等出现时，双方应就劳动合同中止事宜进行交流沟通，达成协议。 2.确保双方在劳动合同中止履行期间的合法权益得到保障且双方能够按协议和劳动合同履行法定义务。 3.劳动合同中止履行事项结束后，确保劳动关系恢复，劳动合同条件不低于中止前的条件
解除	1.用人单位和劳动者可以协商一致，解除劳动合同。 2.劳动者预告解除劳动合同情形。在正式聘用期内，劳动者可以提前一个月书面通知用人单位，或者在试用期内提前三天通知用人单位，解除双方的劳动合同。 3.劳动者单方面解除劳动合同情形。《劳动合同法》规定了劳动者可以单方解除劳动合同的情形，出现这种情形时，劳动者可以立即解除双方劳动合同，不用提前告知用人单位。 4.用人单位单方解除劳动合同情形。出现《劳动合同法》规定的用人单位单方解除劳动合同的情形，用人单位可以在不事先通知劳动者的情况下立即解除劳动合同。 5.劳动者在自己无过失性的情况下主动辞职，用人单位可以解除劳动合同。 6.用人单位出现经营困难，出现适用经济性裁员的情形，可以依照法定程序启动经济性裁员
续订	劳动合同期满后，如果双方想要继续保持劳动关系，用人单位应当提前书面通知劳动者续签劳动合同
终止	1.劳动合同期满后，双方劳动关系不再延续的，劳动合同自然终止。 2.达到法定退休年龄，开始依法享受基本养老保险待遇的劳动者，双方劳动合同终止，未履行完毕的劳动合同应转化为劳务合同。 3.劳动者死亡或者被人民法院宣告死亡、失踪的，劳动合同自然终止。 4.用人单位被依法宣告破产的，双方劳动合同自然终止。 5.用人单位被吊销营业执照、责令关闭、撤销或者用人单位决定提前解散的，双方劳动合同自然终止。 6.从事接触职业病危害作业的劳动者未进行离职前的职业健康检查，或者疑似职业病患者正在诊断或者处于医学观察期间；在本单位患职业病或者因工负伤，被确认丧失或者部分丧失劳动能力的；患病或者非因工负伤，在规定的医疗期内；女性员工处于怀孕期间、产期或哺乳期的；在本单位连续工作满 15 年，且距法定退休年龄不满 5 年的。 以上几种情形中，劳动合同到期后不得终止双方劳动合同，合同自动延期至法定情形消失后，用人单位方可终止双方劳动合同

续表

控制要素	管理规范
版本修废	1. 法律法规修订，致使劳动合同部分条款与修订的法律法规相抵触，需对劳动合同进行适法性修订。 2. 本单位经营管理出现变化，现行劳动合同部分条款与单位利益不相一致，需要进行适利性修订。 3. 发布新的劳动合同版本，同时废止旧的劳动合同版本，更新过程应遵循法定程序，如向员工提供培训，说明情况

任务三　劳动合同过程管理

一、定义

劳动合同：劳动合同是劳动者与用人单位确立劳动关系、明确双方权利和义务的协议（《中华人民共和国劳动法》第十六条第 1 款）。根据劳动合同，劳动者作为成员进入企业、个体经济组织、事业单位、国家机关、社会团体等用人单位，承担一定职责、被安排在某个工种、某个岗位，或者担任一定职务，并接受所在单位管理，遵守其内部管理规则和规章制度；用人单位应当及时安排被聘用劳动者的具体工作任务，按照劳动者提供的劳动数量和质量支付劳动报酬，并按照劳动法律、法规和劳动合同的规定，提供必要的工作条件，确保劳动者享有劳动保护等权益，享受相应的社会保险和福利。

劳务关系：两个或两个以上平等主体通过劳务合同建立的民事权利义务关系。劳务合同的形式没有严格的要求，可以采取书面形式、口头形式或者其他形式。劳务合同关系受《中华人民共和国民法典》的规范和调整。劳务关系、劳务合同是一种顾名思义的通俗称呼，属于承包劳务情形的劳务合同，可以归属法定的“承揽合同”，属于劳务人员输出情形的劳务合同，应该归属法定的“租赁合同”。与劳动合同不同，劳务合同没有固定的格式和必备的条款。具体内容可按《中华人民共和国民法典》第十二条规定，由当事人根据具体情况自主选择，双方协商同意即可。

劳动合同中止：是指在劳动者和用人单位签订了合法的劳动合同且正常存续期间，由于某些法定原因，双方当事人主体权利的行使和义务的履行暂时中止，待法定中止情形消失后，再恢复正常、继续执行以前的劳动合同的状态。首先，当事人之间建立了劳动法律关系。这里劳动法律关系是指劳动关系被劳动法调整而形成的权利义务关系，它不同于劳动关系，也不同于事实劳动关系，劳动合同中止是建立在劳动合同这一明确法律关系基础上的。其次，中止行为一般需要双方的同意或者直接援引法律规定，在极少数情况下会出现当事人基于单方意思而实施片面中止行为。中止事由的发生取决于合同期内当事人是否能实际履行劳动合同。这里一般不考虑当事人的主观原因，除非当事人涉嫌故意犯罪。第三，中止期间当事人之间的权利义务内容冻结或呈现明显失衡。这是由《劳动法》的性质决定的，权利义务的失衡通常为用人单位在此期间不得减轻其法定的义务。第四，“中止”不是“解除”，也不是“终止”，它意味着当事人对中止期满后重续权利义务的一种法律允诺或法律强制。第五，中止有一定期限，但期限长短取决于中止原因，多数情况下，劳动合同中止期限有上限，但没有下限。

劳动合同终止：是指劳动合同的法律效力被依法消除，即劳动合同所确立的劳动关系因某些法律事实的出现而终止，劳动者与用人单位之间原有的权利和义务不再存在。《中华人民共和国劳动法》对劳动合同的终止规定了两种情形[①]：一是劳动合同期限届满即终止，主要针对有固定期限的劳动合同和以完成一定工作为期限的劳动合同；二是当劳动合同双方当事人约定的合同终止条件出现时，劳动合同也将终止。这种情况不仅适用于有固定期限的劳动合同和以完成一定工作为期限的劳动合同，也适用于无固定期限的劳动合同。这种劳动合同终止属于约定终止。如果劳动者在规定的医疗期内，或者女性劳动者处于孕期、产期、哺乳期内，劳动合同期限届满时，期限自动延长，直至规定的医疗期或孕期、哺乳期结束为止。劳动合同终止，预示着用人单位和劳动者协商订立的相关劳动权利和义务已经终止。此时，用人单位应当按照《劳动合同法》相关规定为劳动者办理终止劳动合同的相关手续。

解除劳动合同：是指劳动合同一方或双方在劳动合同订立后、尚未全面履行之前，因某种原因提前终止劳动关系的法律行为。劳动合同的解除可分为三种类型：协议解除、法定解除和约定解除。根据《中华人民共和国劳动法》的规定，劳动合同可以由一方依法解除，也可以由双方协商解除；法定解除是指根据国家法律、法规或本合同规定可以解除劳动合同的情形出现时，不需要双方一致同意，合同效力可以自然终止或某一方单方面提前终止；协议解除是指合同当事人出于某种原因，在共同协商一致的基础上，完全自愿提前终止劳动合同[②]。

续订劳动合同：是指在用人单位和劳动者订立的劳动合同到期后，经双方协商一致，在保持原劳动合同内容不变的情况下，双方签字（盖章）后在时间上继续延续劳动合同的法律行为。《劳动合同法》规定的符合续订的情形[③]包括：一是双方协商一致续订劳动合同。二是劳动合同期满，存在用人单位不得解除合同的情况之一的，劳动合同应当续延至相应的情形消失。具体的情形有：①从事接触职业病危害作业的劳动者未进行离岗前职业健康检查，或者疑似职业病病人在诊断或者医学观察期间的；②在本单位患职业病或者因工负伤并被确认丧失或者部分丧失劳动能力的；③患病或者非因工负伤，在规定的医疗期内的；④女职工在孕期、产期、哺乳期的；⑤在本单位连续工作满十五年，且距法定退休年龄不足五年的；⑥法律、行政法规规定的其他情形。另外，还有三种续订无固定期限劳动合同的情形：一是劳动者在公司连续工作满10年的；二是自建立劳动关系起，已连续两次订立固定期限劳动合同的；三是用人单位首次实行劳动合同制度或者国有企业改制重新签订劳动合同时，劳动者已在用人单位连续工作10年，且离法定退休年龄不足10年的。

试用期：是指在劳动合同期限内，用人单位考核劳动者是否合格，劳动者考核用人单位是

---

① 《中华人民共和国劳动法》第二十三条。

② 《中华人民共和国劳动法》第二十四条、第二十五条、第二十六条。

③ 《中华人民共和国劳动法》第十四条。

否符合自身要求的期限。即试用期应该包含于劳动合同期限之内，试用期的规定有利于双方深入了解对方，以确定双方是否彼此适合，是一个合理的制度安排。

《劳动合同法》规定，劳动合同期限在三个月以上的，可以约定试用期。也就是说，固定期限劳动合同能够约定试用期的最低起点为三个月。劳动合同期限三个月以上不满一年的，试用期不得超过一个月；劳动合同期限一年以上不满三年的，试用期不得超过两个月；三年以上固定期限和无固定期限的劳动合同，试用期不得超过六个月。同一用人单位与同一劳动者有且只能约定一次试用期。以完成一定工作任务为期限的劳动合同或者劳动合同期限不满三个月的，不得约定试用期。劳动合同仅约定试用期或者劳动合同期限与试用期相同的，试用期不成立，该期限为劳动合同期限①。

二、典型行为与风险来源

劳动合同管理过程中用人单位劳动合同管理人员和劳动者都应通过规范行为降低劳动关系风险，规范行为即典型行为，典型行为是双方在管理过程中应遵循的行为，风险来源是用人单位及劳动者应尽力避免的，它是典型行为的对立面。

（一）劳动合同文本拟定

劳动合同文本拟定过程中的典型行为和风险来源，如表 4-2 所示。

表 4-2 劳动合同文本拟定过程中的典型行为与风险来源

典型行为	1. 根据《劳动法》和《劳动合同法》相关规定拟定合同条款。 2. 根据行政法规拟定合同条款。 3. 确定劳动合同期限。 4. 确定劳动合同的工作内容。 5. 指定需提供的劳动保护和劳动条件。 6. 确定劳动者的劳动报酬。 7. 明确用人单位要求劳动者必须遵守的劳动纪律。 8. 明确劳动合同终止的条件。 9. 明确违反劳动合同的责任。 10. 在合法的前提下，劳动合同所有条款符合企业利益需要
风险来源	1. 拟定的合同条款出现与《劳动法》或《劳动合同法》相关规定不符合之处。 2. 部分劳动合同条款与行政法规相违背。 3. 法定条款不全。 4. 劳动合同期限、工作内容、劳动保护和劳动条件、劳动报酬、劳动纪律、劳动合同终止条件、违反劳动合同的责任等方面存在含糊不清的情况。 5. 劳动合同条款出现劳动者或用人单位双方利益不对等甚至损害另一方利益的表述

① 《中华人民共和国劳动合同法》第十七条、第十九条。

拟定劳动合同内容是劳动合同管理的基础性工作，“基础不牢，地动山摇”，拟定合法、合乎劳动合同双方当事人利益的条款是劳动合同科学、规范管理的重要基础，具有举足轻重的地位。拟定劳动合同的主体应是具有丰富劳动关系管理经验的人力资源设计人员，常见的包括：中小企业的人力资源部负责人、大型企业人力资源总监、集团型企业人力资源副总裁或人力行政副总裁。

拟定劳动合同时，应参考相关资料，包括：现有劳动合同、《劳动法》《劳动合同法》《女职工劳动保护特别规定》《企业职工带薪年休假实施办法》《中华人民共和国职业病防治法》《全国年节及纪念日放假办法》、企业规章制度等。拟定的劳动合同条款须与现行法律法规相适应，不得出现相悖之处，劳动合同条款还应该与企业规章制度相协调，不应出现自相矛盾之处。如企业已经存在劳动合同，应尽量利用已有劳动合同，减少拟定劳动合同的工作量。审查已有劳动合同，对其中内容不符合《劳动法》《劳动合同法》等相关法律法规及企业规章制度有关规定的条款进行修改，必备条款不全的予以补充；条款过于刻板的，可与员工协商一致签订补充协议，也可将有关具体内容直接补充到劳动合同中。

（二）劳动合同协商

劳动合同协商是一个消除分歧、达成妥协的过程，协商过程在劳动合同订立、变更、解除、中止等管理活动中均会存在。《劳动法》第十七条规定，“订立和变更劳动合同，应当遵循平等自愿、协商一致的原则，不得违反法律、行政法规的规定。”劳动合同协商中的典型行为与风险来源如表 4-3 所示。

表 4-3 劳动合同协商中的典型行为与风险来源

典型行为	1. 提前向订立合同的另一方发出书面要约，就协商时间、地点进行确认，将合同文本发给对方，以备双方高效商谈。 2. 双方就合同内容平等、友好地协商，以建设性态度就双方关心的条款彼此充分沟通，达成一致结果签订合同，否则，保持友好关系取消合作。 3. 当经营环境和目标、劳动者个人情况发生变动，确需变更劳动合同时，有变更意愿的一方向另一方提前以书面形式发出变更要约。要约内容包括：变更内容、变更原因、要求回复意见的时间等。 4. 双方协商一致达成变更意向后，应书面确定变更内容，经双方签字（盖章）确认的变更内容作为原劳动合同的附件。 5. 发生劳动合同中止的法定情形时，双方须就劳动合同中止期间的权利义务和利益进行协商，签订专项协议。 6. 出现需协商一致解除劳动合同的法定情形，需要解除双方劳动合同时，由意向解除劳动合同一方向另一方提出要约，就解除双方劳动合同事宜举行会谈，商定解除条件后签订解除劳动合同协议

续表

风险来源	1.在发生劳动合同的变更、中止、解除等需要双方协商事宜发生时,任一方在不知会对方的情况下,单方采取行动,将行动结果强加给对方,产生违法行为。 2.订立合同过程协商环节缺失,提供给对方劳动合同要求签字,对另一方的疑问或异议置之不理,在此前提下签订劳动合同。 3.变更劳动合同内容比较随意,如变更工作地点。不经协商一致,直接把变更结果通知对方,要求对方无条件接受。 4.发生劳动合同中止的法定情形时,口头约定中止期间双方权利义务,缺少书面协议,给双方劳动关系恢复时可能产生的矛盾埋下隐患。 5.出现需双方协商一致解除劳动合同的法定情形,不经充分沟通,在未达成一致意见的情况下,一方直接向另一方出具解除劳动合同通知或直接口头通知对方解除劳动合同

劳动合同协商是保持双方关系和谐或避免矛盾冲突升级的关键程序,无论出现哪种需要协商的情形,都应书面发出要约,与对方平等协商达成一致意见,不能以时间紧迫或其他借口省略协商过程。

(三)劳动合同签订

签订劳动合同是双方确立劳动法律关系的象征,书面劳动合同既确定了双方的劳动法律关系,又是正常劳动关系的必要条件。《劳动法》第十六条规定,"劳动合同是劳动者与用人单位确立劳动关系、明确双方权利和义务的协议。建立劳动关系应当订立劳动合同。"[①]《劳动合同法》第十条对签订劳动合同与建立劳动关系两者做出了细化和明确:"建立劳动关系,应当订立书面劳动合同。已建立劳动关系,未同时订立书面劳动合同的,应当自用工之日起一个月内订立书面劳动合同。用人单位与劳动者在用工前订立劳动合同的,劳动关系自用工之日起建立。"[②]规范劳动合同签订中双方的行为,避免违法行为发生,是劳动合同管理中重要的一环。劳动合同签订的典型行为与风险来源如表 4-4 所示。

表 4-4　劳动合同签订的典型行为与风险来源

典型行为	1.劳动关系管理人员应关注与新员工订立劳动合同的期限及续签劳动合同的期限。新员工入职 1 个月之内须与其签订劳动合同,如劳动者推脱不签,应做好记录,核实原因,报告上级及时处理。续签劳动合同的,应提前 1 个月向劳动者发出续签要约,在规定时间内续签。 2.双方就劳动合同异议条款友好充分协商修订,就劳动合同条款以外的约定事项形成补充合同或条款,签字确认。

① 《中华人民共和国劳动法》第十六条。
② 《中华人民共和国劳动合同法》第十条。

续表

典型行为	3. 用人单位和劳动者就合同整体内容平等、友好地协商，成功消除分歧达成一致意见即可签订合同。 4. 个人劳动合同和集体劳动合同均应送交法务部门或法律专业人士审核，通过审核后方可备签。 5. 集体合同签订前向全体员工公示，接受监督和意见，由经过合法程序产生的劳动者代表与用人单位代表签订。 6. 集体合同报送当地劳动行政管理部门备案
风险来源	1. 劳动关系管理人员未关注初次订立劳动合同和续签劳动合同的期限，导致新员工入职超过 1 个月尚未与其签订劳动合同，或者劳动合同到期需续签而未在规定时间内向劳动者发出续签要约、未在规定时间内续签。劳动者推脱不签时不记录不核实不做处理。 2. 统一合同版本，不接受对于劳动合同的异议或修订，将劳动合同作为双方劳动关系确认时的唯一法定要件，对任一方提出的合法要求不协商、不订立补充合同或条款，甚至以对方多事为由拒签。 3. 用人单位和劳动者就合同整体内容在形式上进行协商，但仅就对方提出的异议进行解释，在分歧未消除的情况下，利用自己的优势地位迫使对方妥协而签订合同。 4. 个人劳动合同和集体劳动合同未经法务部门或法律专业人士审核，即作为正式备签合同。 5. 签订集体合同违反法定程序，有不公开、不公示、未接受监督或员工意见等行为一种以上，产生劳动者代表的程序不合法，或用人单位代表身份存疑。 6. 集体合同未报送当地劳动行政管理部门备案

劳动合同签订中的典型行为与风险来源需符合法定程序，如充分尊重对方、协商一致、附加条款等，集体合同签订程序相对复杂，每一个环节都应达到法律法规相关规定。如果签订过程中产生了风险来源就会带来劳动关系纠纷的风险。

（四）劳动合同约定试用期

劳动合同的试用期是约定条款，用人单位和劳动者可以根据实际情况和人才类型决定是否约定试用期、试用期长短及试用期待遇，考虑的因素包括人才需求紧迫性程度、人才的市场供需状况、人才的成熟程度、人才求职意愿、用人单位知名度与行业地位、人才来源、人才类型等。劳动合同约定试用期的典型行为与风险来源如表 4-5 所示。

表 4-5　劳动合同约定试用期的典型行为与风险来源

典型行为	1. 劳动合同协商期间，充分考虑实际情况，灵活决定是否与新员工约定试用期、约定多长时间的试用期以及试用期待遇。 2. 试用期以能够完成对新员工考查为准进行约定，而不是以《劳动合同法》相关规定为准，最大化延长试用期。

续表

典型行为	3.试用期待遇符合《劳动合同法》规定,充分考虑新员工心理感受,给予其合法前提下公平的试用期待遇。 4.试用期内,单位依法履行法定义务,为新员工按时足额缴纳社会保险。 5.试用期包含在劳动合同期间且与同一劳动者只约定一次试用期,不以任何名义变相再次约定试用期,如见习期等
风险来源	1.对新入职员工不加区分地全部约定试用期。 2.约定试用期的时间时,在合乎《劳动合同法》规定前提下,最大化延长试用期,甚至随意约定违反《劳动合同法》规定的超长试用期。 3.对于试用期的工资待遇,执行《劳动合同法》规定的下限,即同岗位工资或合同工资的80%且不低于当地最低工资标准,甚至随意约定违反《劳动合同法》的试用期待遇。 4.试用期不为新员工缴纳劳动保险,而是承诺转正后为员工缴纳。 5.与同一劳动者约定两次以上试用期,或者以见习期等名义,变相再次约定试用期且支付低于同等岗位工资待遇的薪酬

试用期作为劳动者和用人单位彼此深入了解并确定是否值得合作的特殊时期,其重要性不言而喻。一方面,试用期内,用人单位可以考察劳动者是否具备胜任岗位所需的能力、人才的择业动机、职业追求、价值观、工作态度及作风,是不是单位真正想找的人选,人才是否实至名归,劳动者可以切身体验用人单位组织文化、岗位需求、职业发展生涯设计、信誉度、待遇等是否与自己的期望相符甚至超过自己的期望。另一方面,如果一方反悔而想解除劳动关系,那么试用期解除劳动关系双方在时间、经济、机会成本方面的代价较小。最后,因试用期时间较短,试用期解除劳动关系一般也不会出现在劳动者履历上,不会增加其“换单位”次数而影响个人职业发展。

关于试用期待遇,虽然《劳动合同法》有明确规定,“试用期的工资不得低于本单位相同岗位最低档工资或者劳动合同约定工资的百分之八十,并不得低于用人单位所在地的最低工资标准”①,但是,出于双方长期愉快合作的目的,用人单位应尽量提高新员工试用期工资标准。现实情况中,许多用人单位已经把试用期待遇与转正后待遇持平,以消除新员工的不公平感。特别需要指出的是,许多用人单位认为,试用期待遇低,应尽量延长试用期以达到节约用人成本的目的,少数人力资源从业者甚至以此向老板“邀功”,表明人力资源管理部门也可以“创造效益”。用人单位或人力资源从业者持此观念,做出利用试用期达到“节约成本”的行为并不可取,甚至是错误的。首先,处于试用期的新员工通常是最努力的,希望通过自己的良好表现获得用人单位认可并获得“转正”任用。试用期待遇如果低于正常待遇,则对处于试用期的新员工是不公平的,除非该新员工是刚刚步入职场的新人,暂时不具备胜任岗位的能力。其次,从岗位产出来说,试用期员工(成熟型)的工作产出并不比同类岗位老员工低,多数时候甚至更

① 《中华人民共和国劳动合同法》第二十条。

高，这与其争取转正的心理有关。第三，试用期遭到高绩效低薪资不公平待遇的新员工，一旦转正以后，其试用期的工作热情将很难持续，甚至出现“报复性”下降。根据公平理论，当人们感到自己受到不公平待遇后，会采取相应措施，使境况达到相对公平。因此，利用试用期工资规定，刻意压低新员工待遇的做法是不明智的，它打击了成熟型新员工的劳动积极性，是以短期利益消耗长期利益的，最终伤害的是组织自身。

（五）劳动合同履行与变更

劳动合同的履行主要是在用人单位与劳动者双方劳动关系存续期间对于劳动合同规定的双方权利的行使和义务的承担，履行过程中，劳动者接受用人单位的管理，提供其所需的劳动，承担任职岗位的职责。用人单位则依法行使劳动管理权，履行工资福利待遇给付、提供必要劳动条件、劳动保护、维护劳动环境安全等法定义务。

劳动合同的变更不是必然事件，只有引起劳动合同变更的法律事实发生时，才会触发变更，如劳动合同签订时依据的内外部环境条件发生重大变化，企业经营管理发生重大变化，劳动者自身的重大变化等。劳动合同的变更只需依据法定程序变更并注意不影响劳动合同的正常履行即可。劳动合同履行与变更的典型行为与风险来源如表 4-6 所示。

表 4-6 劳动合同履行与变更的典型行为与风险来源

典型行为	1. 用人单位和劳动者严格遵守劳动合同约定，正确行使劳动管理权和劳动报酬、劳动保护等权利，不单方扩大自己权力、挤压对方权力空间。 2. 用人单位正确行使加班权利，确需安排劳动者加班时，严格执行劳动定额标准，无强迫或者变相强迫劳动者加班的现象。 3. 用人单位及时、足额支付劳动报酬，及时缴纳社会保险。安排劳动者加班的，按照国家有关规定向劳动者支付加班费。 4. 用人单位遵守劳动规章，不违章指挥、强令劳动者冒险作业。 5. 用人单位为劳动者提供合乎国家规定标准的劳动条件、提供能够保障劳动者生命安全和身体健康的劳动保护。 6. 当出现法人名称、法人代表、主要负责人或投资人等变更事项，用人单位可以要求在劳动合同中变更相应内容。变更上述内容不影响劳动合同的履行。 7. 用人单位发生合并或者分立等情况，需变更劳动合同的，原劳动合同继续有效，由承继原单位权利和义务的用人单位继续履行。 8. 当劳动合同履行中出现分歧，双方能够平等友好协商，达成一致意见后，可以变更劳动合同约定的内容。变更后的劳动合同采用书面形式，用人单位和劳动者各执一份。 9. 劳动合同履行或变更过程中出现纠纷时，双方以维持劳动关系存续为原则，利用职工代表大会、工会或其他调解机构进行调解

续表

风险来源	1.用人单位和劳动者在劳动关系存续期间,任何一方有意图扩大自己权力、挤压对方权力空间的行为。 2.用人单位随意安排劳动者加班,存在超出法律法规规定加班时长的行为,存在强迫或者变相强迫劳动者加班的现象。 3.用人单位未按时、足额支付劳动报酬,有欠缴社会保险行为。安排劳动者加班,但未按照国家有关规定向劳动者支付加班费或者未安排劳动者补休。 4.用人单位违反劳动规章,违章指挥、强令劳动者冒险作业。 5.用人单位提供的劳动条件、劳动保护低于国家标准,甚至不提供相应条件。 6.当出现法人名称、法人代表、主要负责人或投资人等变更事项,用人单位不变更劳动合同中相应内容。 7.用人单位发生合并或者分立等情况,不变更劳动合同,与承继其单位权利和义务的用人单位互相扯皮,借机解雇劳动者。 8.对于劳动合同履行中的分歧,确需变更的拒不变更,仅给予解释,激化矛盾,或者变更劳动合同采用口头形式。 9.劳动合同履行过程中出现纠纷时,不经调解直接仲裁、诉讼

劳动合同履行中,出现违章现象,如用人单位强令劳动者冒险作业,劳动者可以拒绝并单方解除劳动合同。如果劳动者做出令用人单位能够单方解除劳动合同的行为,则用人单位也可以行使单方解除劳动合同的权力,如劳动者严重违反用人单位制度并造成严重损失的。

(六)劳动合同中止

劳动合同中止就是双方劳动关系仍然有效,但劳动者暂时不提供劳动,用人单位也不实施劳动管理的一种状态,随着中止事项结束,劳动者恢复提供劳动,双方劳动关系继续保持、劳动合同继续履行。劳动合同中止的典型行为与风险来源如表 4-7 所示。

表 4-7 劳动合同中止的典型行为与风险来源

典型行为	1.劳动合同管理人员熟知劳动合同中止的法定事项类别,能根据不同的中止情形拟定劳动合同中止的相关协议,平等保障双方权利和义务。 2.劳动合同中止期间的协议经法务部门专业人士审核通过后,与相关人员就协议进行充分的交流和协商,达成共识后签订协议。 3.“中止协议”的执行期间,现行法律法规有明确规定的,与法律法规保持一致。如病事假时间和待遇、产假时间和待遇,停薪留职类如有相关政策,在政策框架范围内制定本单位具体细则。提升学历、离职培训等应签署专项协议。 4.确定科学的恢复劳动关系条件,法律法规有明确规定的,遵守相关规定,无明确规定的,则在政策框架内制定合理条款。 5.劳动者了解相关政策、法律法规,能够积极配合用人单位做好劳动合同中止相关事宜

续表

风险来源	1.劳动合同管理人员对劳动合同中止的法定事项类别不甚了解,对引起劳动合同中止的不同情形使用相同协议,或者使用的协议不能体现本单位特色,偏向用人单位或劳动者任何一方。 2.劳动合同中止期间的协议不经法务人士审核,直接要求相关人员签订,缺少协商环节。 3.执行"劳动合同中止协议"时出现与现行法律法规相抵触的行为和结果,或者不签署劳动合同中止协议,仅口头约定中止事项。 4.引起双方劳动合同中止的法定事项消失后,对恢复劳动关系提出无理要求,超出双方的协议条件,甚至超出法律法规规定。 5.劳动者偏听偏信,在不了解相关政策和法律法规的情况下,签订劳动合同中止协议

在《劳动法》《劳动合同法》《职业病防治法》《工伤保险条例》《企业职工生育保险试行办法》等法律法规当中,没有明确劳动合同中止的事项,但关于病假、事假、产假、工伤、职业病等短期的中止情形,都给出了具体的说明,规定了假期时长和待遇。关于培训、继续教育等仅指出应签订专项协议。但是,在实际应用中,因参军、出国、创业等原因造成劳动合同中止的情形比较多见,所以劳动合同管理实务中这类劳动合同中止(停薪留职)是一类重要的业务。尤其是近年来,随着中央提出"大众创业,万众创新"号召越来越深入人心,不同的组织如科研院所、高校以及企业等都出台了鼓励在岗人员离职创业的政策,许多有志于创业的各界人士纷纷加入创业大军,使得劳动合同中止业务比以往任何时期都多。为了这个群体能够安心创业,需要对停薪留职期间及期满后的各项权利提供充分的保障,需要劳动合同管理人员在本单位政策指导下,用心细化合同条款,以承接中央政策落地。

(七)劳动合同解除

解除劳动合同是指劳动合同在履行期间,出现了法定的解除劳动合同事件,导致劳动合同非正常停止,双方解除劳动关系。解除劳动合同的典型行为与风险来源如表 4-8 所示。

表 4-8 解除劳动合同的典型行为与风险来源

典型行为	1.用人单位和劳动者可以与对方就解除劳动合同事宜协商一致,解除劳动合同。 2.劳动者预告解除。当用人单位出现以下情形之一时,劳动者可以单方解除劳动合同:①未按照劳动合同约定提供劳动保护或者劳动条件的;②未及时足额支付劳动报酬的;③未依法为劳动者缴纳社会保险费的;④用人单位的规章制度违反法律、法规的规定,损害劳动者权益的;⑤以欺诈、胁迫的手段或者乘人之危,使劳动者在违背真实意思的情况下订立或者变更劳动合同,致使劳动合同无效的;⑥法律、行政法规规定劳动者可以解除劳动合同的其他情形。劳动者可以提前 1 个月书面通知用人单位解除劳动合同,试用期提前 3 天通知用人单位解除劳动合同。

续表

<table>
<tr><td>典型行为</td><td>3.劳动者单方解除。用人单位以暴力、威胁或者非法限制人身自由的手段强迫劳动者劳动的，或者用人单位违章指挥、强令冒险作业危及劳动者人身安全的，劳动者可以立即解除劳动合同，不用提前告知用人单位。
4.用人单位单方解除。劳动者出现以下情形之一：①在试用期间被证明不符合录用条件的；②严重违反用人单位的规章制度的；③严重失职，营私舞弊，给用人单位造成重大损害的；④劳动者同时与其他用人单位建立劳动关系，对完成本单位的工作任务造成严重影响，或者经用人单位提出，拒不改正的；⑤被依法追究刑事责任的。用人单位可以立即解除劳动合同，无须提前告知劳动者。
5.用人单位预告解除。劳动者出现了无过失性辞退情形之一，用人单位提前三十日以书面形式通知劳动者本人或者额外支付劳动者一个月工资后，可以解除劳动合同：①劳动者患病或者非因工负伤，在规定的医疗期满后不能从事原工作，也不能从事由用人单位另行安排的工作的；②劳动者不能胜任工作，经过培训或者调整工作岗位，仍不能胜任工作的；③劳动合同订立时所依据的客观情况发生重大变化，致使劳动合同无法履行，经用人单位与劳动者协商，未能就变更劳动合同内容达成协议的。
6.用人单位出现经营困难，出现适用经济性裁员的情形，提前三十日向工会或者全体职工说明情况，听取工会或者职工的意见后，裁减人员方案经向劳动行政部门报告，裁减人员</td></tr>
<tr><td>风险来源</td><td>1.用人单位和劳动者其中一方不经协商，通知对方解除劳动合同。
2.劳动者应当提前告知用人单位才能解除劳动合同的情况下，劳动者不履行提前告知义务，单方解除。
3.用人单位以暴力、威胁或者非法限制人身自由的手段强迫劳动者劳动的，或者用人单位违章指挥、强令冒险作业危及劳动者人身安全的，劳动者可以立即解除劳动合同，但劳动者听从指挥，提供劳动。或者告知用人单位解除劳动合同的意愿，等候用人单位同意后解除，在此期间继续接受用人单位管理提供劳动。
4.用人单位可以单方立即解除劳动合同的情况下，容忍劳动者的过错，继续使用劳动者而不予解除劳动合同。
5.在法定的用人单位需提前告知劳动者或者额外支付劳动者一个月工资才可解除的情形下，用人单位不履行提前告知义务也不支付代通知金，或者提前的时间不足三十日而解除双方劳动合同。
6.经济性裁员时，不按法定程序办理，一次性裁减人员二十人以上或者裁减不足二十人但占企业职工总数10%以上，不提前30日向工会或者全体职工说明情况，裁减人员，裁减人员方案也不向劳动行政部门报告。
7.按《劳动合同法》第四十条和第四十一条解除以下人员的合同：①从事接触职业病危害作业的劳动者未进行离岗前职业健康检查，或者疑似职业病病人在诊断或者医学观察期间的；②在本单位患职业病或者因工负伤并被确认丧失或者部分丧失劳动能力的；③患病或者非因工负伤，在规定的医疗期内的；④女职工在孕期、产期、哺乳期的；⑤在本单位连续工作满十五年，且距法定退休年龄不足五年的</td></tr>
</table>

(八)劳动合同终止

劳动合同终止的情形比较多,《劳动合同法》还对终止劳动合同的行为进行了限制,不能简单地理解为劳动合同到期就自然终止,终止双方劳动合同有许多风险需要规避。实务当中,一些人力资源从业者认为,劳动合同到期终止就不用给付经济补偿金,对于给付经济补偿的情况不清楚,带来劳动关系风险。

首先,劳动合同到期后,需要审查是否属于法律禁止的立即终止的情形,《劳动合同法》第四十五条指出,"劳动合同期满,有本法第四十二条规定情形之一的,劳动合同应当续延至相应的情形消失时终止。"[①]第四十二条规定的情形有 6 类,包括:①从事接触职业病危害作业的劳动者未进行离岗前职业健康检查,或者疑似职业病病人在诊断或者医学观察期间的;②在本单位患职业病或者因工负伤并被确认丧失或者部分丧失劳动能力的;③患病或者非因工负伤,在规定的医疗期内的;④女职工在孕期、产期、哺乳期的;⑤在本单位连续工作满十五年,且距法定退休年龄不足五年的;⑥法律、行政法规规定的其他情形[②]。此 6 种情形,不能因劳动合同到期而立即终止,应执行逾期终止的法律规定,即劳动合同延续至相应情形消失时才可终止。

其次,劳动合同自然终止后,除以下三种情形外,用人单位均应支付经济补偿金:①劳动者开始依法享受基本养老保险待遇情况下的劳动合同终止;②劳动者死亡,或者被人民法院宣告死亡或者宣告失踪情况下的劳动合同终止;③劳动合同期满,用人单位维持或提高劳动合同约定条件续订劳动合同,劳动者不同意续订情况下的劳动合同终止。终止劳动合同的典型行为与风险来源如表 4-9 所示。

表 4-9　终止劳动合同的典型行为与风险来源

典型行为	1. 劳动合同期满后,不再延续双方劳动关系时,终止劳动合同。 2. 对于达到法定退休年龄开始依法享受基本养老保险待遇的劳动者,终止双方劳动合同,将未履行完毕的劳动合同转化为劳务合同。 3. 单位员工死亡,或者被人民法院宣告死亡或者宣告失踪的员工,终止正在履行的劳动合同。 4. 用人单位被依法宣告破产,在已经发生的劳动权利义务履行完毕后,双方劳动合同自然终止。 5. 用人单位被吊销营业执照、责令关闭、撤销或者用人单位决定提前解散的,劳动者已经提供的劳动,双方协商给付相应待遇,权利义务履行完毕,终止劳动合同。 6. 从事接触职业病危害作业的劳动者未进行离岗前职业健康检查,或者疑似职业病病人在诊断或者医学观察期间的;在本单位患职业病或者因工负伤并被确认丧失或者部分丧失劳动能力的;患病或者非因工负伤,在规定的医疗期内的;女职工在孕期、产期、哺乳期的;在本单位连续工作满十五年,且距法定退休年龄不足五年的,以上 5 种情形中,劳动合同到期后不得终止双方劳动合同。以上情形消失后,用人单位方可终止双方劳动合同

① 《中华人民共和国劳动合同法》第四十五条。

② 《中华人民共和国劳动合同法》第四十二条。

续表

风险来源	1.劳动合同期满后,不再延续双方劳动关系时,不办理终止劳动合同手续。 2.对于达到法定退休年龄开始依法享受基本养老保险待遇的劳动者,仍按劳动合同约定执行,或者直接辞退而不是将未履行的劳动合同转化为劳务协议。 3.用人单位被依法宣告破产,吊销营业执照、责令关闭、撤销或者用人单位决定提前解散,在未给付劳动者已提供劳动相应待遇情况下终止双方劳动合同。 4.对以下5种情形之一,劳动合同到期立即终止双方劳动合同。从事接触职业病危害作业的劳动者未进行离岗前职业健康检查,或者疑似职业病病人在诊断或者医学观察期间的;在本单位患职业病或者因工负伤并被确认丧失或者部分丧失劳动能力的;患病或者非因工负伤,在规定的医疗期内的;女职工在孕期、产期、哺乳期的;在本单位连续工作满十五年,且距法定退休年龄不足五年的

(九)劳动合同版本修废

劳动合同版本修废的典型行为与风险来源如表4-10所示。

表4-10 劳动合同版本修废的典型行为与风险来源

典型行为	1.保持对劳动法律环境的敏感性,及时发现法律法规修订信息,第一时间做出反应,组织专业人员协商修订劳动合同。 2.监控本单位经营管理的变化情况,当单位规章制度发生变化使得劳动合同条款与单位利益不再一致,及时提出修订动议,使劳动合同与单位内部管理制度相适应。 3.修订后的劳动合同通过合法途径发布,并对全体员工做好解释说明和培训工作,发布新的劳动合同版本,同时废止旧的劳动合同版本
风险来源	1.对劳动法律环境变化反应迟钝,劳动合同修订经常性严重滞后于法律法规的更新,劳动合同条款与修订的法律法规相抵触。 2.本单位经营管理出现重大变化,规章制度出现变化后,劳动合同已经与之不符,仍不做适应性修订,或修订的时间严重滞后。 3.发布新的劳动合同版本,不解释、不培训,任由组织成员私下议论而不进行正面正式说明和引导。同时并行多个劳动合同版本

劳动合同管理过程中,管理人员须运用切实有效的管理手段,促进劳动合同的履行,系统建立劳动合同台账,对劳动者的基本情况、实际工作年限、劳动合同期限、劳动合同约定条款进行动态管理,并使之信息化。

建立和完善与劳动合同制度相配套的规章制度。依照国家法律法规,建立健全支撑劳动合同制度运行的企业内部配套规章制度,包括员工手册、行为规范、员工奖惩、薪酬福利、社会保险、绩效管理、休息休假、劳动保护,等等。

劳动合同管理必须做到程序合法。劳动合同实施方案应当经过职工代表大会或工会组织通过,实施方案应就劳动合同签订、履行、变更、解除和终止等各个环节进行具体规定,作为劳动合同运行的依据。

劳动合同管理人员还必须做到日常管理到位。履行劳动合同情况进行必要的记录，包括工资、休假、保险福利、加班及奖惩等。劳动合同期满前应提前一个月向员工提出终止或续订劳动合同的书面意向，并及时办理有关手续。

加强劳动合同管理制度的监督。协调工会和职工代表大会积极参与公司劳动合同制度的建立和管理工作，监督公司劳动合同的履行情况，对劳动合同履行过程中的问题和不足提出意见和建议。企业劳动争议调解委员会应做好劳动争议调解工作，减少劳动争议的发生，保持劳动合同的正常履行。

此外，为了使劳动合同的合法性得到保障，应聘请劳动法领域的专业律师对本企业内部规章制度从合法性角度把关并提出专业修改意见。

严格按照法律法规相关规定组织人员制定规章制度，做到工会、职工代表等应到尽到。每一项规章制度发布前都经过征询职工、工会意见，培训、公布等程序。

日常管理工作中，设置即时信息来源渠道，以确保在法律法规出现变化的第一时间获取消息。

三、情景解析

前面已经学习了劳动合同管理过程各环节的典型行为与风险来源，塑造典型行为，可以有效地规避劳动关系风险的发生。本部分我们对劳动合同管理的情景做进一步的解析，以明确具体行为适用的情景。

（一）劳动合同内容拟定和修改

劳动合同草拟和修改是人力资源高级管理人员的一项职责，在大型企业集团，该项工作应由人力资源管理总监或副总裁主导，在中小型企业则应由人力资源最高管理者主导。劳动合同内容的拟定工作与岗位相关，通常情况下，普通岗位适用标准版本的劳动合同，而特殊人才如高级管理人员、高级技术人员、特设岗位人员可能一事一议，需在标准版本的劳动合同之外，拟定特殊的条款作为附加合同，或者另行拟定特殊的劳动合同。拟定劳动合同的内容时还需注意，个人劳动合同的条件不得低于集体劳动合同（如果签有集体劳动合同），否则会产生无效条款。

要确保劳动合同的有效性。一方面，严格按照《劳动合同法》的要求，将全部法定内容写入劳动合同，不得遗漏。另一方面，劳动合同的内容必须与现行劳动法律法规相适应，不能出现与法律法规相抵触的条款，如有些企业做出类似“劳动者不按公司操作规程作业，由此造成工伤的，不得享受工伤保险待遇”的制度规定作为劳动合同的依据，违反《工伤保险条例》相关规定，排除劳动者享受工伤保险待遇的权利，从一开始就不具备法律效力，产生无效条款。

无论是组织内通用的标准版本合同还是特殊劳动合同，都应具有组织自身特点，反映组织意愿，而不应使用直接拷贝自网络的合同或当地劳动行政管理部门提供的标准合同。与员工签订的所有劳动合同都应经过拟订或修改，并经法务人士审核，这样做可以从源头降低相关的劳动关系风险。

（二）劳动合同的协商与签订

《劳动合同法》第三条基本原则指出，“订立劳动合同，应当遵循合法、公平、平等自愿、协商一致、诚实信用的原则。”[①]合法性原则就是在订立劳动合同的时候，要合乎我国现行法律法规。公平性原则是指订立劳动合同的过程、劳动合同本身都应对用人单位和劳动者双方公平，不应偏狭，侵占另一方合法权利。平等自愿原则是指劳动合同主体双方的法律地位平等，订立劳动合同是双方的自愿行为，不应存在胁迫。协商一致原则就是对劳动合同的内容，双方必须充分协商，消除分歧，在认识一致的情况下才可订立。诚实信用原则是双方都应把与劳动有关的以及对方关心的信息真实呈现给对方，不应隐瞒、夸大，致使对方在不了解真相的基础上签订合同，合同一旦订立，即标志着双方劳动法律关系建立，双方都应本着信用原则，切实履行义务、合法行使权利。

订立劳动合同的原则，对劳动合同整个管理过程具有重要指导意义和约束作用，《劳动合同法》的后续条款无处不体现这一基本原则。协商是订立劳动合同的法定程序，不可忽视或越过。

（三）劳动合同的试用期

劳动合同的试用期是约定条款，涉及的情景有五种：一是试用期约定与否；二是试用期长短；三是试用期待遇；四是不得约定试用期的情形；五是试用期解除劳动合同情形。

第一种情景，是否约定试用期。前文已有详细说明，此处不再赘述。

第二种情景是试用期的期限。《劳动合同法》第十九条对试用期做出了详细的规定：“劳动合同期限三个月以上不满一年的，试用期不得超过一个月；劳动合同期限一年以上不满三年的，试用期不得超过二个月；三年以上固定期限和无固定期限的劳动合同，试用期不得超过六个月。同一用人单位与同一劳动者只能约定一次试用期。以完成一定工作任务为期限的劳动合同或者劳动合同期限不满三个月的，不得约定试用期。试用期包含在劳动合同期限内。劳动合同仅约定试用期的，试用期不成立，该期限为劳动合同期限。”[②]对于试用期的期限，《劳动合同法》规定的是上限，即最长期限，实践中用人单位可以根据实际情况和现实需要，与劳动者约定合适的、不超过规定上限的试用期。对于职场新人可以约定较长的试用期，如果新员工是职场“熟手”，用人单位也可以考虑约定较短的试用期，以示对人才的尊重和己方诚意。法律禁止约定试用期的情形，不得与新员工约定试用期，也切忌与同一劳动者约定两次以上（含两次）试用期，员工晋升或跨部门调动时，有些企业采用“见习期”等说法，给付员工与试用期等同的待遇，变相与员工约定了多次试用期，是明显违反《劳动合同法》规定的，应予以纠正，否则可能会遭遇劳动关系风险。试用期包含在劳动合同期限内。

第三种是关于试用期的待遇。《劳动合同法》第二十条针对试用期工资给出了专门规定，“劳动者在试用期的工资不得低于本单位相同岗位最低档工资或者劳动合同约定工资的百分之八十，并不得低于用人单位所在地的最低工资标准。”这里，《劳动合同法》对试用期工资的下限进行了明确，同时，《劳动合同法》已经实施了十多年时间，人力资源管理人员对于试用期待遇已经非常熟悉，实务中很少见到试用期工资低于同岗位最低档工资 80%或低于用人单位所在地最低工资标准的情况。然而，多数用人单位的人力资源管理人员在约定试用期工资的时

① 《中华人民共和国劳动合同法》第三条。

② 《中华人民共和国劳动合同法》第十九条。

候都取其下限，即80%本单位同岗位工资并使该试用期工资高于或等于单位所在地的最低工资标准。这一做法并非总是合理，所以应综合考虑人才实际情况，将试用期作为双方深入考查彼此的必要阶段而不是作为节省人力成本的习惯性行为。

关于社会保险缴纳的问题，《中华人民共和国社会保险法》第五十八条对用人单位为职工缴纳社会保险的时间做出了规定："用人单位应当自用工之日起三十日内为其职工向社会保险经办机构申请办理社会保险登记。未办理社会保险登记的，由社会保险经办机构核定其应当缴纳的社会保险费。"

劳动者在试用期内享有一切劳动权利。这些权利包括获得劳动报酬的权利、休息和休假的权利以及获得劳动安全和健康保险的权利、受到劳动保护的权利、接受职业技能培训的权利、享受社会保险和福利的权利、提交劳动争议解决的权利以及法律规定的其他劳动权利。此外，还包括通过职工代表大会、全体职工大会或者其他合法形式参与民主管理，或者与用人单位就保护劳动者的合法权益进行平等协商的权利。以上权利，不得因员工试用期的身份受到限制，而应与其他员工保持一致。

第四种是不得约定试用期的情形。不得约定试用期的情形有三种：一是以完成一定工作任务为期限的劳动合同，不得约定试用期。二是劳动合同期限三个月以下（不含三个月）的，不得约定试用期。这两种情形由《劳动合同法》第十九条加以明确。三是非全日制用工双方当事人不得约定试用期，由《劳动合同法》第七十条明确。

最后一种是试用期解除劳动合同的情形。实践当中，无论是用人单位还是劳动者，都存在错误观念，认为试用期可以随时随意解除双方劳动合同，不会产生额外成本。实际上，试用期解除劳动合同也需要规范操作。首先，用人单位在试用期解除劳动合同的，应当向劳动者说明理由。这些理由包括《劳动合同法》第三十九条规定的劳动者过失性被辞退情形，第四十条第一项、第二项的劳动者无过失被辞退情形"劳动者患病或者非因工负伤，在规定的医疗期满后不能从事原工作，也不能从事由用人单位另行安排的工作的"，"劳动者不能胜任工作，经过培训或者调整工作岗位，仍不能胜任工作的"。其次，以第四十条第一项、第二项无过失原因辞退劳动者时，还须提供不能从事原工作/不能胜任工作的证据、用人单位另行安排工作/培训的证据，以及劳动者在经过培训、调整岗位后仍不能胜任工作的证据。另外，试用期解除劳动合同时，劳动者须提前三天通知用人单位。对于用人单位主动解除试用期劳动合同的时间没有明确，但从法律对等性责任原则来讲，试用期间用人单位也可以提前三天通知劳动者，解除劳动合同。

（四）劳动合同履行与变更

劳动合同履行与变更的情景包括以下五种：

一是稳定环境中，用人单位与劳动者严格履行各自义务，正确行使各自权利。

二是劳动者接受用人单位依照现行法律法规和单位规章制度进行的劳动管理，提供劳动，恪尽职守，完成单位交办的工作。

三是用人单位按照劳动合同约定和国家规定，向劳动者及时足额支付劳动报酬。

四是用人单位严格执行劳动定额标准，遵循加班自由原则，因生产所迫必须安排劳动者加班时，事先征得劳动者同意，加班时长须符合国家规定，并按国家有关规定向劳动者支付加班费。

五是在对劳动者生命安全和身体健康有危害的作业条件下，用人单位管理人员不违章指挥、不强令劳动者冒险作业。劳动者对危急情况下可能造成自身生命安全或危害身体健康的生产作业指令有权拒绝并可以对用人单位提出控告。

劳动合同的变更情景主要有三种：一是双方协商下的变更；二是用人单位的重要信息发生变化下的变更；三是用人单位合并或者分立情况下的变更。无论是单位重要信息发生变化还是用人单位合并或者分立引起的劳动合同变更，或者生产经营情况出现重大变化引起的劳动合同变更，都需要用人单位和劳动者经过协商程序，达成一致意见之后，变更劳动合同的约定内容并以书面形式记载。变更的内容可以作为原劳动合同的附件，双方各执一份，也可以拟订新的劳动合同，双方各执一份。

（五）劳动合同的中止与终止

劳动合同中止的情景主要有两种：一是停薪留职；二是假期。具体来说，停薪留职类情景主要包括员工较长期脱产学习，如提高学历、出国进修、离职培训、参军入伍。假期类情景具体包括较长期病假、事假、产假等，脱离岗位较长时间致使劳动合同中止，应事先协商，明确中止期间双方的权利义务，为劳动合同的维持和劳动关系的恢复奠定基础。

劳动合同终止的情景有以下几种：

一是自然终止。以下情形引起的劳动合同终止，为自然终止：劳动合同期满；劳动者达到法定退休年龄，依法开始享受基本养老保险待遇；劳动者死亡，或者被人民法院宣告死亡或者失踪；用人单位被依法宣告破产；用人单位被吊销营业执照，责令关闭，被撤销或雇主决定提前解散。

二是逾期终止。劳动合同到期本应终止，但因存在法律法规规定的不能终止情形而延长了劳动合同，直至情形消失再终止的，即为逾期终止。《劳动合同法》规定劳动合同必须延长至相应情形消失的有：从事接触职业病危害作业的劳动者未进行离职前职业健康检查，或者疑似职业病患者处于诊断期或者医学观察期的；在本单位患职业病或者因工负伤，被确认丧失或者部分丧失劳动能力的；患有疾病或者非因工负伤，在规定的医疗期内的；女性员工在孕期、产期或哺乳期的；距离法定退休年龄不足 5 年，且在本单位连续工作满 15 年的。

三是劳动合同终止后，用人单位和劳动者应继续履行各自的应尽义务。用人单位必须在终止劳动合同的同时出具终止劳动合同证明，并在 15 日内为劳动者办理档案和社会保险关系转移手续。劳动者应按双方约定办理工作交接。用人单位依照《劳动合同法》有关规定应当向劳动者支付经济补偿的，应当在完成工作交接时支付。用人单位应当将终止的劳动合同文本保存至少两年，以备将来劳动主管部门核查。劳动合同终止后双方应履行的义务，也适用于劳动合同的解除。

关于劳动合同终止时用人单位给付经济补偿的情形，“劳动者死亡，或者被人民法院宣告死亡或者宣告失踪”以及“劳动者开始享受养老保险待遇”两种情形未明确需给付劳动者经济补偿，我们也可以从相关法律规定得到证实。1995 年颁布的《中华人民共和国劳动法》没有规定劳动合同终止时，用人单位应当支付经济补偿金。2008 年《劳动合同法》第四十六条补充了相关内容：即使是劳动合同终止，用人单位也需支付经济补偿。然而，该条款仅规定了在三类劳动合同终止的情况下，雇主有义务支付经济补偿金。对于达到法定退休年龄而终止劳动合同的情形，并未明确规定用人单位应当支付经济补偿金，除法律、行政法规另有规定。《劳动合同法》实施后，为了具体、顺利实施该法，或弥补一些立法缺陷，国家随之发布了《劳动合同法实施条例》，其中第二十一条规定“劳动者达到法定退休年龄的，劳动合同终止”，也没有规定用人单位负有支付经济补偿金的义务。因此，根据严格责任的法律原则和《劳动合同法》第四十六条的规定，如果劳动者达到退休年龄后终止劳动合同，用人单位不再承担支付经济补偿金的额外责任。

其他劳动合同终止的情形，用人单位需向劳动者支付经济补偿金。

（六）劳动合同解除

劳动合同解除的情景主要有以下几种：

一是劳动者单方解除。该情景属于用人单位侵犯劳动者权利或令劳动者处于人身安全、身体健康可能受到伤害的状况，劳动者可以即时解除劳动合同。《中华人民共和国劳动合同法实施条例》第十八条明确了劳动者单方解除劳动合同的情形：“有下列情形之一的，依照劳动合同法规定的条件、程序，劳动者可以与用人单位解除固定期限劳动合同、无固定期限劳动合同或者以完成一定工作任务为期限的劳动合同：①用人单位未按照劳动合同约定提供劳动保护或者劳动条件的；②用人单位未及时足额支付劳动报酬的；③用人单位未依法为劳动者缴纳社会保险费的；④用人单位的规章制度违反法律、法规的规定，损害劳动者权益的；⑤用人单位以欺诈、胁迫的手段或者乘人之危，使劳动者在违背真实意思的情况下订立或者变更劳动合同的；⑥用人单位在劳动合同中免除自己的法定责任、排除劳动者权利的；⑦用人单位违反法律、行政法规强制性规定的；⑧用人单位以暴力、威胁或者非法限制人身自由的手段强迫劳动者劳动的；⑨用人单位违章指挥、强令冒险作业危及劳动者人身安全的；⑩法律、行政法规规定劳动者可以解除劳动合同的其他情形。”[①]

二是用人单位单方解除。《中华人民共和国劳动合同法实施条例》第十九条对用人单位单方解除劳动合同的情形进行了明确，加强了《劳动合同法》的实际可操作性。“有下列情形之一的，依照劳动合同法规定的条件、程序，用人单位可以与劳动者解除固定期限劳动合同、无固定期限劳动合同或者以完成一定工作任务为期限的劳动合同：①用人单位与劳动者协商一致的；②劳动者在试用期间被证明不符合录用条件的；③劳动者严重违反用人单位的规章制度的；④劳动者严重失职，营私舞弊，给用人单位造成重大损害的；⑤劳动者同时与其他用人单位建立劳动关系，对完成本单位的工作任务造成严重影响，或者经用人单位提出，拒不改正的；⑥劳动者以欺诈、胁迫的手段或者乘人之危，使用人单位在违背真实意思的情况下订立或者变更劳动合同的；⑦劳动者被依法追究刑事责任的；⑧劳动者患病或者非因工负伤，在规定的医疗期满后不能从事原工作，也不能从事由用人单位另行安排的工作的；⑨劳动者不能胜任工作，经过培训或者调整工作岗位，仍不能胜任工作的；⑩劳动合同订立时所依据的客观情况发生重大变化，致使劳动合同无法履行，经用人单位与劳动者协商，未能就变更劳动合同内容达成协议的；⑪用人单位依照企业破产法规定进行重整的；⑫用人单位生产经营发生严重困难的；⑬企业转产、重大技术革新或者经营方式调整，经变更劳动合同后，仍需裁减人员的；⑭其

---

① 《中华人民共和国劳动合同法实施条例》第十八条。

他因劳动合同订立时所依据的客观经济情况发生重大变化，致使劳动合同无法履行的。”[①]

三是用人单位与劳动者协商一致解除。《劳动合同法》第三十六条和《中华人民共和国劳动合同法实施条例》第十八条均明确了用人单位与劳动者双方协商一致可以解除劳动合同的情形。

四是经济性裁员。《劳动合同法》第四十一条对经济性裁员的条件、程序及优先留用进行了原则性规定。首先，规定了用人单位需要提前向工会或全体职工说明情况、向劳动行政部门报告裁减人员规模，即一次性裁减 20 人以上或者虽然不足 20 人但超过企业职工总数的 10% 以上。其次，对裁减条件做出了详细规定：“①依照企业破产法规定进行重整的；②生产经营发生严重困难的；③企业转产、重大技术革新或者经营方式调整，经变更劳动合同后，仍需裁减人员的；④其他因劳动合同订立时所依据的客观经济情况发生重大变化，致使劳动合同无法履行的”[②]。再次，对用人单位裁减人员时应当优先留用的人员作出了明确：“①与本单位订立较长期限的固定期限劳动合同的；②与本单位订立无固定期限劳动合同的；③家庭无其他就业人员，有需要扶养的老人或者未成年人的”。“优先留用”体现了用人单位对劳动者劳动贡献的认可，也体现了企业应维护社会稳定的责任。最后，规定了被裁减人员在用人单位的优先上岗权：“用人单位依照本条第一款规定裁减人员，在六个月内重新招用人员的，应当通知被裁减的人员，并在同等条件下优先招用被裁减的人员”。该项规定在用人单位不得已发生裁员时，作为对员工的“承诺性”补偿，一方面显示了用人单位裁员的无奈，另一方面给予被裁员工积极的心理暗示，能够一定程度降低用人单位因裁员带来的冲突升级的可能性，同时对减轻双方心理压力产生一定的积极作用。

五是不得解除劳动合同。《劳动合同法》第四十二条规定了用人单位不得解除劳动合同的情形。用人单位不得依照本法第四十条、第四十一条的规定解除劳动合同：①从事接触职业病危害作业的劳动者未进行离岗前职业健康检查，或者疑似职业病病人在诊断或者医学观察期间的；②在本单位患职业病或者因工负伤并被确认丧失或者部分丧失劳动能力的；③患病或者非因工负伤，在规定的医疗期内的；④女职工在孕期、产期、哺乳期的；⑤在本单位连续工作满十五年，且距法定退休年龄不足五年的；⑥法律、行政法规规定的其他情形[③]。第一项和第二项是出于对可能罹患/患职业病的劳动者的特殊保护，避免这个群体失去医疗保障和生活来源，体现了对弱势劳动者群体的托底保障，同时也最大限度地避免了劳动者在不知情的情况下“带病”进入下一个用人单位而造成职业病主体责任的划分困难。

六是解除劳动合同，给付经济补偿金。除以下情形外，解除劳动合同，用人单位均需按《劳动合同法》规定给予劳动者经济补偿金：①由劳动者提出，用人单位与劳动者协商一致解除劳动合同；②劳动者提前三十日以书面形式通知用人单位，解除劳动合同；③劳动者在试用期内提前三日通知用人单位，解除劳动合同；④劳动者在试用期间被证明不符合录用条件，用人单位解除劳动合同；⑤劳动者严重违反用人单位的规章制度，用人单位解除劳动合同；⑥劳动者严重失职，营私舞弊，给用人单位造成重大损害，用人单位解除劳动合同；⑦劳动者同时与其他用人单位建立劳动关系，对完成本单位的工作任务造成严重影响，或者经用人单位提出，拒不

---

① 《中华人民共和国劳动合同法实施条例》第十九条。

② 《中华人民共和国劳动合同法》第四十一条。

③ 《中华人民共和国劳动合同法》第四十二条。

改正的；⑧劳动者以欺诈、胁迫的手段或者乘人之危，使对方在违背真实意思的情况下订立或者变更劳动合同，致使劳动合同无效，用人单位解除劳动合同；⑨劳动者被依法追究刑事责任，用人单位解除劳动合同[①]。可以看出，用人单位不支付经济补偿金的九种情形，要么是劳动者主动离职，要么是劳动者自身有重大过错，对解除劳动合同负主要责任，要么是触犯了刑法，被追究刑事责任。总之，因劳动者原因解除劳动合同的，用人单位不用支付经济补偿金。

《劳动合同法》第四十七条规定了经济补偿的支付期限和计算标准："经济补偿按劳动者在本单位工作的年限，每满一年支付一个月工资的标准向劳动者支付。六个月以上不满一年的，按一年计算；不满六个月的，向劳动者支付半个月工资的经济补偿。劳动者月工资高于用人单位所在直辖市、设区的市级人民政府公布的本地区上年度职工月平均工资三倍的，向其支付经济补偿的标准按职工月平均工资三倍的数额支付，向其支付经济补偿的年限最高不超过十二年"[②]。此处所称月工资是指劳动者在劳动合同解除或者终止前十二个月的平均工资。根据这一规定，用人单位给付经济补偿金的时间不受 12 个月的上限限制，除非劳动者所获经济补偿的标准是职工月平均工资三倍，这一点需要着重强调。实务当中，很多人认为，经济补偿金的补偿时间最长不超过 12 个月，这个观点是不对的。《劳动合同法》第四十七条明确指出，按职工月平均工资三倍的数额支付经济补偿金才受 12 个月的上限限制，其他情况并无 12 个月的上限。《中华人民共和国劳动合同法实施条例》第二十七条对《劳动合同法》第四十七条规定的经济补偿的月工资标准进行了详细说明："按照劳动者应得工资计算，包括计时工资或者计件工资以及奖金、津贴和补贴等货币性收入。劳动者在劳动合同解除或者终止前 12 个月的平均工资低于当地最低工资标准的，按照当地最低工资标准计算。劳动者工作不满 12 个月的，按照实际工作的月数计算平均工资。"[③]

此处的经济补偿金计算时长和标准，也适用于终止劳动合同应给付经济补偿金的情况。

（七）劳动合同续订与版本修废

当双方协商一致，同意续订劳动合同时，就应于劳动合同到期前一定时间（通常提前一个月）续订劳动合同。续订劳动合同的要素主要包括：一是劳动合同的待遇条件要等同或高于正在执行的劳动合同待遇条件；二是续订的劳动合同期限，如果按《劳动合同法》规定应当订立无固定期限劳动合同的，除非劳动者提出订立固定期限劳动合同，用人单位应当与劳动者订立无固定期限劳动合同。用人单位应当避免未续订书面劳动合同而延续双方劳动关系，造成事实劳动关系的事件发生，规避事实劳动关系风险。

劳动合同版本修废的情景包括：一是修订劳动合同。修订劳动合同需注意选择适当的时机，换句话说，应该在必须修订的时候再进行修订，例如劳动合同拟订时的重要依据（法律法规、组织战略等）发生了重大变化，劳动合同条款与现行法律法规相抵触或与组织战略相悖。二是修订的劳动合同要经过法务人员确认并在组织内部公开、征求意见。三是订立新的劳动合同要同时废止旧版劳动合同。

---

① 《中华人民共和国劳动合同法》第四十六条。

② 《中华人民共和国劳动合同法》第四十七条。

③ 《中华人民共和国劳动合同法实施条例》第二十七条。

四、模拟案例：员工拒绝加班能解除劳动合同吗？

2016年10月9日，王宝山入职河北省石家庄市国家级高新技术产业开发区某高新技术公司，岗位为行政司机，双方于2016年10月10日签订了劳动合同。关于劳动时间，劳动合同是这样约定的：甲方安排乙方每日工作时间八小时，正常工作时间为：周一～周五，8:00～12:00;13:00～17:00，平均每周不超过四十小时。乙方加班要按照甲方的相关制度和要求办理加班申报审批手续，甲方安排乙方加班，应安排乙方同等时间补休，不能安排补休的依法支付加班工资。乙方违反甲方的各项规章制度，甲方可以依据本单位《员工守则》及各项规章制度给予纪律处分、扣发奖金、绩效处罚或解除劳动合同。其中，《员工奖励/违纪处理管理规定》第五条"违纪处理"对员工被开除的处罚标准进行了说明："开除：当月物质处罚500元，解除劳动合同，公司不作任何补偿。"第七条违纪内容中，企业可以开除员工的情形之一是："拒绝服从主管合理工作安排或不尽职守在同人中造成恶劣影响，经劝导仍不改正者，开除"。

2017年4月11日，公司的意大利和德国合作伙伴十余人到石家庄公司总部参加新产品发布及业务洽谈会，需要派考斯特车接待。公司4月份定人定车车辆分配表显示，当月考斯特车辆负责人为王宝山。

当日上午，公司车队队长姚文勇安排调度员朱志广通知王宝山，本次接待任务由他来完成，请王宝山按接待流程做好准备：洗车、检查油料(加油)、确定机场到宾馆的行车路线等。朱志广于4月11日中午12时左右在公司餐厅当面通知王宝山接待事宜，王宝山于当日下午将车辆清洗完毕，检查了油料情况并到附近加油站加满了油，选定了行车路线。但是，原定于16:02到达的航班因故延误。信息显示，本次航班落地时间大约为18:30。当日17时20分许，队长姚文勇安排王宝山出车接待外宾时，王宝山以已经下班且家里有事为由拒绝加班，在行政部主管孙小军进行劝导后，王宝山并未说明具体原因，但依然拒绝加班出车。

此时，距离外宾航班落地的时间已经不足一个小时，而且，接待外宾的任务非常重要紧急，公司持有考斯特准驾A本的司机有的已经下班回家，有的在外面执行其他任务，还有的已经在当日早晨加班并连续工作，再出车已经是疲劳驾驶。为防止意外发生，公司车队队长姚文勇(所持驾照与考斯特车型不符)在无合法驾驶人的情况下，出车完成了接待任务。

2017年4月17日，公司人力资源部以王宝山"违反公司管理制度，拒绝服从领导合理工作安排，经劝导仍不改正，在同人中造成恶劣影响"为由，对王宝山做出开除处理，并处当月物质处罚500元。

王宝山辩解称：我本人自从进入公司，一直以来兢兢业业。4月11日，因本人妻子药物流产，医生说有可能大出血，需要我回家照顾。因为觉得这是私事并且比较隐私，不便向领导说明，也不知道公司其他考斯特司机都不能出车，而且不知道这是接待外宾任务，所以选择了拒绝加班。因此，本人不认可公司的解雇理由。

公司行政部主管孙小军、车队队长姚文勇以及调度员朱志广都向人力资源部提供了证言以及出车单(载明出车事由)，说明安排出车任务时已经向王宝山说明了这是一次重要的外宾接待任务，王宝山说不知道是外宾接待任务是不可能的。在王宝山拒绝加班出车的情况下，行政部主管孙小军对他进行了劝导，但其仍然拒绝加班出车。综合以上情况，人力资源部认定王宝山的行为符合《员工奖励/违纪处理管理规定》第七条违纪内容，坚持开除的决定。

王宝山拿到公司的开除决定后，立即申请劳动仲裁，仲裁理由是：公司违法解除劳动合同，要求公司支付违法解除劳动合同赔偿金 60764 元。

讨论题

(1)案例中公司表现出了哪些解除劳动合同的典型行为？

(2)仲裁是否会支持王宝山的申请？请给出仲裁依据。

五、观察练习：企业劳动合同管理的规范性

通过自己的家人、亲戚或朋友介绍进入他们所在的企业/事业单位，选择劳动合同管理的若干个环节，观察劳动合同管理人员如何实施管理的。观察要点：劳动合同管理的环节是否齐全；被观察环节，劳动合同管理人员表现出了哪些典型行为？是否规避了对应环节的劳动关系风险？记录所观察环节中单位管理人员和员工的关键事件，对照本部分相应环节的典型行为表，评价管理人员和员工的关键行为，哪些行为符合典型行为规范？哪些行为存在劳动关系风险？将整理的结果与人力资源部管理人员以及员工进行交流，对自己的判断结果与实际情况加以对比，改正错误判断并记录观察练习情况。与同学就劳动合同管理过程进行分工合作，把观察练习情况与同学进行交流。

六、模拟练习：校园微递公司签订劳动合同

校园微递公司是近些年在很多大学校园兴起的一类小微企业，主要解决快递无法进入校园派送的问题。校园微递从事的是从快递员处取到快递送达校内收件人处的业务，解决快件在校内流转的问题。许多在校的大学生都从事过校园微递业务，但由于学生的身份特殊，校园微递企业并不能与学生签订劳动合同。本练习将校园微递企业模拟为社会上正式注册的企业，加入微递公司的学生模拟为已毕业的大学生，开展签订劳动合同的模拟练习。学生通过实际操作劳动合同拟订、协商与签订活动，体验签订劳动合同过程应具有的典型行为。操作指导如下：

(1)教师向学生阐明训练目的和知识准备。

(2)学生分组，每一大组又分为行为模拟小组和行为观察小组。

(3)教师指导大组选择情景主题。例如，公司人员拟定劳动合同、与拟入职新员工双方就劳动合同条款进行协商、处理分歧、签订劳动合同等情景。

(4)行为模拟小组和行为观察小组分别进行模拟行动准备和观察准备。

(5)教师指导实施行为模拟观察。

(6)观察组阐述行为观察结果。

(7)每一大组提交一份行为观察模拟训练总结报告。

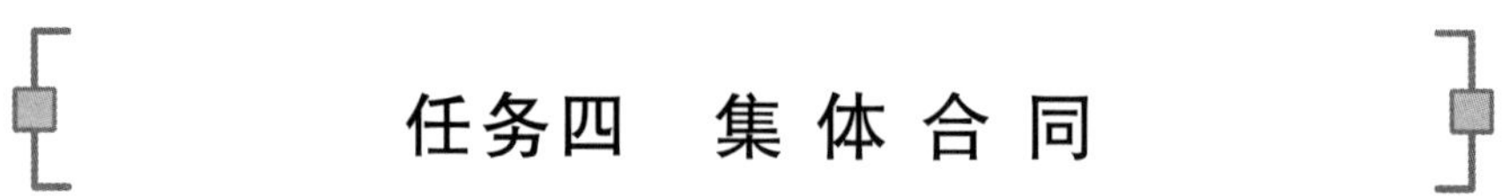

任务四 集体合同

集体合同是随着工人要求改善劳动条件的运动发展起来的。19 世纪中叶，工人要求改善劳动条件的罢工斗争日益强烈，资本家为避免罢工损失，被迫与工人组织谈判，同意签订集体合同。从此，签订集体合同成为保护工人群体权益的重要武器而在欧洲各国开始盛行起来，随

着时间的推移，签订集体合同的范围逐渐扩大。但是，政府出于对资本家的保护，并没有赋予集体合同法律效力，法院也不受理集体合同案件。到了20世纪初，经过工人阶级不懈的斗争，资本主义国家的政府才被迫承认集体合同的法律效力，并颁布了关于签订集体合同的法律。1918年，德国颁布了《劳动协约、劳动者及使用人委员会暨劳动争议调停令》，并于1921年颁布了《劳动协约法(草案)》。法国于1919年颁布了《劳动协约法》后，又将其编入《劳动法典》。1935年美国公布了《国家劳工关系法》(《华格纳法》)，承认了集体合同的法律效力。20世纪60年代以来，集体合同内容普遍扩大，除了以往已经规定的工作时间、工资标准和劳动保护等项内容外，还规定了录用、调动和辞退职工的程序、技术培训、休假期限、辞退补助金、养老金和抚恤金的支付条件以及工人组织的权利和工人参加企业管理办法等项内容。但有些国家还没有关于休假待遇、病假待遇、怀孕和分娩待遇的立法，甚至没有关于成年男子劳动时间和职工休假的立法，工人的劳动条件也缺少保障。

在苏联和东欧，企业资本方和工会为保证完成或超额完成生产计划、加强劳动保护和改善职工物质文化生活条件，开始与工人集体签订双方相互享受权利和承担义务的集体协议书。1918年7月2日，苏联颁布了第一个集体合同法令:《确定工资定额(工资率)和劳动条件的集体合同批准程序》。1922年《俄罗斯联邦劳动法典》第4章，1970年《苏联和各加盟共和国劳动立法纲要》第2章，都对集体合同做了专门规定。在苏联，签订或修订集体合同按法律规定程序进行，合同期限一般为一年。企业行政、工会依靠职工群众定期检查合同执行情况。企业一方违反集体合同的，负经济责任、行政责任或刑事责任；职工个人违反集体合同的，亦要追究其责任。在东欧国家，如保加利亚(1951)、匈牙利(1967)、罗马尼亚(1972)、南斯拉夫(1976)等国所颁布的劳动法典中，都有关于集体合同制度的条款。

下面说说我国的集体合同发展历程。早在新民主主义革命时期，中国共产党通过中国劳动组合书记部于1922年拟定的《劳动法案大纲》就提出了“劳动者有缔结团体契约权”的斗争纲领。1930年，国民党政府颁布了《团体协约法》，承认雇主或雇主团体与工人团体有缔结团体协约的权利。同时，为了反对工人斗争，又规定“团体协约当事团体对其团员有使其不为一切斗争，并使其不违反团体协约规定的义务”。中华人民共和国建立前后，在《中国人民政治协商会议共同纲领》《中华全国总工会关于私营工商企业劳资双方订立集体合同的暂行办法》和《中华人民共和国工会法》等文件中规定，在私营企业(或同行业)中，工会有权代表工人、职员与资本家签订劳资集体合同，以发挥职工劳动热忱或资方经营生产的积极性。在一些国营、公营和合作社经营的企业中，也曾一度实行集体合同制，但它和私营企业的集体合同性质根本不同，集体合同由工会代表工人、职员与企业缔结。其主要内容是:合同期间总的生产任务；在生产上工厂与工会双方应保证的事项；生产定额、工资制度和奖励处分办法；工作时间和假期，改善工人和职员的物质文化生活设施的具体计划等。集体合同的期限一般为一年，主要有产业集体合同和企业集体合同两种。

中华人民共和国成立以后，党和政府一向重视集体合同。除了中华人民共和国成立前后制订的集体合同管理办法外，原劳动部于1994年12月5日颁布了《集体合同规定》，2004年1月20日，中华人民共和国劳动和社会保障部令[第22号]向社会颁布了新的《集体合同规定》，该《集体合同规定》于2003年12月30日经劳动和社会保障部第7次部务会议通过，自2004年5月1日起施行至今。

集体合同与劳动合同不同，它不规定劳动者个人的劳动条件，而规定劳动者的集体劳动条件，一般适用于企业与全体员工，也有的适用于企业与参加签订集体合同的工会成员。

一、定义

集体合同：是指用人单位与本单位职工根据法律、法规、规章的规定，就劳动报酬、工作时间、休息休假、劳动安全卫生、职业培训、保险福利等事项，通过集体协商签订的书面协议①。

专项集体合同：是指用人单位与本单位职工根据法律、法规、规章的规定，就集体协商的某项内容签订的专项书面协议②。

集体合同具有一般合同的共同特征，即是平等主体基于平等、自愿协商而订立的规范双方权利和义务的协议。除了具有一般合同的共同特征外，集体合同还具有其自身特征：

(1)集体合同是特定的当事人之间订立的协议。在集体合同中，一方是代表职工的工会组织或者职工代表；另一方为雇主。集体合同的双方至少有一方是由多数人组成的团体。特别是，职工方代表必须由工会或职工代表参加，集体合同才能建立。

(2)集体合同的内容应包括劳动报酬、工作时间、休息休假、劳动安全卫生、保险福利等。在集体合同中，劳动标准是集体合同的核心内容，它同时对个人劳动合同起到制约作用。

(3)集体合同双方的权利义务并不平衡。更多地强调雇主的义务，例如为工人提供合法的劳动设备设施和劳动条件。

(4)法律效力和有效性。就效力来说，集体合同效力高于个人劳动合同，个人劳动合同规定的职工劳动条件和劳动报酬标准，不得低于集体合同的规定。集体合同采取要式合同的形式，须报劳动行政管理部门登记、审查、备案后，才能生效。

(5)适用范围。集体合同是一项劳动法律制度，适用于各种所有制企业。集体合同制度的运作非常灵活，没有固定的模式，通过法定程序订立的集体合同对劳动关系各方都具有约束力。

(6)集体合同的订立主要由劳动关系双方的代表或其代表性组织来执行。因此，集体合同制度必须遵循一条重要原则，即劳动关系双方在平等自愿的基础上相互理解和信任。

集体合同与个人劳动合同的主要区别在于：第一，合同主体不同。集体合同的一方是企业，另一方是工会或工人按照法定程序选出的代表。个人劳动合同的当事人分别是用人单位和劳动者个人。第二，集体合同的内容不同。集体合同的内容是关于企业一般性劳动条件标准的协议，把全体劳动者的共同权利和义务作为内容，而个人劳动合同的内容只涉及劳动者个人的权利和义务。第三，功能不同。协商订立集体合同的目的是规定用人单位的一般劳动条件，为劳动关系的各项内容制定具体的标准，并作为单一劳动合同的基础和指导原则。个人劳动合同的目的是建立劳动者与用人单位之间的劳动关系。第四，法律效力不同。集体合同规定了用人单位的最低劳动标准。个人劳动合同约定的标准如果低于集体合同的标准则是无效的。所以，集体合同的法律效力高于个人劳动合同。

集体协商代表：指的是按照法定程序产生的，有权代表己方集体利益进行集体谈判的人员，以下简称协商代表③。

---

① 《集体合同规定》第三条。中华人民共和国劳动和社会保障部，2004.1.20.

② 《集体合同规定》第三条。中华人民共和国劳动和社会保障部，2004.1.20.

③ 《集体合同规定》第三章集体协商代表，第十九条。中华人民共和国劳动和社会保障部，2004.1.20.

职工协商代表由本单位工会指定。未成立工会的，由本单位职工民主推荐，并经本单位职工过半数同意。雇主谈判代表由单位法定代表人任命。雇主谈判代表和雇员谈判代表不得相互兼职，谈判代表履行职责的期限由被代表方确定。参加集体协商的用人单位协商代表和职工一方的协商代表人数应当相等。各方应至少有 3 人，各方应确定一名首席代表。首席代表必须是本单位的员工。首席代表可以书面委托本单位以外的专业人员担任自己的谈判代表，但委托代表人数不得超过己方代表人数的三分之一。职工方首席代表由本单位的工会主席担任，工会主席可以书面委托其他谈判代表担任首席谈判代表。工会主席缺位的，由工会主要负责人担任。未成立工会的，由职工方协商代表民主选举产生。雇主一方的首席代表由用人单位法定代表人担任，或者由法定代表人书面委托的其他管理人员担任。

二、典型行为与风险来源

前面就集体合同相关概念给出了定义，阐述了集体合同的特征及其与个人合同的区别，现在来讨论与签订集体合同相关的环节，用人单位及职工代表在这些环节的典型行为，总结风险来源。签订集体合同相关的环节包括：集体合同内容协商与拟定、协商代表的产生与更换、集体合同订立、变更、解除和终止。

（一）集体合同内容协商与拟定

集体合同的内容必须在《集体合同规定》有关协商内容的框架内，由双方代表协商确定，该环节典型行为与风险来源如表 4-11 所示。

表 4-11　集体合同内容协商与拟定的典型行为与风险来源

典型行为	1. 双方协商代表进行集体协商时，采取协商会议的形式，协商过程遵守法律法规、规章和国家有关规定。 2. 协商代表在协商过程中真正做到相互尊重，平等协商。 3. 协商过程开诚布公，对对方关心的利益事项能够诚实地做出客观的回答，不存在故意夸大事实、欺骗或隐瞒情况。 4. 双方本着诚信合作的态度协商与拟定合同内容，该过程能够兼顾双方合法权益，而不是损害对方权益。 5. 态度友好，妥善处理分歧与纷争，没有过激行为
风险来源	1. 双方协商代表进行集体协商形式随意，协商过程有与法律法规、规章和国家有关规定相抵触的言行。 2. 违反相互尊重、平等协商原则，一方协商代表存在强势、以势压人，或者固执己方观点，采取软磨硬泡的方式迫使对方接受。 3. 为了达到签订集体合同的目的，对关系对方切身利益的事项故意夸大事实、欺骗或隐瞒情况，违反诚信原则。 4. 违反诚信合作原则，更多地关心己方权益，利用己方的优势地位，刻意挤占对方合法权益空间。 5. 在处理分歧与纷争时，存在过激行为

(二)协商代表的产生与更换

集体合同双方协商代表的产生与更换必须遵守法定程序，只有遵循法定程序产生的协商代表才有权代表本方利益与对方进行集体协商。协商代表产生与更换的典型行为与风险来源如表 4-12 所示。

表 4-12 协商代表的产生与更换的典型行为与风险来源

典型行为	1. 本单位工会选派，或者职工民主推荐并经本单位半数以上职工同意产生 3 名以上的职工协商代表，并从中民主产生 1 名首席代表(无工会单位)。有工会时，该首席代表为工会主席或工会主要负责人(主席空缺)或者工会主席书面委托的其他协商代表。 2. 法定代表人指派 3 名以上的单位协商代表，单位首席代表由法人代表担任或由其书面委托的其他管理人员担任。 3. 用人单位和职工双方的协商代表人数对等且不存在相互兼任，双方各自确定己方协商代表的履职期限。 4. 作为本方协商代表的本单位以外专业人员经由首席代表书面委托产生且人数不超过己方代表的三分之一。 5. 协商代表按照《集体合同规定》忠实履行自己的职责。 6. 更换协商代表的方式和程序符合《集体合同规定》
风险来源	1. 产生职工协商代表的方式/程序不合法，或者职工协商代表数量不足 3 人，或者首席代表身份不当/程序不合法。 2. 单位协商代表产生的方式/程序不合法，或者单位首席代表非法人代表且产生程序不合法。 3. 用人单位和职工双方的协商代表人数不对等或相互兼任，或者全部由单位领导决定履职期限。 4. 作为己方协商代表的本单位以外专业人员数量超过己方代表的三分之一，或者产生方式不合法。 5. 协商代表未能正确履行职责，存在威胁、收买、欺骗等行为，或者泄露用人单位的商业秘密。 6. 用人单位不当调整协商代表工作岗位，或者违反《集体合同规定》解除其劳动合同。 7. 未按照《集体合同规定》程序或/和方式更换协商代表

(三)集体合同订立、变更、解除和终止

与个人劳动合同订立、变更、解除和终止不同，集体合同的订立、变更、解除和终止在程序上比较复杂，都要经过工会或职工代表大会表决，且对“同意”的人数有明确规定。集体合同订立、变更、解除和终止的典型行为与风险来源如表 4-13 所示。

表 4-13　集体合同订立、变更、解除和终止的典型行为与风险来源

典型行为	1.订立集体合同前，将双方代表协商一致的专项集体合同/集体合同草案提交职工代表大会或者全体职工讨论。出席讨论会的职工或职工代表人数占两者各自总数的三分之二以上。 2.获得讨论通过的专项集体合同/集体合同草案必须经全体职工代表/全体职工半数以上同意，协商双方首席代表签字。 3.专项集体合同/集体合同期限一般为 1 至 3 年，期满前 3 个月内，任何一方都可以向对方提出重新签订或续订的要求，经双方协商同意可以重新签订或续订。 4.期满不续订也不重新签订，或双方约定的终止条件出现，集体合同终止。 5.经过双方协商代表协商一致，或者出现了《集体合同规定》第四十条的情形之一，变更或解除集体合同/专项集体合同。 6.集体合同或专项集体合同签订或变更后，从双方首席代表签字之日起 10 日内，用人单位将合同文本一式三份报送劳动保障行政部门审查。审查结果需要修订时，双方重新协商修订，并将重订的合同再次报送审查，直到劳动保障行政部门审查通过为止
风险来源	1.双方代表协商一致的专项集体合同/集体合同草案未经职工代表大会或者全体职工讨论，直接签订。或者经过职工代表大会/全体职工讨论，但出席讨论会的职工或职工代表人数低于两者各自总数的三分之二。 2.集体合同/专项集体合同未获得全体职工代表/全体职工半数以上同意，或者/并且签署合同的人含有非首席代表。 3.专项集体合同/集体合同到期前未经协商，通知另一方后续订合同。 4.期满不续订也不重新签订，或双方约定的终止条件出现，仍执行原有集体合同。 5.在程序不合法也没有出现《集体合同规定》第四十条的情形之一的情况下，变更或解除集体合同/专项集体合同。 6.集体合同/专项集体合同签订或变更后超过 10 日送审，甚至不送审

依法签订的集体合同对企业和劳动者都具有约束力。劳动者个人与企业签订的劳动报酬等标准不得低于集体合同的规定。

在我国，集体合同主要存续于传统国有企业，随着民营经济的快速发展及其在国民经济中所占比重越来越高，集体合同在企业中的使用范围越来越小，因为民营企业很少订立集体合同，其核心问题是民营企业很少建立具有实质意义的工会组织和职工代表大会，从而缺乏集体合同一方当事人。并且我国工会组织的性质是党领导的职工自愿结合的工人阶级群众组织，是党联系职工群众的桥梁和纽带。因此，从法人的性质而言，工会仍是一个“带有私法人代表的公法人”，这一组织在民营企业中很难具有内驱动需要的建立意愿。此外，集体合同往往与工资谈判、怠工、停工、罢工等因素联系在一起，对于企业而言，是充满负面意味和具有对立情绪的劳动关系形式，国家对集体合同的现有立法，很难使集体合同在民营企业中真正实行。然而，随着我国劳动用工的市场化，人口红利的逐渐消失，劳动者市场地位的逐步提升，劳工民主意识和协商意识的明显增强，尤其是层出不穷的怠工、停工等群体性事件的出现，将使劳动者有关劳资协商、集体协商的诉求动力越来越强，并持续积蓄，也将是我国劳动立法、集体合同立法绕不过去的问题。集体合同制度将从自上而下的运作方式逐步向工会组织代表劳动者与用

人单位进行自主协商的方式转化，罢工、劳资谈判、工会的组成与责任等是我国劳动立法必须面临的问题。可以预见，我国企业尤其是民营企业将面临劳动保障、工资福利成本、劳资平等谈判、集体协商等问题的严峻挑战，这些内容也将成为企业人力资源部门最核心的职能工作。

三、情景解析

通过前述典型行为分析和风险来源归纳，可知集体合同的情景包括协商代表的产生与更换，集体合同的协商与签订、变更、解除与终止，集体合同的审查与修改以及集体合同的争议处理。

（一）协商代表的产生与更换

集体合同的协商代表是用人单位和劳动者群体按法定程序产生或指定的，代表本方与另一方就集体合同内容协商、签订合同的人选，保证协商代表产生或更换的程序合法是选出合格协商代表的前提。

首先，选择什么人做协商代表？根据《集体合同规定》，用人单位一方由法人代表指定，劳动者一方须由职工代表大会或全体职工选举产生。从用人单位协商代表的产生方式可知，他们是能真正代表单位利益、深受法人代表信任的群体，且首席代表由法人代表亲自担任或指定，也能从根本上维护用人单位的利益。而民主选举产生的职工协商代表可能产生两种结果：一是职工都熟悉的领导，二是人缘好或知名度高的职工。这两者代表全体职工利益的程度以及与用人单位一方就集体合同谈判的能力都难以保障。民主选举的代表职业道德如何，能否做到在协商过程中始终做到以全体职工利益为核心也是未知数。因此，劳动者一方的协商代表应有基本任职资格说明，对其能力、素质、职业道德等做出基本要求，在此基础上，推荐人选给职工代表大会或全体职工大会选举。

其次，协商代表的产生、更换必须符合《集体合同规定》要求的程序，即做到程序合法。协商代表数量符合要求，首席代表的身份和产生方式符合规定。

再次，协商代表的履职过程应有记录，能够再现其履职的必要情景，职工能够采取必要措施对代表的履职过程实施监督。

最后，用人单位应按照《集体合同规定》，确保协商代表正常履行职责，当协商代表因履职与本职工作发生时间冲突时，保证其履行协商代表的职责等同其正常履行了岗位职责、完成了本职工作。如果协商代表在任期内劳动合同到期需要终止的，须延续劳动合同至其协商代表任期结束才能终止。

（二）集体合同的协商与签订

由于集体合同的特殊性，基本上都是对用人单位的义务，因此协商过程需要双方代表首先了解集体合同的性质，学习《集体合同规定》，按照规章的内容逐项平等、耐心协商，取得一致意见。

集体合同协商的内容十分广泛，包括：①劳动报酬；②工作时间；③休息休假；④劳动安全与卫生；⑤补充保险和福利；⑥女职工和未成年工特殊保护；⑦职业技能培训；⑧劳动合同管理；⑨奖惩；⑩裁员；⑪集体合同期限；⑫变更、解除集体合同的程序；⑬履行集体合同发生争议时的协商处理办法；⑭违反集体合同的责任；⑮双方认为应当协商的其他内容等十五项。这些谈判内容专业性较强，如果用人单位成立了工会组织，工会主席或主要负责人任首席代表较为合适，另外，最好委托至少一位劳动法律方面的专业律师担任协商代表，如果本单位有劳动法律方面的法务人员，应通过法定程序选举作为协商代表，或者委托本单位以外的专业人员担任。

双方协商集体合同的形式和程序应按照规定的要求进行。

（三）集体合同的订立、变更、解除和终止

1. 订立

订立集体合同的情景包括集体表决和订立两个部分。经双方协商一致的集体合同或专项集体合同草案，须经过由职工代表或全体职工的三分之二以上参与的职工代表大会或全体职工大会的与会代表一半以上同意、表决通过后，才能订立。这里，要重点强调，集体合同的表决形式是职工代表大会或全体职工大会；与会人数必须达到全体职工或职工代表的三分之二以上；与会人数的一半以上同意，才算表决通过。签订集体合同的人必须是双方首席代表。

2. 变更或解除

变更或解除集体合同的情景包括：双方协商代表协商一致变更或解除；用人单位因被兼并、解散、破产等原因，致使集体合同或专项集体合同无法履行；因不可抗力等原因致使集体合同或专项集体合同无法履行或部分无法履行的；集体合同或专项集体合同约定的变更或解除条件出现。变更或解除集体合同时，按照《集体合同规定》的程序进行协商，双方达成一致意见，即可变更或解除。

（四）集体合同的审查与修改

集体合同草案订立后要送当地劳动保障行政部门审核。其一，送审的时间，应在双方首席代表签字后 10 日之内送审。其二，送审的份数，一式三份。如劳动保障行政部门提出异议，需要对集体合同进行修订，修订合同遵循的程序与订立时相同，修订后的合同送劳动保障行政部门审查，送审的要求不变。集体合同在送审后 15 日内如劳动保障行政部门没有提出异议，即行生效，生效后的集体合同由协商代表向全体职工公布，广而告之。

（五）集体合同的争议处理

用人单位与劳动者双方对集体合同发生争议且不能自行解决时，可以申请劳动保障行政部门协调解决。向劳动保障行政部门提出申请须用书面形式，协调采取三方机制，即劳动保障行政部门、同级工会组织及企业共同协调解决争议。

四、模拟案例

（一）模拟案例 1：集体合同对新工人有效吗？

2015 年 3 月 5 日，无锡市高新区华纺实业有限公司工会代表全体职工与公司签订了集体合同。该集体合同关于劳动时间与休息休假的条款是这样规定的：

（1）员工工作时间规定：每天 8 小时，每周工作 40 小时，周六、周日公休日休息。

(2)上午 10:00 和下午 15:00,公司各安排一次工间操,每次锻炼 20 分钟,计算为工作时间。

(3)如果员工被安排在公休日加班,那么公司将会在加班后一周内安排员工补休。

(4)员工每月工资不低于 3800 元,该工资不包括加班工资及其他福利待遇;公司统一发薪日为每月 5 日,遇节假日顺延。

(5)合同的有效期为 2015 年 4 月 1 日—2016 年 3 月 31 日,双方应严格遵守集体合同,任何一方不得违反集体合同,否则,应赔偿给对方因违反合同造成的损失。

2015 年 3 月 20 日,当地劳动和社会保障行政部门确认并备案了该集体合同。2015 年 8 月 1 日,纺织公司从人才市场招聘了一批女工到新成立的纺织分公司。2015 年 8 月 3 日,纺织公司与这些女工分别签订了个人劳动合同。劳动合同的内容(部分)如下:

(1)本合同有效期 1 年,自 2015 年 8 月 5 日至 2016 年 8 月 4 日。

(2)工人工作时间为每周 40 小时,每天 8 小时,上午 4 小时,下午 4 小时;无工间休息时间;工资标准是每月 4000 元。

双方在劳动合同上签字盖章。

经过简单的入职培训后,新工人们被分配到纺织分公司工作。上班第一天,她们发现车间内有大量细粉尘。工人们只得先打扫车间,连续奋战了 4 个多小时才打扫干净,此时每个人都显得很疲惫,需要休息。新员工们在林福之的带领下,向车间主管提议工作期间休息一下,换换空气。车间主管答复说,劳动合同规定工作时间内不安排工间休息。工人们拿出了老员工给她们的集体合同:这份合同规定了工间操休息 20 分钟。车间主管解释道:集体合同上规定员工的薪酬为 3800 元/月,你们的薪酬为 4000 元/月,每个月多 200 元工资的原因就是取消了 20 分钟的工间休息时间。

林福之等人是在集体合同生效后进入无锡市高新区华纺实业有限公司的,但她们所签的个人劳动合同,工作时间标准低于集体合同的时间标准,但工资待遇高于集体合同规定的工资待遇。

讨论题

(1)集体合同对新招聘的分公司员工是否有效?请给出依据。

(2)林福之等人能否在不减少工资的情况下得到上、下午各 20 分钟工间操的休息时间?

(二)模拟案例 2:振兴公司的集体合同有效吗?

2017 年 3 月 10 日,振兴公司总经理(法人代表出国考察)作为公司方首席代表与其他 4 名经公司总经理办公会选出的协商代表组成的协商代表团队,与公司工会推选的 5 名职工协商代表组成的代表团经过集体协商,由首席代表签订了一份为期三年的集体合同草案,职工首席代表由熟悉劳动法律法规的人力资源部部长陶某担任,陶某与公司工会主席关系甚好,且陶某的能力和人品在公司职工中有口皆碑。草案签订后,公司召开了职工代表大会,经与会职工代表五分之四通过。同年 3 月 24 日,振兴公司将集体合同文本一式三份及说明材料报送当地劳动和社会保障局登记、审查、备案,劳动和社会保障局在 15 日内未提出异议。因此,2017 年 4 月 2 日,振兴公司在公司公告栏向全体职工公布了集体合同。其中,关于工资和劳动时间的条款是这样规定的:公司所有员工每月工资不得低于 2600 元,每天工作时间 8 小时。

2017 年 5 月,刘某应聘振兴公司的车间操作工,公司于 2017 年 5 月 18 日与刘某签订了为期 2 年的劳动合同,合同规定其每月工资 2300 元,每天只需工作 6 小时。1 个多月后,刘某在与同事聊天时偶然得知公司与工会签订了集体合同,约定员工每月工资不得低于 2600 元。刘某认为自己的工资标准低于集体合同的约定,于是与公司交涉,要求提高工资,但公司始终不同意。刘某不服,于 2017 年 7 月中旬,向当地劳动争议仲裁委员会提起仲裁申请,要求振兴公司按照集体合同规定的月工资标准 2600 元履行劳动合同,并补足 2017 年 5 月至 2017 年 7 月低于集体合同约定的月工资标准部分的劳动报酬。

讨论题

(1)该公司集体合同是否有效?列出原因。

(2)如果你是仲裁人员,如何进行裁决?

五、观察练习:集体合同的风险

利用图书资料或网络资料,搜集集体合同相关的案例,分组讨论集体合同案例当中用人单位和劳动者双方哪些行为符合典型行为特点,哪些行为暗含劳动风险。有条件的同学可以深入企业,观察企业集体合同协商经过,分析协商过程中双方的典型行为及可能存在的劳动风险。

六、模拟练习:某企业订立集体合同

以实际经营中的某企业为例,收集该企业经营信息,特别是劳动合同管理方面的资料和信息,让学生们熟悉该企业情况。本练习把该企业作为被模拟经营管理环境,学生分别扮演不同的角色,如企业法人代表、管理人员、工会人员以及普通职工,模拟集体合同从产生协商代表到送审、内部公布的过程,学生自主分工,准备相关资料。通过集体合同从协商到送审的过程,让学生体验集体合同管理过程中人员应具备的典型行为,以及如何避免劳动风险。操作指导如下:

(1)教师向学生阐明训练目的和知识准备。

(2)学生分组,每一大组又分为行为模拟小组和行为观察小组。

(3)教师指导大组选择情景主题。例如,协商代表产生、协商集体合同的具体内容、订立集体合同等情景。

(4)行为模拟小组和行为观察小组分别进行模拟行动准备和观察准备。

(5)教师指导实施行为模拟观察。

(6)观察组阐述行为观察结果。

(7)每一大组提交一份行为观察模拟训练总结报告,提交一份内容齐全的集体合同文本。

项目五 劳务派遣、非全日制用工与劳务关系

·引导案例·

非全日制员工是否需要公司购买工伤保险?

孙仲谋,现年43岁,是广东省某市一名社会人员,由于只有初中文化水平,也缺乏技术,一直打零工或从事短期工作。2017年8月,孙仲谋入职本市某塑料制品厂担任仓库管理员,双方签订了为期1年的非全日制劳动合同。合同约定:孙仲谋每天工作4个小时,每周工作六天,每小时工资为20元(含社保费用)。2015年12月的一天,孙仲谋在仓库从事搬运工作时不慎发生事故,被掉落的货物砸伤了左脚,经当地劳动保障行政部门鉴定,事故构成工伤9级,为治伤孙仲谋休息了2个月时间,但公司并未给付治疗期间的工资(公司认为支付的小时工资中已包含了社保费用,因此无须担责)。孙仲谋认为,自己是因工负伤,理应由公司代为办理工伤期间的工伤保险待遇。双方因支付工伤相关待遇事宜产生纠纷,孙仲谋将公司诉至法院,要求支付因工伤治疗而停工留薪期间的工资、伤残补助金、工伤医疗补助金、伤残就业补助金等工伤待遇总计13余万元。

问题:法院会不会支付孙仲谋的诉求?

案例涉及特殊用工形式劳动风险管理问题。对于非全日制员工是否需要由用人单位为其缴纳社会保险的问题,缴纳哪些保险问题,应不应该为非全日制员工缴纳工伤保险等以及由此引发的劳动者与用人单位的劳动风险、纠纷。

任务一 项目目的

在上一项目中,本书针对劳动合同的协商、订立、履行、存续、中止、终止、解除等管理全过程,根据《劳动法》《劳动合同法》等我国关于劳动合同的法律法规相关规定,分析了劳动合同管理过程中易发劳动风险的风险点,列出了风险控制因素,分析了典型管理行为,对劳动争议易发事项进行了总结。本项目将对劳务派遣、非全日制用工及劳务关系等特殊用工形式的管理过程进行分析,总结劳动风险因素、典型行为及管理措施,降低企业特殊用工中的风险。

任务二 风险控制要素与管理规范

与全日制用工相比，特殊用工形式涉及更多主体，具有法律法规种类多、员工流动性大、员工身份特殊、劳动时间不固定等特点，需要针对劳务派遣、非全日制、劳务关系等分别实施规范管理和控制，降低相关劳动风险，避免劳动纠纷、诉讼等事件发生，把劳动风险控制在较低水平，控制因不规范管理而发生劳动纠纷、劳动仲裁和诉讼所带来的额外劳动用工成本。

一、劳务派遣

劳务派遣是指由劳务派遣机构与派遣劳工订立劳动合同，把劳动者派向其他用工单位，再由其用工单位向派遣机构支付服务费用（含劳动者劳动报酬）的一种用工形式。英文是 labor dispatching，又称人力派遣、人才租赁、劳动派遣、劳动力租赁、雇员租赁。

在劳务派遣用工形式中，劳动力使用发生于派遣劳工与实际用工单位之间，实际用工单位向劳务派遣机构支付服务费，劳务派遣机构向劳动者支付劳动报酬。劳务派遣起源于 20 世纪的美国，后传至法国、德国、日本等国。劳务派遣早在 20 世纪 90 年代就传入我国，当时在我国国有企业劳动制度改革中，出现了为安置下岗职工而产生的，可跨地区、跨行业进行劳务派遣。2007 年 6 月 29 日，第十届全国人民代表大会常务委员会修订通过的《劳动合同法》第一次以法的形式在中国确立了劳务派遣的合法地位，明确了派遣单位、用工单位、劳动者三方的权利和义务。至此，劳务派遣在进入我国 10 多年后被确立了合法地位。此后，劳务派遣用工形式在我国迅猛发展，劳务派遣用工人数快速增加，占用人单位员工的比例迅速扩大。2009 年至 2019 年劳动派遣单位数和人员数见表 5-1 和表 5-2。

表 5-1 2009—2019 年中国劳务派遣企业数量

年　份	企业数量/万家
2009 年	1
2010 年	1.2
2011 年	1.5
2012 年	1.8
2013 年	2.2
2014 年	2.5
2015 年	2.8
2016 年	3
2017 年	3.5
2018 年	3.6
2019 年	2.3

表 5-2 2009—2019 年中国劳务派遣工人数

年 份	劳务派遣工人数/万
2009 年	2700
2010 年	3100
2011 年	3700
2012 年	4000
2013 年	4500
2014 年	4200
2015 年	3800
2016 年	3500
2017 年	3600
2018 年	3700
2019 年	1174

在我国，劳务派遣用工中的被派遣工人 16.8%来源于城镇，83.2%来自农村。使用劳务派遣用工的用人单位主要集中在公有制企业和机关事业单位，其中，国有企业使用劳务派遣工的数量最多，占国有企业职工总数的 16.2%，部分央企甚至有超过 2/3 的员工都属于劳务派遣。从行业分布看，绝大部分行业都使用劳务派遣工，其中电信、金融、石油、电力、铁路等系统最为严重。实施劳务派遣的岗位包括司机、文印室管理员、水电管理员和实训室管理员岗位。在一些高校，劳务派遣已经演变为教学科研一线、学生辅导员以及行政管理等重要岗位的“人才派遣”。部分垄断性行业的用工单位通过大量使用劳务派遣人员的方式，在编制数固定的情况下，不增加或减少正式员工人数，不仅确保编制内的正式员工，特别是中高级管理人员，享有尽可能高的工资，而且能够绕过工资总额控制的“红线”，使工资控制系统失去作用。一些单位安排了大量劳务派遣制员工(临时工)任职，以“劳务费”的形式支付他们工资，变相减少了本单位实际支付的工资金额，使“劳务费”成为一些国有企事业单位逃避工资总额控制的“调节阀”。

在电信行业，劳务派遣员工(临时工)主要分布在营业厅、一线设备维修、门店营销、呼叫中心等岗位。2012 年底，中国移动正式工为 18.2 万人，而劳务派遣员工的数量达到 33.5 万人，劳务派遣员工所占比例达到 64.8%。经过一系列调整，截至 2014 年底，中国移动的“编制”内正式员工为 24.2 万人，劳务派遣员工数量则下降到了 23.8 万人，劳务派遣员工比例接近 50%，仍远远超出了《劳动合同法》规定的上限。2013 年，中国电信集团公司制定了《关于进一步推进劳务派遣和外包单位设立和入会的通知》。劳务派遣员工的薪酬远低于编制内正式员工，例如，在中国联通公司，根据 2014 年财务报告，2014 年中国联通“编制内”正式员工的平均年工资为 15.17 万，而劳务派遣员工的平均年工资仅为 6.83 万。

2002 年以来，随着事业单位人事用工制度的改革，干部与职工的身份意识逐渐弱化，但一种新的身份意识——有“编制”人员和“没编制”人员的身份差异意识日益增强。“编制内”工作人员享有体制内的所有基本保障和各种应有待遇，而“没编制”工作人员则不能享有与“编制内”人员相同的基本保障和待遇，“编制内”工作人员在工资、职业发展、社会保障等方面与“编制外”工作人员严重不平等，政府机关、事业单位的“编制外”工作人员原则上采取劳务派遣的形式。机关服务中心大量招用的驾驶员、食堂工作人员、维修人员、文印人员等，用工形式采用劳务派遣方式，其工资均由政府机关、事业单位通过劳务派遣公司转移支付。政府机关、事业单位临时工的使用范围越来越广泛，从后勤保障岗位的门卫、保安、清洁工、司机等，到管理辅助岗位的打字员、文件印刷员、档案员、协助管理员等再到专业技术岗位的医生、护士、教师、网管，涉及的岗位已经不仅仅局限于辅助性、临时性、替代性岗位，而是呈现出一种突破“三性”岗位向更高层次发展的趋势。

事业单位聘用临时工的人数逐年增加，部分事业单位劳务派遣员工人数占其总人数的比例仍然高于应聘人数上限。劳务派遣员工主要集中在卫生、文化、教育和交通建设四大行业的事业单位。在事业单位内，劳务派遣制用工的岗位主要包括医务人员、临聘教师、托儿所保育员、讲解员、司机、保安(门卫)、清洁工、食堂服务人员、其他服务人员、打字员等。

事业单位编制外用工主要有三种形式，一是通过劳动力市场或人才市场实行人事代理，二是通过人才服务公司或劳务派遣公司派遣，三是单位直接招聘劳务派遣人员。通过人才服务公司或劳务派遣服务公司派遣是事业单位劳务派遣用工的主要形式。事业单位编制外工作人员的身份状况和学历情况比较复杂，主要包括大专生、中专生、下岗职工、城市建筑工人、退役士兵和离退休人员。劳务派遣用工形式作为正式用工形式的有益补充，为就业困难群体增加了就业渠道，在一定程度上缓解了大中专毕业生、下岗职工、城市建筑工人和退伍军人的就业问题，特别是大中专毕业生的就业问题。

《劳动合同法》第六十六条规定：“劳动合同用工是中国的企业基本用工形式。劳务派遣用工是补充形式，只能在临时性、辅助性或者替代性的工作岗位上实施。”“前款所称的临时性职务，是指任期不超过六个月的职务；辅助性工作岗位是指为主营业务岗位提供服务的非主营业务岗位；替代性工作是指用人单位的劳动者因休班学习、休假等原因不能工作，在一定时间内可以由其他劳动者替代的工作”。“用人单位应当严格控制劳务派遣数量，不得超过用工总量的一定比例。具体比例由国务院劳动行政部门规定”[①]。

二、劳务派遣风险控制要素与管理规范

根据最新的劳务派遣用工相关法律法规，劳务派遣的风险控制要素主要在于劳务派遣人数占用工单位人数的比例控制、岗位性质、劳务派遣用工的时间长短，如表 5-3 所示。

表 5-3　劳务派遣用工风险控制要素与管理规范

控制要素	管理规范
薪酬	1. 劳务派遣公司调查派遣单位的薪酬及结构，作为劳务派遣工薪酬及结构的基础。 2. 劳务派遣公司需调查被派遣工任职岗位的社会薪酬，尽量保证被派遣工的薪酬高于行业平均薪酬。 3. 劳务派遣公司须保证被派遣员工薪酬不低于当地最低工资水平。被派遣劳动者在无工作期间，劳务派遣单位应当按照所在地人民政府规定的最低工资标准，向其按月支付报酬。 4. 被派遣员工与工作单位员工应保持同工同酬

① 《中华人民共和国劳动合同法》第六十六条。

续表

控制要素	管理规范
工种	1.劳务派遣用工只能在临时性工作岗位实施。临时性工作岗位是指存续时间不超过6个月的岗位。 2.劳务派遣用工只能在辅助性工作岗位实施。辅助性工作岗位是指为主营业务岗位提供服务的非主营业务岗位,应符合两个条件:①承担内部服务职责。为主营业务岗位提供服务,在企业中属于承担内部服务职责的工作。如一般企业的食堂、车队、保安等后勤工作。②非主营业务岗位。应当以企业的会计报表的科目和纳税情况为基础进行认定。 3.劳务派遣用工只能在替代性的工作岗位上实施。替代性工作是指本单位职工因休班学习、休假等原因不能正常工作时,在一定时间内可以由其他劳动者替代工作的岗位
数量	1.用人单位应当严格控制临时工(劳务派遣)员工的人数,临时工的数量不得超过单位用工总人数的百分之十。 2.总就业人数,是指用人单位签订劳动合同的正式员工人数与使用的劳务派遣员工人数之和;计算劳务派遣用工比例的用人单位,是指依照《劳动合同法》和《劳动合同法实施条例》,可以与劳动者订立劳动合同的用人单位
合同	1.提供劳务派遣服务的公司应当依法与被派遣劳动者签订为期2年以上的固定期书面劳动合同。 2.劳务派遣服务公司可以依法与被派遣劳动者约定试用期。劳务派遣服务公司与同一被派遣劳动者只能约定一个试用期。 3.劳务派遣服务公司的行政许可到期后未及时延长,或者《劳务派遣经营许可证》被吊销、撤销的,之前依法与被派遣劳动者签订的劳动合同应当履行至期满。劳动合同期满后,经双方协商一致,可以解除劳动合同。 4.有下列情形之一的,用人单位可以将被派遣劳动者退回劳务派遣服务公司: ①用人单位有《劳动合同法》第四十条第三款、第四十一条规定的情形; ②用人单位被依法宣告破产、吊销营业执照、责令关闭、撤销、决定提前解散或者营业期满不再继续经营的; ③劳务派遣协议到期并终止。 5.被派遣劳动者有《劳动合同法》第四十二条规定情形之一的,用人单位不得在派遣期限届满前依照《劳务派遣暂行规定》第十二条第一款的规定将被派遣劳动者退回劳务派遣服务公司;如果派遣期限届满,则应延续劳动合同,直至相应情形消失后才能退回。 6.劳务派遣服务公司被依法宣告破产、吊销营业执照、责令关闭、撤销、决定提前解散或者营业期满后不再继续经营的,终止双方劳动合同。用人单位应当与劳务派遣服务公司协商,妥善安置劳务派遣员工。 7.劳务派遣服务公司因《劳动合同法》第四十六条或者《劳务派遣暂行规定》第十五条、第十六条规定的情形与被派遣劳动者解除或者终止劳动合同的,应当依法向被派遣劳动者支付经济补偿金

三、非全日制用工

非全日制用工属于劳动关系的一种特殊形式，更具有灵活性，满足临时性用工的形式。劳动合同法对其作出规定，以法律形式确认了非全日制用工形式为合法的劳动用工形式，非全日制工作的劳动者具有合法的地位，依法享受法律规定的劳动权益。

非全日制用工的特点：一是劳动者可以与多家用人单位订立劳动合同；二是用人单位可以与劳动者采取口头订立劳动合同的形式；三是全日制用工双方当事人不得约定试用期；四是用人单位与员工可随时终止用工，终止用工时用人单位不向劳动者支付经济补偿；五是小时计酬标准不低于用人单位所在地的人民政府规定的最低小时工资标准；六是用人单位无须缴纳除工伤保险外的养老保险、失业保险、医疗保险、生育保险等社会保险。

由于非全日制用工每天工作时间不超过四个小时，每一周工作时间累计不超过二十四个小时，所以劳动者可以充分利用空闲时间与多家用人单位订立劳动合同，但劳动者与用人单位之间后订立的劳动合同不得影响先订立的劳动合同。非全日制用工形式，双方当事人可以口头形式订立协议。口头形式订立劳动合同，避免烦琐的流程，提高了效率，更符合临时性用工的特点。

非全日制用工本身具有临时性特点，且具有兼职性特点，虽然试用期是用人单位与员工互相了解、互相考验的过程，但非全日制用工形式如果约定试用期，那么就会限制劳动者的工作权利及取得报酬权利，因此根据相关法律法规，该用工形式不允许约定试用期。为平衡企业的社会责任，在企业选择采用非全日制用工的模式时，不过多约束劳动者，因此企业的社会责任比采用全日制用工模式的小。为维护企业的利益，不要求用人单位在非劳动者过错的情况下解除劳动合同向劳动者支付经济补偿金。

非全日制用工形式下，劳动报酬结算支付周期最长不得超过十五日。因非全日制用工劳动报酬计算方式以小时计酬为主，所以劳动报酬不低于用人单位所在地的人民政府规定的最低小时工资标准。同时因全日制用工具有临时性及随时可终止的特点，故将其劳动报酬结算周期限制在十五日内，以维护劳动者依照法律取得报酬的权利。

非全日制劳动者可以与多家用人单位建立劳动关系，根据现行法律法规相关规定，从事非全日制用工形式工作的劳动者应当参加基本养老保险，原则上参照个体工商户的参保办法执行。从事非全日制用工形式工作的劳动者可以以个人身份参加基本医疗保险，并按照待遇与缴费相挂钩的原则，依法享受相应的基本医疗保险待遇。用人单位应当按照国家、法律有关规定为建立劳动关系的非全日制用工形式劳动者缴纳工伤保险。人力资源和社会保障部令（第13号）文件规定，职工（包括非全日制从业人员）在两个或两个以上用人单位同时就业的，每个用人单位应当分别为劳动者缴纳工伤保险费。劳动者发生工伤，由劳动者受到伤害时工作所在的用人单位依法承担工伤保险责任。非全日制劳动者与用人单位建立劳动关系，故用人单位须在劳动法范围内对其承担雇主责任。劳动者发生工伤时，若未缴纳工伤保险，则需由用人单位承担工伤保险责任。

非全日制用工劳动者一般在用人单位无固定工作场所、办公地点，仅需完成特定的工作任务，用人单位可不对其进行工作时间考勤，人身依附关系较为松散。

四、非全日制用工风险控制要素与管理规范

从非全日制用工特点可以看出，非全日制用工形式的风险主要在于劳动时间、薪酬标准、劳动合同形式、试用期、劳动保险等方面，如表5-4所示。

表5-4 非全日制用工风险控制要素与管理规范

控制要素	管理规范
劳动时间	1. 用人单位以非全日制用工形式雇佣劳动者时，规定劳动者在本单位工作时间每天不超过4小时、每周工作时间累计不超过24小时。 2. 劳动者可根据本人身体健康及体力状况，自主决定与一家以上用人单位建立劳动关系，以充分、合理利用劳动时间
合同	1. 用人单位与劳动者双方当事人建立非全日制劳动关系，可以不订立书面劳动合同，而只达成口头协议。 2. 从事非全日制用工的劳动者可以与一个以上用人单位订立劳动合同，但是，后订立的劳动合同不得影响先订立的劳动合同的履行。 3. 非全日制用工双方当事人不得约定试用期。 4. 双方当事人任何一方都可以随时通知对方终止用工
劳动报酬	1. 非全日制用工一般采取时薪制，小时计酬标准不得低于用人单位所在地人民政府规定的最低小时工资标准。 2. 非全日制用工劳动报酬结算支付周期最长不得超过十五日。 3. 非全日制用工形式情况下，双方当事人任一方提出终止用工，用人单位不向劳动者支付经济补偿
社会保险	1. 从事非全日制工作的劳动者应当参加基本养老保险，原则上参照个体工商户的参保办法执行。对于已参加过基本养老保险和建立个人账户的人员，前后缴费年限合并计算，跨统筹地区转移的，应办理基本养老保险关系和个人账户的转移、接续手续。符合退休条件时，按国家规定计发基本养老金。 2. 从事非全日制工作的劳动者可以以个人身份参加基本医疗保险，并按照待遇水平与缴费水平相挂钩的原则，享受相应的基本医疗保险待遇。 3. 用人单位应当按照国家有关规定为建立劳动关系的非全日制劳动者缴纳工伤保险费。从事非全日制工作的劳动者发生工伤，依法享受工伤保险待遇；被鉴定为伤残5～10级的，经劳动者与用人单位协商一致，可以一次性结算伤残待遇及有关费用

非全日制用工的优势：一是减少用人单位人力成本。采用非全日制用工形式时，用人单位除工伤保险外无须缴纳其他社会保险，且在劳动关系终止时无须支付经济补偿金。用人单位投入成本较少。二是用工灵活，符合临时性用工特点，劳动者可以为多家用人单位提供服务，为社会输出较多劳动力。三是非全日制用工形式订立劳动合同，既有全日制用工形式一般劳动合同的原则，如订立劳动合同必须遵循合法、平等、自愿、诚信原则，也有不同于全日制用工形式一般劳动合同的具体规则，如不得约定试用期、不支付经济补偿金等。这样的法律规

定使得劳动合同法律制度与社会经济发展相适应，对非全日制用工的劳动者也是一个较大的保护。

任何事物都有两面性，非全日制用工有诸多优势，同时，也有其劣势：非全日制用工形式情况下，劳动者对用人单位人身依附性较小，用人单位对劳动者管理松散，且不集中，而重要的业务及技术需要长时间投入，故对于用人单位涉及的日常业务不适合采用非全日制用工形式。同时，非全日制劳动者流动性大，对用人单位商业秘密的保护能力较弱，对于技术型企业不适合采用此种形式。

由于非全日制用工的方式符合我国劳动市场的需求，也越来越多被各用人单位和越来越多的劳动从业者所选择。为了规范用人单位对非全日制形式的用工活动，保证劳动者的合法权利，企业应在法律规定的基础上，以自身社会属性与社会责任感作为衡量标准，保证非全日制劳动者的合法权益。例如，在必要时为劳动者购买商业保险，以维护劳动者自身合法权益与解决保险问题，减轻用人单位成本与劳动者生活成本。非全日制用工对于用人单位非常规业务性工作、临时性工作来说是适合的一种方式，为解决社会用工问题提供一种可能。

2020年初，随着新型冠状病毒疫情的发生，对社会各行各业产生或大或小的影响，对于企业来说，公司成本主要包含房屋租金、人力成本、社会保险等固定支出，其中人力成本支出占比较多。新冠疫情的发生使劳动人员减少，在企业生死存亡，和复工与非复工之间，对于如何稳定人员、招聘员工都是一种考验。随着复工的开始，餐饮、超市等民生企业用工稀缺，为解决人员稀缺问题，企业之间默契地发展出“共享员工”的合作模式，实际情况中对于临时用工的情况，法律规定了几种模式，包括非全日制用工、劳务用工、劳务派遣、以完成一定工作任务为期限的劳动合同等形式，对比其他临时用工模式，非全日制用工更具有灵活性，更能满足民生企业的发展趋势与人员流动性。

五、劳务关系

劳务关系是劳动者与用工者口头或书面约定，由劳动者向用工者提供一次性或者特定的劳动服务，用工者依约向劳动者支付劳务报酬的一种有偿服务的法律关系。劳务关系是由两个或两个以上的平等主体通过劳务合同建立的一种民事权利义务关系，该合同可以是书面形式，也可以是口头形式，其适用的法律主要是《中华人民共和国民法典》。

劳务关系具有以下法律特征：

(1)双方当事人的地位平等，在人身及工作中不具有隶属关系。

(2)工作风险一般由提供劳务者自行承担，但由雇工方提供工作环境和工作条件的以及法律另有规定的除外。

(3)基于民事法律规范成立，并受民事法律规范的调整和保护。

(4)主体具有不特定性，提供劳务方和用工方都可以是自然人、法人或其他组织。

劳动关系和劳务关系从雇佣劳动本质来讲没有任何区别，只是为了区分适龄劳动人口、较长期、签订劳动合同用工形式与达到退休年龄(享受养老保险待遇)后继续就业、较短期、不签订劳动协议或签订劳务关系协议等情形，划分的不同法律关系。劳务关系与劳动关系受不同的社会规范调整，但在实践中劳动关系与劳务关系经常存在交叉、模糊不清的状态，而以劳动合同是否以书面形式订立，以及以实际签订的劳动合同名称为准，是最常见的对劳务关系和劳动关系性质的误判。劳务关系与劳动关系主要区别体现在以下几点。

(1)主体上的区别:劳动关系的主体一方必须是符合法定条件的用人单位,也就是《劳动法》规定的用人单位,另一方只能是自然人,并且必须符合劳动年龄条件,即年满 16 周岁具有民事劳动能力的自然人;而劳务关系的主体双方可以都是自然人,也可以一方是自然人,另一方是单位,还可以双方都是用人单位,并且提供劳务的一方不受年龄限制,此为区分两者的重要主体条件。

(2) 从属关系上的区别:劳动关系是指劳动者成为用人单位成员后,必须受用人单位内部规章制度的约束,服从领导或上级安排从事具体工作;但是,在劳务关系中,双方当事人之间不存在上下级隶属关系,它只以提供一定数量的劳务为内容。劳务完成后,工作内容即告终止,只需要按劳务使用者的要求提供服务就可以了。

(3)承担权利义务的区别:当劳动关系形成时,雇主必须给员工缴纳社会保险,这是雇主的法定义务。同时,还必须根据劳动合同的约定,为劳动者提供相应的福利待遇。用人单位违反法律法规,或者违反劳动合同约定时,应当承担相应的法律责任,如补缴社会保险、承受劳动行政主管部门做出的行政处罚、支付经济补偿金等;但是,劳务关系中的雇佣方没有义务为提供劳务方缴纳社会保险,只需根据工作量和商定的价格支付对方劳务报酬,双方是市场交换关系。雇佣方违反劳务合同时,提供劳务方可以按照约定要求对方支付报酬。

(4)适用法律方面的差异:劳动关系受《中华人民共和国劳动法》和《中华人民共和国劳动合同法》调整,劳动纠纷是指用人单位与劳动者在劳动过程中发生的权利义务方面的纠纷。劳动关系的建立、变更、终止和争议解决适用《中华人民共和国劳动法》和《中华人民共和国劳动合同法》;而劳务关系是平等主体之间的财产关系,劳务关系纠纷是平等主体之间履行劳务合同中发生的纠纷,依照《中华人民共和国民法典》的规定进行调整。建立劳务关系时,当事人可以协商确定是否签订书面劳务合同,法律对此不加干涉。

六、劳务关系风险控制要素与管理规范

从非全日制用工概念和特点可知,非全日制用工形式的风险主要在于劳动时间、薪酬标准、劳动合同形式、试用期、劳动保险等方面,如表 5-5 所示。

表 5-5　劳务关系风险控制要素与管理规范

控制要素	管理规范
隶属关系	1.劳务关系主体双方没有隶属关系,劳务合同中双方属于市场地位平等的民事主体。 2.用人单位因劳动者达到法定退休年龄而终止劳动关系,劳动者继续提供劳动时,双方关系变更为劳务关系,应口头达成劳务协议或订立劳务合同/协议,双方隶属关系解除
合同/协议	1.劳务关系主体双方建立劳务关系,可以不订立书面劳动合同,而只达成口头协议。 2.劳动者可以同时与一个及一个以上主体建立劳务关系,劳动者须合理安排,不应在履行各劳务关系时彼此相互影响。 3.劳务关系不受《劳动法》调整,主体双方不得约定试用期。 4.劳务关系主体双方的任何一方都可以随时通知对方终止用工

续表

控制要素	管理规范
报酬	劳务报酬采取等价有偿原则。 1.劳务报酬是根据提供服务性劳动的数量和质量支付的劳动报酬。 2.个人由于担任董事职务所取得的董事费收入,属于劳务报酬所得性质,按照劳务报酬所得项目征收个人所得税。 3.在校学生因参与勤工俭学活动(包括参与学校组织的勤工俭学活动)而取得属于《个人所得税法》规定的应税所得项目的所得,应依法缴纳个人所得税。 4.个人兼职取得的收入应按照“劳务报酬所得”应税项目缴纳个人所得税。 5.劳务报酬支付方式和支付时间由主体双方约定
社会保险	1.建立劳务关系时,用工一方可以不给另一方缴纳社会保险。 2.解除或终止劳务关系,用工一方不用支付经济补偿金

劳务活动的范围通常指日常生活服务、城市公用、文化、艺术、教育、卫生、保健、旅游等。这类活动是不以实物形式而以服务性劳务形式为他人提供某种使用价值的活动。尽管服务活动能满足消费者各种特殊需要,但其基本特征是非生产性的。劳务本身并不创造社会总产品和国民收入。因而,劳务报酬是从生产性劳动所创造的国民收入的再分配中取得的,它是国民收入再分配的一种手段和形式。

任务三　劳务派遣

一、定义

劳务派遣行业起源于20世纪20年代的美国,由一家名叫Samuel Workman的公司创立了人力租赁的业务模式。这家公司雇用一批已婚女性在夜间进行盘点工作,然后对她们进行计算器使用培训,掌握计算器使用技能后将她们租赁给其他企业,以满足其他企业处理临时或短期业务的人力需求。随后,欧洲各国出现了类似的“人力租赁”业务模式,业务范围逐步扩展到不同行业和工种,如临时办事员、电话接线员、邮政信使等。

20世纪90年代末,人才(劳务)派遣业务从日本、欧美进入中国,现已出现了一些规模大、专业水平和市场化程度高的企业。虽然劳务派遣用工形式广泛存在于国内外,但它从来都不是主流的用工方式。美国派遣制工人占总就业人口的比例为0.9%,日本为3.4%,英国为2.6%,德国为1.2%,法国为2.1%。由此可见,即便在市场经济发达的美欧日等国家,劳务派遣比例平均也仅为3%左右,最高也不会超过5%,而在中国,劳务派遣占用人单位员工的比例明显偏高。来自全国总工会的调查显示,在我国一些具有垄断性质的大型央企和事业单位,如金融、邮政、电信、电力、石油等大型国有企业,劳务派遣用工比例一度占到职工总数的1/3以上,甚至有些国企的劳务派遣用工达到员工总数的2/3以上。劳动合同法实施前,我国劳务派遣占到用工比例的30%,劳动合同法实施后,劳务派遣超过用工比例的60%。但实践发现，劳务派遣使劳动者缺乏职业荣誉感、丧失职业归属感。

二、存在的问题

劳务派遣在我国的畸形高速增长，引发了诸多问题，如存在劳务派遣机构业务地位不清、经营资质审批环节不到位、混业经营、企业使用劳务派遣员工的岗位工作量大、岗位不规范、劳务派遣三方权益得不到保障、劳务派遣行业恶性竞争等，使劳务派遣成为社会各界口诛笔伐的对象，许多学者甚至将之称为洪水猛兽。

1. 经营资质没有审批

由于经营地位不明确，没有专门部门审批劳务派遣服务公司经营资质和业务，可能导致盲目发展。

2. 混业经营问题突出

劳务派遣服务公司很少是专业从事劳务派遣，大多以劳务承包或劳务中介为主，兼营劳务派遣业务，专业性不足。

3. 企业使用劳务派遣员工的岗位规模太大，岗位规范性不足

劳务派遣员工被许多企业“能用尽用”，使用的岗位种类多、数量过大。更多正规企业根据自身需要合理安排劳务派遣员工，严格遵守劳务派遣管理。这些企业制定了专门的劳务用工管理规定，明确规定了劳务派遣关系三方当事人的权利义务、劳务派遣员工的培训和考核、支付劳务费的原则和标准、派遣员工参与工会和党团活动等。合理的用工规模和严格的管理，使劳务派遣成为企业用工的有益补充形式。企业通过建立末位淘汰机制，将劳务派遣员工安排在因淘汰而空出的相对固定的岗位，并将不合适的人员转化为劳务派遣员工，使企业的用工机制更加灵活，劳务派遣也成为帮助企业调整经济结构和改革用工制度的有效方案，促进良性竞争，从根本上节约了运营成本，提高了经济效益。与此同时，为了降低劳动力成本，一些企业用劳务派遣的名义进行大规模裁员。劳务派遣还使一些企业减少或不使用固定职工，如某些高新企业不设置人事部门，不为职工开设养老金账户，只将一定数额的费用支付给人才服务中心，职工档案保管、社会保险等有关人事工作就都交给劳务派遣机构，看似节约人力成本，实则带来人才不稳定、员工临时性心态等隐患，长此以往，必然损害企业竞争力。

4. 劳务派遣三方的权益得不到保障

劳务派遣机构一般可以做到以下几点：与用人单位签订劳务派遣协议，与部分劳务派遣劳动者签订劳动合同，实行行业自律规范。但是，劳务派遣在实际运作中也存在以下问题：第一，劳务派遣服务公司在具体协议的内容和标准上做法不同；第二，部分责任问题没有解决；第三，发生争议难以解决。因此，劳务派遣服务公司、用人单位和被派遣劳动者的权益无法得到充分保障。

5. 劳务派遣行业也存在恶性竞争

用工单位在选择劳务派遣服务公司的时候，大多在服务价位和承担风险这两个问题上衡量抉择。各个劳务派遣服务公司之间存在激烈竞争，一些没有营业执照和资质的假冒伪劣公司打着“服务价格低”的旗号做违法违规的事情。对被派遣劳动者不负责任，相对于合法成立、规范经营的劳务派遣服务公司，这类“山寨派遣”没有实质性派遣内容，扰乱市场。

不可否认，从2008年《劳动合同法》生效到2014年3月《劳务派遣暂行规定》出台之间六年多时间内，在我国社会不同行业，劳务派遣被不同程度地滥用，造成了一系列问题，如同工不同酬，引发了广泛的社会矛盾。但劳务派遣作为劳动用工方式的组成成分，可以丰富社会用工形式，满足用人单位的多种需求，因此不能一棍子打死，而是要进行规范，使之继续为丰富和活跃社会用工发挥应有作用。

三、《劳务派遣暂行规定》的出台

为规范劳务派遣，维护劳动者的合法权益，促进劳动关系和谐稳定，中华人民共和国人力资源和社会保障部于2013年12月20日经第21次部务会审议通过了《劳务派遣暂行规定》，自2014年3月1日起施行。该暂行规定依据《中华人民共和国劳动合同法》和《中华人民共和国劳动合同法实施条例》等法律、行政法规制定，增强了法律的操作性，更好地推动法律关于劳务派遣规定的贯彻落实。《劳务派遣暂行规定》是规范劳务派遣的一部重要规章，它的颁布实施，对于进一步规范劳务派遣用工行为，明确劳务派遣单位、用工单位和被派遣劳动者三方的权利义务，维护被派遣劳动者的合法权益，促进企业健康发展，构建和发展和谐稳定的劳动关系具有重要意义。

《劳务派遣暂行规定》主要明确了劳务派遣用工占用人单位员工的比例、可使用劳务派遣工的用工范围、劳务派遣合同、试用期、工资等，具体规定如下。

《劳务派遣暂行规定》第二章第三条规定，“用工单位只能在临时性、辅助性或者替代性的工作岗位上使用被派遣劳动者。前款规定的临时性工作岗位是指存续时间不超过6个月的岗位；辅助性工作岗位是指为主营业务岗位提供服务的非主营业务岗位；替代性工作岗位是指用工单位的劳动者因脱产学习、休假等原因无法工作的一定期间内，可以由其他劳动者替代工作的岗位。用工单位决定使用被派遣劳动者的辅助性岗位，应当经职工代表大会或者全体职工讨论，提出方案和意见，与工会或者职工代表平等协商确定，并在用工单位内公示。”第四条规定，“用工单位应当严格控制劳务派遣用工数量，使用的被派遣劳动者数量不得超过其用工总量的10％。前款所称用工总量是指用工单位订立劳动合同人数与使用的被派遣劳动者人数之和。计算劳务派遣用工比例的用工单位是指依照劳动合同法和劳动合同法实施条例可以与劳动者订立劳动合同的用人单位”。

《劳务派遣暂行规定》第三章规定了劳动合同、劳务派遣协议的订立和履行相关事项。第五条规定，“劳务派遣单位应当依法与被派遣劳动者订立2年以上的固定期限书面劳动合同。”第六条规定，“劳务派遣单位可以依法与被派遣劳动者约定试用期。劳务派遣单位与同一被派遣劳动者只能约定一次试用期。”第七条规定了劳务派遣协议应当包含的内容，包括“派遣的工作岗位名称和岗位性质；工作地点；派遣人员数量和派遣期限；按照同工同酬原则确定的劳动报酬数额和支付方式；社会保险费的数额和支付方式；工作时间和休息休假事项；被派遣劳动者工伤、生育或者患病期间的相关待遇；劳动安全卫生以及培训事项；经济补偿等费用；劳务派遣协议期限；劳务派遣服务费的支付方式和标准；违反劳务派遣协议的责任”等。

《劳务派遣暂行规定》还对劳务派遣单位为被派遣劳动者应当承担并履行的义务做出了明确规定：“如实告知被派遣劳动者劳动合同法第八条规定的事项、应遵守的规章制度以及劳务派遣协议的内容；建立培训制度，对被派遣劳动者进行上岗知识、安全教育培训；按照国家规定和劳务派遣协议约定，依法支付被派遣劳动者的劳动报酬和相关待遇；按照国家规定和劳务派遣协议约定，依法为被派遣劳动者缴纳社会保险费，并办理社会保险相关手续；督促用工单位依法为被派遣劳动者提供劳动保护和劳动安全卫生条件；依法出具解除或者终止劳动合同的证明；协助处理被派遣劳动者与用工单位的纠纷”等。

被派遣劳动者在用工单位因工作遭受事故伤害的，劳务派遣单位应当依法申请工伤认定，用工单位应当协助工伤认定的调查核实工作。劳务派遣单位承担工伤保险责任，但可以与用工单位约定补偿办法。被派遣劳动者在申请进行职业病诊断、鉴定时，用工单位应当负责处理职业病诊断、鉴定事宜，并如实提供职业病诊断、鉴定所需的劳动者职业史和职业危害接触史、工作场所职业病危害因素检测结果等资料，劳务派遣单位应当提供被派遣劳动者职业病诊断、鉴定所需的其他材料。

在实际工作中，用工单位在退回被派遣劳动者时比较随意，存在违规或不规范的现象。《劳务派遣暂行规定》第十二条明确规定了用工单位将被派遣劳动者退回劳务派遣单位，必须符合的具体情形：“用工单位有劳动合同法第四十条第三项、第四十一条规定情形的；用工单位被依法宣告破产、吊销营业执照、责令关闭、撤销、决定提前解散或者经营期限届满不再继续经营的；劳务派遣协议期满终止的”。同时，对被派遣劳动者被用人单位退回后的无工作期间报酬做出规定：“劳务派遣单位应当按照不低于所在地人民政府规定的最低工资标准，向被派遣劳动者按月支付报酬”。《劳务派遣暂行规定》还规定了不得退回的情形：“被派遣劳动者有劳动合同法第四十二条规定情形的，在派遣期限届满前，用工单位不得依据本规定第十二条第一款第一项规定将被派遣劳动者退回劳务派遣单位；派遣期限届满的，应当延续至相应情形消失时方可退回”。

劳务派遣员工的劳动合同签订、解除和终止发生在劳务派遣工与劳务派遣单位之间，用工单位仅有使用与现场管理权限，《劳务派遣暂行规定》第四章对劳动合同的解除和终止做出了明确规定：“被派遣劳动者提前 30 日以书面形式通知劳务派遣单位，可以解除劳动合同。被派遣劳动者在试用期内提前 3 日通知劳务派遣单位，可以解除劳动合同。劳务派遣单位应当将被派遣劳动者通知解除劳动合同的情况及时告知用工单位”。被派遣劳动者被用工单位退回，“劳务派遣单位重新派遣时维持或者提高劳动合同约定条件，被派遣劳动者不同意的，劳务派遣单位可以解除劳动合同；劳务派遣单位重新派遣时降低劳动合同约定条件，被派遣劳动者不同意的，劳务派遣单位不得解除劳动合同，但被派遣劳动者提出解除劳动合同的除外”。

劳动合同终止的情形有：“劳务派遣单位被依法宣告破产、吊销营业执照、责令关闭、撤销、决定提前解散或者经营期限届满不再继续经营的，劳动合同终止。用工单位应当与劳务派遣单位协商妥善安置被派遣劳动者”。“劳务派遣单位因劳动合同法第四十六条或者本规定第十五条、第十六条规定的情形，与被派遣劳动者解除或者终止劳动合同的，应当依法向被派遣劳动者支付经济补偿”。

四、典型行为与风险来源

综合上述《中华人民共和国劳动合同法》《劳务派遣暂行规定》等法律法规相关规定，梳理出劳务派遣的典型行为与风险来源，如表 5-6 所示。

表 5-6　劳务派遣的典型行为与风险来源

典型行为	1.用工单位只能在临时性、辅助性或者替代性的工作岗位上使用被派遣劳动者。 2.用工单位应当严格控制劳务派遣用工数量,使用的被派遣劳动者数量控制在其用工总量的10%以内。 3.劳务派遣单位依法与被派遣劳动者订立2年以上的固定期限书面劳动合同,可以依法与被派遣劳动者约定试用期,但与同一被派遣劳动者只能约定一次试用期。 4.劳务派遣协议须包含《劳务派遣暂行规定》要求的全部内容。 5.劳务派遣单位应当按照《劳务派遣暂行规定》的相关要求,履行其法定义务,如按照国家规定和劳务派遣协议约定,依法支付被派遣劳动者的劳动报酬和相关待遇、依法为被派遣劳动者缴纳社会保险费,并办理社会保险相关手续、督促用工单位依法为被派遣劳动者提供劳动保护和劳动安全卫生条件等。 6.被派遣劳动者在用工单位因工作遭受事故伤害的,劳务派遣单位依法申请工伤认定、承担工伤保险责任,用工单位协助工伤认定的调查核实工作。被派遣劳动者在申请进行职业病诊断、鉴定时,用工单位负责处理职业病诊断、鉴定事宜,并如实提供职业病诊断、鉴定所需的劳动者职业史和职业危害接触史、工作场所职业病危害因素检测结果等资料,劳务派遣单位提供被派遣劳动者职业病诊断、鉴定所需的其他材料。 7.用工单位有意退回被派遣劳动者时,须遵守《劳务派遣暂行规定》第十二条将被派遣劳动者退回劳务派遣单位的相关规定。 8.被派遣劳动者被用人单位退回派遣单位的无工作期间,其报酬由劳务派遣单位按照不低于所在地人民政府规定的最低工资标准向被派遣劳动者按月支付。同时,如果被派遣劳动者有劳动合同法第四十二条规定情形的,在派遣期限届满前,用工单位不得依据《劳务派遣暂行规定》第十二条第一款第一项规定将被派遣劳动者退回劳务派遣单位;派遣期限届满的,应当延续至相应情形消失时方可退回。 9.被派遣劳动者提前30日以书面形式、试用期内提前3日通知劳务派遣单位,可以解除劳动合同,劳务派遣单位须将解除劳动合同情况及时告知用工单位。被派遣劳动者被用工单位退回后重新派遣时,劳务派遣单位维持或者提高劳动合同约定条件,被派遣劳动者不同意的,前者可以解除劳动合同;降低劳动合同约定条件、被派遣劳动者不同意的,劳务派遣单位不得解除劳动合同,被派遣劳动者提出解除劳动合同的除外。 10.劳务派遣单位被依法宣告破产、吊销营业执照、责令关闭、撤销、决定提前解散或者经营期限届满不再继续经营的,劳动合同终止。用工单位应当与劳务派遣单位协商妥善安置被派遣劳动者。劳务派遣单位因《劳动合同法》第四十六条或者《劳务派遣暂行规定》第十五条、第十六条规定的情形,与被派遣劳动者解除或者终止劳动合同的,应当依法向被派遣劳动者支付经济补偿

续表

风险来源	1. 被派遣劳动者在用工单位的非临时性、非辅助性、非替代性的工作岗位上使用，或者以“定期”更换的方式在相同岗位使用被派遣劳动者。 2. 用工单位使用劳务派遣用工数量过大，劳务派遣用工比例超过其用工总量的 10%。 3. 劳务派遣单位与被派遣劳动者订立的固定期限书面劳动合同期限少于 2 年，与被派遣劳动者约定的试用期期限超过《劳动合同法》规定的相应期限，或者与同一被派遣劳动者约定一次以上试用期。 4. 劳务派遣协议漏掉《劳务派遣暂行规定》要求应当包含的部分内容。 5. 劳务派遣单位未按照《劳务派遣暂行规定》的相关要求履行其法定义务，在履行其法定义务时低于法定标准或者未履行部分义务。 6. 被派遣劳动者在用工单位因工作遭受事故伤害，劳务派遣单位未缴纳工伤保险，或以各种借口不为劳动者申请工伤认定、不承担工伤保险责任，用工单位在协助工伤认定时不尽责。被派遣劳动者在申请进行职业病诊断、鉴定时，用工单位不配合或消极配合职业病诊断、鉴定事宜，提供职业病诊断、鉴定所需的劳动者职业史和职业危害接触史、工作场所职业病危害因素检测结果等资料不完全、不积极甚至弄虚作假，劳务派遣单位在提供被派遣劳动者职业病诊断、鉴定所需的其他材料时配合不力。 7. 用工单位不按《劳务派遣暂行规定》第十二条相关规定将被派遣劳动者退回劳务派遣单位。 8. 被派遣劳动者被用人单位退回派遣单位的无工作期间，劳务派遣单位不支付薪酬或支付标准低于所在地人民政府规定的最低工资标准或者支付周期超过 1 个月。被派遣劳动者有劳动合同法第四十二条规定情形且在派遣期限内，用工单位错误依据《劳务派遣暂行规定》第十二条第一款第一项规定将被派遣劳动者退回劳务派遣单位；或者已满派遣期限，但劳动合同法第四十二条规定情形未消失时就被退回。 9. 被派遣劳动者未按《劳务派遣暂行规定》要求提前通知劳务派遣单位即解除劳动合同。重新派遣时，劳务派遣单位降低劳动合同约定条件、被派遣劳动者不同意且未提出解除劳动合同的情况下，劳务派遣单位解除劳动合同。 10. 劳务派遣单位因《劳动合同法》第四十六条或者《劳务派遣暂行规定》第十五条、第十六条规定的情形与被派遣劳动者解除或者终止劳动合同，但拒绝向被派遣劳动者支付经济补偿金

劳务派遣用工应严格按《劳务派遣暂行规定》操作，一旦违反，就可能给派遣单位或用工单位带来劳动关系风险。表 5-6 所列风险来源即违反该规定的典型操作，需要在实际工作中竭力避免。

五、情景解析

在前面已经学习了劳务派遣用工形式的典型行为与风险来源，在实际工作场所和具体的情景当中，采取适当行为就可以有效规避劳务派遣用工纠纷或案件、诉讼等风险。下面我们对劳务派遣用工形式的情景进行解析，以明确在具体的情景中应该采取的理性行动。

(一)劳务派遣岗位范围

《劳动合同法》第六十六条规定："劳动合同用工是中国的企业基本用工形式。劳务派遣用工是补充形式，只能在临时性、辅助性或者替代性的工作岗位上实施。"这是使用劳务派遣用工的根本原则。

基于第六十六条规定，在确定某岗位是否允许使用劳务派遣工的情景可分为三类：临时性工作岗位、辅助性工作岗位和替代性工作岗位。

根据该条规定，临时性工作岗位是指存续时间不超过六个月的岗位。实务中应严格按照这一标准确定其是否为临时性工作岗位以合法安排劳务派遣工，少数企业为了达到"合法"长期在某些岗位使用劳务派遣工的目的，采用每半年变换一次岗位名称、变换岗位说明书等办法，看似"合法"，实则非法。虽然类似做法表面合乎《劳务派遣暂行规定》，但实际上违规使用劳务派遣工，如果被上级管理机构如劳动监察部门发现或者发生劳动纠纷，用人单位很难自圆其说，而且此类监察或纠纷的举证责任在用人单位，将使用人单位陷于两难境地。

辅助性岗位是指为主营业务岗位提供服务和保障的非主营业务岗位。如何正确识别并认定"辅助性"岗位确实是雇主面临的一个法律障碍。一旦识别错误，误将主要岗位认定为辅助性岗位而使用劳务派遣员工，会产生一系列风险。其中最严重的风险也是雇主最不希望看到的就是被派遣劳动者有权依照《劳动合同法》第三十八条第一款第四项的规定，解除劳动合同并主张获得经济补偿金。《劳务派遣制度解读与法律适用》(中国法制出版社 2013 年 3 月第一版)第 41 页这样解释："辅助性岗位是指为主营业务岗位提供服务的非主营业务岗位，如一些生产经营单位中的保安、保洁、炊事等后勤服务岗位等。"[①]由此可见，能够涉及"辅助性"工作岗位的只是后勤服务岗位这一范围。构成公司主要业务的生产、销售、主要管理和主要行政类工作岗位不属于辅助性岗位。从这些讨论可以看出，辅助性岗位有几个明显的特点：一是与主营业务没有直接关系；二是单纯为主营业务服务；三是此类岗位具有替代性。从这些特点出发，用工单位可以准确判断拟使用劳务派遣工的岗位是否为辅助性工作岗位。

首先，与企业主营业务无直接关联。在实践中，一些用人单位认为"主营业务"是指促进公司发展的主要业务，人为缩小了主营业务范围。如房地产开发公司的主营业务，可能包括房地产开发、物业管理、家庭装修和工程装修等，如果认为主营业务仅指房地产开发业务本身，而不包括其他业务，那么显而易见，这是缩小了该公司的主营业务范围，主观认知上是错误的。主营业务不能以主要业务代替，或者以能否为企业创造经济效益为标准，而应该以营业执照上注明的主营业务为准，即主营业务应当包括公司营业执照所涉及的经营范围，而不能以主要业务为准，无论其他业务是否为公司创造经济效益。

"辅助性"工作岗位认定没有固定的标准。辅助性岗位的认定应依据企业的主营业务范围而定。例如，司机职位是运输公司的主要业务职位，而对于那些不以运输业务为主的公司而言，司机的主要工作只是接送员工通勤，或者将业务人员运送到业务处理地点。在此类企业中，司机职位就属于"辅助性"职位。主营业务的相关职能(员工)可以外包，也不能据此被认定

---

① 《劳务派遣制度解读与法律适用》，中国法制出版社 2013 年 3 月(第一版)，第 41 页。

为“辅助性”工作岗位，相关岗位只要是主营业务（营业执照中载明的经营范围）的必经程序均不能纳入“辅助性”工作岗位的范畴。

其次，“辅助性”工作岗位是单纯为主营业务服务的工作岗位。一般单位的保安、保洁、炊事员等岗位只是为单位主营业务提供服务，无论是否有特定的技术技能（例如司机要有驾驶证等），其核心都是为主营业务提供单一服务的工作岗位。

最后，辅助性岗位的任职人员被劳务派遣员工替换时不会对整体绩效产生大的影响。辅助性岗位人员变动对主营业务的正常开展影响不大，只要具备相关能力的人员就能够胜任工作，具有较强的替代性。

替代性工作是指用人单位的任职者因休班学习、休假等原因不能正常提供劳动，在一定时间内可以由其他劳动者替代的工作。《劳动合同法》和《劳务派遣暂行规定》都对替代性工作岗位的含义进行了明确。劳动者因各种原因（如脱产学习、病假、事假、产假等）无法工作而离开岗位的一定期间，用人单位以劳务派遣工顶替员工履行职责。

（二）劳动派遣员工的数量及比例

《劳务派遣暂行规定》指出，用人单位应严格控制劳务派遣人数，派遣人数应控制在本单位总就业人数的10%以内。10%比例采用的基数是雇主的全部用工数量，即包括正式员工和派遣员工在内的所有员工。根据这一含义，使用劳务派遣员工的用人单位须建立动态的劳务派遣用工数量控制模型。

（三）合同

在拟定和签订劳动合同环节，劳务派遣单位就要按照《劳务派遣暂行规定》关于劳务派遣协议内容的有关要求，将法定内容全部纳入劳动合同；在确定劳动合同期限时，可以根据不同工种确定不少于 2 年的期限；根据劳动者的情况，决定是否约定试用期，如果约定试用期，期限须与《劳动合同法》规定相适应且仅约定一次试用期，不能变相约定两次及两次以上试用期；合同规定的报酬水平须与用人单位正式员工同工同酬。

在劳动合同的履行阶段，劳务派遣单位须认真、严格履行《劳务派遣暂行规定》所要求的法定义务，将《劳动合同法》第八条规定的事项、应当遵守的规章制度和劳务派遣协议的内容如实告知被派遣劳动者；建立培训体系，为劳务派遣员工提供岗位培训和安全生产教育培训；根据国家规定和劳务派遣协议的约定，依法足额、按时支付被派遣劳动者的劳动报酬，依法为被派遣劳动者缴纳社会保险，并办理社会保险相关手续；督促用人单位依法为劳务派遣职工提供劳动保护和劳动安全卫生条件；依法出具解除或者终止劳动合同的证明材料；协助处理劳务派遣员工与雇主之间的争议；根据《劳动合同法》第六十二条的规定，为劳务派遣员工提供与岗位相关的福利待遇；被派遣劳动者出现意外伤害事故且符合工伤认定条件的，依法申请工伤认定，承担工伤保险责任，并要求用人单位协助调查核实工伤认定；被派遣劳动者在申请进行职业病诊断、鉴定时，提供被派遣劳动者职业病诊断、鉴定所需的其他材料，用人单位应当办理职业病诊断鉴定，如实提供劳动者的职业史和职业病危害接触史、工作场所职业病危害因素检测结果以及职业病诊断鉴定所需的其他材料。

在解除劳动合同环节，被派遣劳动者转正后，在合同期限内提前 30 天，或者在试用期内提前 3 天通知劳务派遣服务公司解除劳动合同。劳务派遣服务公司应当及时把解除劳动合同的相关事宜通知用人单位。被派遣劳动者被雇主退回派遣单位后，需要重新派遣时，劳务派遣服务公司维持或者提高劳动合同约定条件，被派遣劳动者不同意签约的，可以解除劳动合同；续签的劳动合同约定条件低于原合同、被派遣劳动者不同意签约时，劳务派遣服务公司不得解除劳动合同，除非被派遣劳动者主动提出解除劳动合同。

劳动合同终止情形：劳务派遣服务公司被依法宣告破产、吊销营业执照、责令关闭、撤销、决定提前解散或者经营期限届满不再继续经营的，终止劳动合同。劳动合同终止情况下，用工单位应当与劳务派遣服务公司协商，妥善安置被派遣劳动者。以下终止劳动合同的情形，劳务派遣单位应当依法向被派遣劳动者支付经济补偿：

(1)劳动者依照《劳动合同法》第三十八条的规定解除劳动合同的；

(2)用人单位依照《劳动合同法》第三十六条的规定提出与劳动者解除劳动合同，并与劳动者协商一致解除劳动合同的；

(3)用人单位依照《劳动合同法》第四十条和第四十一条第一款的规定解除劳动合同的；

(4)固定期限劳动合同依照《劳动合同法》第四十四条第一款的规定终止的，但用人单位维持或者提高了劳动合同的约定条件续签劳动合同，劳动者不同意续签劳动合同的除外；

(5)依照《劳动合同法》第四十四条第四款、第五款的规定终止劳动合同；

(6)法律、行政法规规定的其他情形；

(7)被派遣劳动者因《劳务派遣暂行规定》第十二条被用人单位退回其所在的劳务派遣服务公司，重新派遣时，劳务派遣服务公司维持或者提高劳动合同的约定条件，但被派遣劳动者不同意，劳务派遣服务公司解除劳动合同，或者在劳务派遣服务公司重新派遣时降低劳动合同约定条件，被派遣劳动者不同意而主动提出解除劳动合同；

(8)劳务派遣服务公司被依法宣告破产、吊销营业执照、责令关闭、撤销、决定提前解散或者经营期限届满不再继续经营的，劳动合同终止的。

(四)用工单位退回被派遣劳动者

有以下情景之一，用工单位可以退回被派遣劳动者：

(1)签订劳务派遣协议时所依据的客观条件发生了重大变化，导致劳动合同无法履行。经用人单位与劳务派遣员工协商，未能就变更劳动合同内容达成协议；

(2)用人单位依照《企业破产法》的规定进行重整的；

(3)生产经营出现严重困难；

(4)企业因生产变化、转产、重大技术革新或经营模式调整，变更劳动合同后仍需裁员；

(5)其他的劳动合同订立时所依据的客观经济条件发生重大变化，导致劳动合同无法履行的；

(6)用人单位被依法宣告破产、吊销营业执照、责令关闭、撤销、决定提前解散或者经营期限到期后不再继续经营的；

(7)劳务派遣协议期满终止的。

用人单位将被派遣劳动者退回劳务派遣服务公司后，在其无工作期间，劳务派遣服务公司应当按照不低于所在地人民政府规定的最低工资标准，向被派遣劳动者按月支付生活费。

被派遣劳动者有以下情形的，在派遣期限届满前，用工单位按规定不得将其退回劳务派遣服务单位；如果派遣期满，应当延长派遣期直至相应情况消失后再退回。

(1)从事接触职业病危害作业的劳动者未进行离岗前职业健康检查，或者疑似职业病病人在诊断或者医学观察期间的；

(2)在本单位患职业病或者因工负伤并被确认丧失或者部分丧失劳动能力的；

(3)患病或者非因工负伤，在规定的医疗期内的；

(4)女职工在孕期、产期、哺乳期的；

(5)在本单位连续工作满十五年，且距法定退休年龄不足五年的；

(6)法律、行政法规规定的其他情形。

六、模拟案例

(一)模拟案例1：被派遣单位解除劳动合同的通知是否有效？

张无忌是一名中专毕业生，2018年3月，他被公开招聘到中山市袤源人力资源服务有限公司，该公司是从事人力资源派遣业务的企业，同时为众多用人单位提供人力资源派遣服务。张无忌与一同进入袤源公司的20多个同事一起，经过该公司提供的为期10天的简单培训之后，与袤源人力资源服务有限公司签订了为期一年的劳动合同。2018年4月份初，袤源公司将张无忌和另外5名新来的同事一起派遣到了中山市小灵童电子科技有限公司，担任公司拳头产品——小灵童点读机生产流水线操作工，派遣时间为2018年4月—2018年10月。月工资3600元，每月10日之前由小灵童电子科技有限公司发放。2018年8月份的一天，小灵童公司以组织结构发生重大变化为由，单方面向张无忌等6人发出解除劳动合同的通知，并要求张无忌等6人当日离开公司。张无忌和另5名同事感到非常困惑，自己明明是跟中山市袤源人力资源服务有限公司明确签订的劳动合同，怎么会让小灵童电子科技有限公司向自己发出解除劳动合同的通知？6个人越商量越觉得不对劲儿，于是一起找到了小灵童电子科技有限公司人力资源部，人力资源部劳动关系专员告诉他们，很快会给6个人一个书面答复。一个月很快过去了，小灵童公司没有向张无忌等6人答复任何信息。张无忌想将小灵童电子科技有限公司起诉到仲裁委员会，但又心存疑虑，不知道自己起诉小灵童公司是否恰当，当然更对是否能够胜诉表示怀疑。

讨论题 

(1)该案例中，人力资源服务公司的做法存在哪些风险点？

(2)小灵童电子科技有限公司解除与张无忌等人的劳动合同是否合法？说出理由。

(3)张无忌等人能提出哪些仲裁申请？举出理由，说明他们能否胜诉？

(二)模拟案例2：劳务派遣的劳动合同关系管理

珠海市某软件开发公司经过5年多的拼搏，从2020年进入了高速发展阶段，急需大量软件开发技术人员。由于所需人才数量大、技术高，所以尽管人力资源部自建了多种招聘渠道，仍不能满足公司业务需求。在此情况下，人力资源部又尝试与人力资源外包服务企业合作，引进劳务派遣用工。近期，软件开发部又提出了紧急招聘10名软件工程师的需求，要求1周之内全部到岗。因时间紧迫，人力资源部经过与人力资源外包服务公司协商，由该合作方在1周内紧急派遣10名软件工程师到位。该人力资源外包服务公司没有让软件公司失望，如期派遣了10名软件工程师到岗，满足了企业的急缺需求。

在紧急开发项目中，10名劳务派遣员工承担不同的任务：2名架构师、3名Java工程师、2名项目经理和3名Android工程师。在接下来近一年的工作中，一位架构师和一位项目经理表现非常出色。经过充分沟通和协商，用人部门和两人达成协议：将他们转变为软件公司的正式员工。

讨论题

该软件公司的人力资源管理部门应该做什么？

（三）模拟案例3：用人单位将派遣员工退回劳务派遣服务公司是否合法

天津恒泰机械设备制造有限公司是天津市开发区一家机械制造领域的高科技企业，主要生产工业机械自动化设备。出于人力资源成本以及控制劳动风险等方面的考虑，公司使用了100多名劳务派遣工，几乎达到企业用工总量的10%，主要安排在临时性、辅助性、替换性工作岗位。这些劳务派遣工都来自恒泰公司的人力资源外包合作伙伴——天津中康人力资源服务有限公司。2020年1月份，突如其来的新型冠状病毒肺炎疫情打乱了公司生产节奏，原有订单企业纷纷要求暂缓生产，订单交货时间大大推后，使得恒泰公司的生产量突然下跌，不得不一再缩小生产规模，企业资金流随之出现问题。不得已的情况下，恒泰公司决定实施逐步减少员工的办法来减轻人力成本压力，第一步就是将劳务派遣工退回中康人力资源服务有限公司。人力资源部认真研究后，认为新冠肺炎疫情持续到何时不得而知，公司何时能够恢复生产就是未知数，退回劳务派遣工符合《劳务派遣暂行规定》中“派遣协议订立时所依据的客观情况发生重大变化，致使劳动合同无法履行”以及“其他因劳动合同订立时所依据的客观经济情况发生重大变化，致使劳动合同无法履行”的情形，可以与中康公司协商将劳务派遣工退回。

在与中康公司友好协商后，双方就相关事宜达成了一致意见，中康公司同意恒泰公司将劳务派遣工分两批退回。2020年4月份，恒泰公司已经按约定将全部劳务派遣工退回了中康公司。中康公司以相同的理由解除了与劳务派遣工的劳动合同并支付了经济补偿金。时隔不久，原劳务派遣工中的两名女性将恒泰公司和中康公司作为共同被告诉至天津开发区人力资源与社会保障局劳动仲裁厅，仲裁理由是二人于2020年2月均已怀孕，在此情况下，恒泰公司的退回行为以及中康公司的解除劳动合同行为均是违法的，要求恢复与中康公司的劳动关系并恢复与恒泰公司的劳务派遣关系，按照同工同酬原则按月支付工资。

讨论题

（1）恒泰公司退回劳务派遣工的行为是否完全合法？

（2）中康公司解除与劳务派遣工的劳动合同是否合法？

（3）仲裁厅是否支持两名女工的仲裁请求？

七、观察练习：企业劳务派遣管理现状

询问专业老师或者通过自己的社会关系，了解目前劳务派遣用工的情况。通过老师或自己的社会关系进入某个使用劳务派遣工的政府机关、企事业单位，调查了解劳务派遣员工的工作岗位、薪酬、劳动时间、合同期限等情况，与该单位正式员工相比，劳动条件、薪酬、劳动时间

等方面存在哪些差异。记录调查研究过程中劳务派遣工所处社会环境、工作状态、行为等以及管理人员的关键事件，对照本章关于劳务派遣用工典型行为表，评价管理人员和劳务派遣员工的关键行为，总结哪些行为符合典型行为规范，哪些行为存在劳动关系风险，将总结归纳的结果与人力资源部管理人员以及劳务派遣员工进行交流，对自己的判断结果与实际情况加以对比，对于自己判断不准确的地方，分析并找出原因，记录观察练习情况。与同学就劳务派遣用工的管理进行分工合作，与同学交流彼此观察练习情况。

八、模拟练习：劳务派遣三方关系

本练习模拟劳务派遣公司、用人单位和劳动者三方在劳务派遣实务中出于各自利益考虑结成的用工、服务关系。首先，模拟用人单位分析哪些岗位需要并符合劳务派遣要求；将校园微递企业模拟为社会上正式注册的企业，加入微递公司的学生模拟为已毕业的大学生，开展签订劳务派遣劳动合同的模拟练习。学生通过实际操作劳务派遣劳动合同拟订、协商与签订活动，体验典型行为。操作指导如下：

(1)教师向学生阐明训练目的和知识准备。

(2)学生分组，每一大组又分为行为模拟小组和行为观察小组。

(3)教师指导大组选择情景主题。例如，与劳务派遣公司洽谈劳务派遣岗位、工资及支付、管理费用、派遣方式、派遣期限、合同条款拟定与合同签订等情景。

(4)行为模拟小组和行为观察小组分别进行模拟行动准备和观察准备。

(5)教师指导实施行为模拟观察。

(6)观察组阐述行为观察结果。

(7)每一大组提交一份行为观察模拟训练总结报告。

任务四　非全日制用工

一、定义

非全日制用工，又称为小时工，在用人单位从事非全日制工作，即在同一用人单位平均每日工作时间不超过 4 小时或者累计每周工作时间不超过 24 小时。工资按小时计发，一般不签书面劳动合同，没有社会保险。《中华人民共和国劳动合同法》对非全日制这种用工形式做出了规定，非全日制用工是指以小时工资为主要计酬方式，在同一用人单位日均工作时间一般不超过 4 个小时，员工每周累计工作时间不超过 24 小时的就业形式。

二、典型行为与风险来源

一般来说，非全日制用工属于劳动关系，它是劳动用工制度的一种重要形式。非全日制用工也不同于兼职人员：兼职人员和兼职单位之间不是劳动关系，不属于现行劳动法律法规的使用范围。

非全日制用工的风险主要来自以下三个方面：被认定为全日制用工的法律风险、承担工伤待遇的法律风险、公司商业秘密被泄露的法律风险。

非全日制用工的典型行为与风险来源如表 5-7 所示。

表 5-7 非全日制用工的典型行为与风险来源

控制要素	风险来源
不转化为全日制用工	工作时间超过了法定时限,即劳动者在本单位工作时间超过 4 小时/天、超过 24 小时/周
不承担工伤待遇	1.用人单位具有为劳动者缴纳工伤保险的法定义务,用人单位应按时为非全日制劳动者缴纳工伤保险。 2.用人单位因主观或客观原因未及时缴纳工伤保险。 3.员工出于获得更多现时报酬的目的而不要求用人单位缴纳工伤保险且用人单位据此未缴
公司商业秘密不被泄露	加强对公司商业秘密的保护,避免因非全日制用工劳动者可能同时与多个单位存在劳动关系而引起泄密
防范工伤事故	1.用人单位应当按照国家相关法律法规提供符合国家标准的安全生产设施设备。 2.用人单位应当按照国家有关规定为建立劳动关系的非全日制劳动者提供合乎相关法律法规的劳动保护措施和劳保用品,防范工伤事故的发生

非全日制用工劳动时间如果超过了规定,就容易被认定为全日制用工。一旦被认定为全日制用工,就会因为未订立书面劳动合同而产生可能支付双倍工资、支付经济补偿金、经济赔偿金等风险。

用人单位负有为非全日制职工缴纳工伤保险的法定义务,理应按规定为其缴纳工伤保险。但在实际工作中,很多用人单位因为非全日制用工人员流动性大等原因,没有给这些员工缴纳工伤保险,或者非全日制员工出于想要获得更多现时报酬的目的,也不要求用人单位缴纳工伤保险甚至主动要求不缴纳保险。如果用人单位确实未履行缴保险义务,一旦劳动者发生工伤事故,用人单位就必须按照《工伤保险条例》等规定的标准向被认定为工伤的员工支付相应的工伤保险待遇。

非全日制用工形式下,员工可以在不影响前一份合同履行的情况下,与多家用人单位订立劳动关系,就存在通过这部分员工泄露公司机密的可能性。因此,对于非全日制员工,企业需要格外注意保密。

最低的事故成本就是不发生事故,工伤事故重在防范出现,而不是低成本处理。日常安全管理、防范措施、安全教育等各项工作都必须做到位,尽最大努力保障员工健康和身体安全,也就是说,安全管理要对工伤事故零容忍。

三、情景解析

非全日制用工的特定情景包括:劳动关系确认、劳动保险缴纳、劳动时间控制、劳动关系数量、工资标准与支付、劳动关系终止等。

在劳动关系确认情景中,用人单位与劳动者双方就劳动事项建立非全日制劳动关系的,可以订立书面劳动合同，也可以不订立书面劳动合同，而只以口头协议就劳动内容、劳动报酬、劳动时间、劳动保护等有关事项进行确认。非全日制劳动者可以与一个或者多个用人单位订立劳动合同；但是，后订立的劳动合同不得影响先订立的劳动合同的履行。

劳动保险缴纳情景中，用人单位负有为劳动者缴纳工伤保险的法定义务，用人单位应依法履行该义务，为非全日制员工缴纳工伤保险。《劳动合同法》只是对非全日制用工的定义、合同的形式以及试用期等做了一个粗略的规定，而对于非全日制用工的社会保险问题，《劳动合同法》没做具体规定，目前只能参照《关于非全日制用工若干问题的意见》和《中华人民共和国社会保险法》的相关规定。根据《关于非全日制用工若干问题的意见》第十～十二条的规定，从事非全日制工作的劳动者应当参加基本养老保险，基本养老保险原则上参照各地《城镇个体工商户及其从业人员基本养老保险办法》执行；可以个人身份参加基本医疗保险，按照待遇水平与缴费水平挂钩的原则享受相应的基本医疗保险待遇；用人单位应当按照国家有关规定，为建立劳动关系的非全日制劳动者缴纳工伤保险费[①]。《中华人民共和国社会保险法》规定，非全日制从业人员可以参加基本养老保险和基本医疗保险，分别由个人缴纳基本养老保险费和按照国家规定缴纳基本医疗保险费[②]。由此可见，除工伤保险费属于用人单位的强制性义务外，在劳动者基本养老保险和基本医疗保险的缴纳上，用人单位没有强制性义务。

根据《劳动合同法》第六十九条规定，从事非全日制用工的劳动者可以与一个或者一个以上用人单位订立劳动合同。非全日制用工的劳动者既然可以同时与多家用人单位建立劳动关系，那么社会保险应该由劳动者买呢还是由用人单位买？由哪家用人单位买呢？是所有社会保险都买呢还是只买部分社会保险？根据以上分析，基本养老保险和医疗保险用人单位无强制性缴纳义务，可以由劳动者个人缴纳，从而避免了多重劳动关系下社保缴纳的不确定性。而工伤保险属于用人单位的强制性义务，用人单位必须缴纳，而且是每个用人单位都要交，这样才能更好地维护劳动者的权益。至于失业保险，由于非全日制用工具有较强临时性，无法区分劳动者何时失业，就业时间很难统计，这也给立法者带来了困难。因此，《劳动合同法》等相关法律对非全日制失业保险没有做出具体规定。

《关于非全日制用工若干问题的意见》第十条规定，从事非全日制工作的劳动者应当参加基本养老保险，基本养老保险原则上参照各地《城镇个体工商户及其从业人员基本养老保险办法》执行。已参加基本养老保险并建立个人账户的人员，缴费年限合并计算，跨统筹地区转移社保的，应办理基本养老保险关系和个人账户的转移接续手续。符合退休条件的，按照国家规定计算发放基本养老金。第十一条规定，非全日制劳动者可以个人身份参加基本医疗保险，并按照待遇水平与缴费水平挂钩的原则享受相应的基本医疗保险待遇。参加基本医疗保险的具体办法由各地劳动和社会保障部门研究制定。第十二条规定，用人单位应当按照国家有关规定，为建立劳动关系的兼职劳动者缴纳工伤保险费。非全日制劳动者遭受工伤的，依法享受工伤保险待遇；如果被鉴定为5～10级伤残的，经劳动者和用人单位协商一致，可以一次性结算伤残待遇和相关费用[③]。

---

① 《关于非全日制用工若干问题的意见》第十条、第十二条。

② 《中华人民共和国社会保险法》第十条、第二十三条。

③ 《关于非全日制用工若干问题的意见》第十条、第十一条、第十二条。

《中华人民共和国社会保险法》第十条规定，没有雇用工人的个体工商户、未在用人单位参加基本养老保险的非全日制职工和其他灵活就业劳动者可以参加基本养老保险，基本养老保险费由个人缴纳。第二十三条规定，无雇工的个体工商户、未参加用人单位职工基本医疗保险的非全日制从业人员和其他灵活就业人员，可以参加职工基本医疗保险，由个人按照国家规定缴纳基本医疗保险费[①]。

在非全日制用工形式下，劳动者平均每天工作时间一般不超过 4 个小时，每周累计工作时间不超过 24 小时。经劳动者与用人单位双方协商后，工作时间自由安排，较为灵活。需要注意的是，非全日制用工情况下，要按规定控制工作时长，不要超过规定时长，否则可能被认定为全日制用工。

在不影响前期签订的劳动合同正常履行的前提下，非全日制劳动者可以同时与多个用人单位签订劳动合同，非全日制用工双方不得约定试用期，任何一方都可随时通知对方终止用工，用人单位不用支付经济补偿金。

非全日制用工情况下，用人单位以小时为准计发劳动者报酬，最低小时工资不低于当地最低小时工资标准，发薪周期最长不得超过 15 天。

非全日制用工情况下，劳动者不享受加班费、带薪年休假等福利。

四、模拟案例

（一）模拟案例 1：劳动时间超过 4 小时/天，劳动关系是否为非全日制？

A 公司是成立于 2015 年的高新技术企业，主要从事初级橡胶产品的生产业务，目前，公司拥有长期合同制员工 36 人。因公司业务季节性强，需要在旺季时补充临时工、非全日制员工等以满足生产经营管理需要。王珑珑于 2018 年 6 月 5 日进入 A 公司工作，担任行政兼出纳。由于王珑珑需要照顾家庭，双方口头约定王珑珑每天工作时间固定为 9 时至 14 时 30 分，午休 1 小时，每周上五休二，月工资人民币 2,000 元。2018 年 9 月 4 日，A 公司要求变更工作时间，王珑珑无法接受，遂产生劳动争议，双方多次协商未果，王珑珑申请了劳动仲裁，要求 A 公司支付王珑珑 2018 年 7 月 5 日至 2018 年 9 月 4 日期间未签订劳动合同的两倍工资差额 3 600 元。仲裁裁决未予支持王珑珑的请求，王珑珑不服，遂于法定期限内诉至法院。法院结合案情，最终认为：“王珑珑平均每日工作时间为四个半小时，超出了非全日制用工中的四小时规定，故 A 公司主张王珑珑为非全日制小时工的用工形式，依据不足，本院认定双方系全日制用工形式”，并据此判决支持了王珑珑的诉讼请求。

讨论题

在使用非全日制员工时，为防范案例中的风险，应注意什么？

（二）模拟案例 2：按月发放工资，非全日制劳动关系成立吗？

戎某于 2017 年 6 月 1 日进入甲公司工作。银行汇款记录显示，甲公司于 2017 年 7 月 8

① 《中华人民共和国社会保险法》第十条、第二十三条。

日支付戎某“服务费”2 450 元；8 月 8 日、9 月 8 日分别支付“服务费”3,000 元。戎某在职期间，双方未签订劳动合同，甲公司不对戎某实行考勤管理。后因劳动合同解除问题，双方产生争议。

2018 年 8 月 29 日，戎某提出仲裁申请，要求甲公司支付 2017 年 7 月 1 日至 2017 年 10 月 7 日未签订劳动合同两倍工资差额 9,700 元等请求。仲裁对戎某的请求未予支持。戎某不服裁决，诉至法院。

庭审中甲公司主张双方系非全日制用工关系，并提供了甲公司统计的工资构成明细，旨在证明戎某的工作时间以及工资构成。但是该证据系甲公司单方制作，戎某并未签字确认，因此戎某不予认可，而甲公司也提供不出其他佐证证据。

讨论题

法院最终如何判定？依据是什么？

五、观察练习：企业非全日制用工情况

找一家有非全日制用工的单位，了解用人单位目前的非全日制用工情况。调查了解该单位员工的工作岗位、工作内容、工资标准、劳动时间、工资发放时间等情况，与全日制正式员工相比，非全日制员工在上述方面存在什么差异。对照本章关于非全日制用工典型行为表，思考管理人员和非全日制员工的关键行为，总结哪些行为符合典型行为规范，哪些行为存在劳动关系风险，将总结归纳的结果与人力资源部管理人员以及非全日制员工进行交流，把自己的判断结果与实际情况进行对比，对于错误的地方，分析原因并提出修正办法。记录观察练习情况，与本专业同学就非全日制用工的管理进行分工合作，交流彼此观察练习情况。

六、模拟练习：非全日制用工关系

本练习模拟用人单位和劳动者在非全日制用工管理中出于各自利益考虑结成的用工、服务关系。首先，模拟用人单位分析哪些工作符合非全日制用工特点；其次，制定非全日制用工管理细则，把非全日制用工情况下的可能风险考虑在内；最后，模拟招聘、安置非全日制员工，提供劳动，按细则规定进行管理。学生通过实际操作体验非全日制员工管理过程应具有的典型行为。操作指导如下：

(1)教师向学生阐明训练目的和知识准备。

(2)学生分组，每一大组又分为行为模拟小组和行为观察小组。

(3)教师指导大组选择情景主题。例如，工作分析，确定符合非全日制用工形式特点的岗位，撰写非全日制员工管理细则，模拟安置并提供劳动及其管理等情景。

(4)行为模拟小组和行为观察小组分别进行模拟行动准备和观察准备。

(5)教师指导实施行为模拟观察。

(6)观察组阐述行为观察结果。

(7)每一大组提交一份行为观察模拟训练总结报告。

任务五 劳务关系

一、定义

劳务关系(service relations)是由两个或两个以上的平等主体,通过口头形式或书面形式的劳务合同建立的一种民事权利义务关系。劳务关系由供给劳动一方向用人单位提供一次性或特定的劳动服务,用人单位按照合同约定向劳务提供者支付劳动报酬的法律关系。劳务关系的适用法律主要是《中华人民共和国民法典》。属于承包劳务情形的劳务合同似乎可以归属为法定的"业务承揽合同";属于劳务人员输出情形的劳务合同,似乎应该归属于法定的"租赁合同"。与劳动合同不同,劳务合同没有固定的格式和法定必备的条款。其具体内容可根据《中华人民共和国民法典》第十二条规定,由双方当事人根据具体情况自主随机确定条款,协商约定。

由定义可知,劳务关系的主体比较广泛,不仅包括自然人,也包括法人、政府机关、外国组织以及其他特殊组织(包括非法人组织、清算组织等)。由此,劳务关系的内容即权利义务具有广泛性。劳务关系的客体既包括行为,也包括物、智力成果及与人身不可分离的非物质利益(人格和身份)。

从定义可知,劳务关系具有以下法律特征:

(1)双方地位平等,在人身和工作上没有隶属关系。

(2)一般来说,工作风险应由劳务提供者自己承担,但雇主提供工作环境和工作条件以及法律另有规定的除外。

(3)它建立在民事法律规范的基础上,受民事法律规范的调整和保护。

(4)劳务关系的主体具有不确定性。劳务提供者和使用者都可以是自然人、法人或其他组织。

二、典型行为与风险来源

劳务关系中的典型行为涉及《中华人民共和国民法典》,具体如表5-8所示。

表5-8 劳务关系中的典型行为与风险来源

控制要素	风险来源
劳务合同	劳务合同可以采用书面形式,也可以采用口头形式。用劳动合同内容订立书面劳务合同,属于换汤不换药,风险较大。劳务合同主要规定劳动内容和劳动报酬,或者将劳动报酬与劳动项目内容打包一并协商为项目费用
社会保险	1.用人单位不必为劳动一方缴纳工伤保险。 2.用人单位为劳动者缴纳其他保险。 以上缴纳保险行为为单位带来成本

续表

控制要素	风险来源
劳动过程	1.提供劳务的个体劳动者或单位应按照符合国家法定要求的规程组织生产或提供安装、维修等服务，用人单位不应指挥生产或施工方的操作。 2.劳务提供方自行提供生产或施工过程的安全设施、设备，采取安全措施，保障安全生产
资质	1.劳务提供一方应当按照国家相关法律法规提供符合国家标准的作业资质。 2.用人单位有责任对劳务提供方的相应作业资质进行核验，如因未核验或核验不认真而雇用了没有资质、资质过期的劳动者，一旦发生事故，由此产生的后果，用人单位将负相关责任
身体健康状况	1.劳务提供方须保证有从事劳务活动的身体健康条件，到指定医院办理健康证明。 2.用人单位在雇佣劳务人员之前，应认真核查劳务人员从事特殊劳动如高空作业、食品生产等业务的身体健康证明文件，避免出现伤亡事故
劳务关系界定与转化	1.用人单位与劳动者签订的劳动关系在存续期间出现须转换为劳务关系的法定情形，即劳动者达到法定退休年龄并开始领取养老保险金，须将劳动关系转为劳务关系。 2.确立关系时，用人单位与符合法定情形的劳动者签订劳务关系

三、情景解析

劳务关系的常见情形为工程承揽。用人单位把某项工程发包给某个人或若干个人，或将临时性工作或一次性工作交给某个人或几个人，双方签订工程施工合同，形成劳务关系。从事这类劳务的人员，通常是自由职业者，身兼数职，发包者自己在劳务市场承揽业务，或者通过中介机构介绍获得业务，组织人手或自己完成，并自己缴纳保险、承担相应费用。

用人单位向劳务输出公司提出所需人员的条件，劳务输出公司向用人单位派遣劳务人员。双方签订合同，形成相对复杂的劳务关系。具体来说，雇主和劳务输出公司是一种劳务关系，劳动者和劳务输出公司是一种劳动关系，而且他们与被服务的雇主也是一种劳务关系。这种劳务关系被一些人称为“租赁劳动力”。

与原单位维持劳动关系，但在用人单位待岗、下岗、内退、停薪留职的人员，在其他用人单位通过从事临时有偿工作与雇主建立的关系。由于这些人员与原单位的劳动关系仍然存在，他们只能与新雇主签订劳务合同、建立劳务关系。但应当指出的是，根据《最高人民法院关于审理劳动争议案件适用法律若干问题的解释（三）》第八条规定：“企业停薪留职人员、未达到法定退休年龄的内退人员、下岗待岗人员以及企业经营性停产放长假人员，因与新的用人单位发生用工争议，依法向人民法院提起诉讼的，人民法院应当按劳动关系处理。”根据这一解释，上述人员与新的用人单位已经构成劳动关系①。

① 《最高人民法院关于审理劳动争议案件适用法律若干问题的解释（三）》第八条。

已经办理离退休手续的离退休人员，又被用人单位返聘的，双方签订聘用合同。根据《最高人民法院关于审理劳动争议案件适用法律若干问题的解释(三)》第七条之规定，这种聘用关系现已明确确定为劳务关系[①]。

一次性工作或临时性工作，或可发包的劳务事项，用人单位可使用劳务人员，并与之签订劳务合同。

正在执行劳动合同的员工，因达到法定退休年龄、办理退休手续并领取养老保险待遇，仍继续留在用人单位工作的，需停止原签订的劳动合同，改签劳务合同，双方的劳动关系转变为劳务关系。

由于承揽工程或施工业务建立劳务关系时，用工方务必注意风险防控。主要风险有劳动者身体健康状况是否能够满足工程劳动所需，劳动者的资质，合法有效地从事相关业务的营业执照，加工产品的规格要符合国家相关标准，用工方不应提出特殊工艺、特殊尺寸要求，用工方对施工过程不提任何特殊要求、不指挥作业等。

四、模拟案例：外卖送餐员与平台公司间是劳动关系吗？

外卖服务改变了我们的生活方式，点外卖已经成为城市生活的一部分。外卖小哥与负责“饿了么”蜂鸟配送业务或者美团外卖配送业务的公司之间是什么关系？

2017年6月，LZ餐饮公司(甲方)与饿了么(乙方)签订《合作协议》，约定：甲方授权乙方在天津市河西区经营“饿了么”蜂鸟配送业务；乙方工作人员与甲方不存在任何劳动或劳务关系，其在送餐过程中出现的任何事故，包括但不限于造成甲方、第三人或乙方及其员工自身的人身、财产损失的，一切责任由乙方自行承担；乙方工作人员工资由甲方每月25日通过银行直接代发。

2017年8月3日，李××与饿了么外卖平台签订了《劳务承揽协议》，约定饿了么平台为李××提供为期12个月的餐饮和配送服务工作，工作报酬是每份订单提取5块钱佣金，没有底薪，李××需自己携带交通工具完成工作。李××说，他每天都通过手机软件登录“饿了么”平台，上班电子签到，电子打卡下班，并通过“饿了么”平台软件接单、取餐和送餐，所有的工作流程都通过平台完成。接到订单后，李××可以自己完成提货和配送订单，也可以交给别人代自己完成。2017年9月至11月的薪酬由LZ餐饮公司法定代表人龚××通过银行转账支付。2017年11月20日，李××在送餐的路上摔倒受伤。李××先向劳动仲裁厅提请仲裁，之后又如期向法院提起诉讼，要求确认他自2017年8月3日起与饿了么平台存在劳动关系，自己送餐途中受伤应认定为工伤，并由饿了么平台负责自己的工伤保险待遇。

讨论题

网约送餐人员与平台公司是否存在劳动关系？依据是什么？

五、观察练习：工人安装护栏时坠亡，业主应否赔偿？

近年来，高空作业者越来越多，高处坠落事故也时有发生，此类事故责任如何划分，市民应

---

① 《最高人民法院关于审理劳动争议案件适用法律若干问题的解释(三)》第七条。

如何规避风险？

2019 年 5 月初，家住陆丰市某小区的陈先生家里要安装窗户、护栏、纱窗等，陈先生在 58 同城上查询安装护栏的服务供应商，最后选择了位于陆丰市城乡接合处的一家白钢断桥铝加工门市，这个门市的主人是杨师傅和其妻子。陈先生找到杨师傅，双方约定，由杨师傅为陈先生家的房屋安装窗户、护栏、纱窗等，杨师傅包工包料并负责安装，陈先生支付工程款，双方确定，由杨师傅自行按行业标准制作、自行选择安装方式、包工包料，并负责安装。工程款一共 19200 元，先交定金 70%，完工后再支付 30%。

2019 年 5 月 29 日下午 4 点左右，杨师傅到达陈先生家。陈先生家的护栏需要将窗户全部包住，是探出去的，需从顶楼将护栏用绳子顺到安装位置。事发当天下雨，杨师傅在往下顺护栏时，不慎发生意外，结果从顶楼 7 楼坠下，杨师傅不幸身亡。

事发后，杨师傅的家属将陈先生夫妻俩起诉至法院，要求两人对杨师傅的死亡承担连带赔偿责任，赔偿杨师傅亲属 60 万元。法院调查后得知，杨师傅经营的小杨塑钢白钢断桥铝门市部没有在工商管理机构登记，没有领取营业执照，夫妻两人也未取得高空作业的相关资质，杨师傅不具备承揽制作、安装窗户护栏的资格，属于无证经营。

讨论题

(1)陈先生夫妻俩在本案中应否承担责任并赔偿？

(2)在类似的家庭装修、安装小工程中，业主应该注意哪些事项以规避风险？

六、模拟练习：劳务关系管理

本练习模拟劳务关系双方主体在缔结劳务关系期间各自的权利是如何得到保护的、法定义务如何诚实履行，在劳动过程中各自风险如何管控。首先，模拟用人一方(法人单位或自然人)需要哪些服务；其次，与劳务提供方就劳动内容、劳动报酬、支付方式等进行协商，达成一致意见；最后，模拟劳动提供过程，从合同条款撰写、合同协商与修改、订立，劳动过程管理，到最终劳动成果验收、结算等全部模拟练习。学生通过实际操作体验劳务关系管理与劳动关系管理的异同并注意防控过程风险。操作指导如下：

(1)教师向学生阐明训练目的和知识准备。

(2)学生分组，每一大组又分为行为模拟小组和行为观察小组。

(3)教师指导大组选择情景主题。例如，劳务合同撰写与讨论、修改、定稿，劳动过程管理，劳动成果验收等情景。

(4)行为模拟小组和行为观察小组分别进行模拟行动准备和观察准备。

(5)教师指导实施行为模拟观察。

(6)观察组阐述行为观察结果。

(7)每一大组提交一份行为观察模拟训练总结报告。

项目六 工伤事故风险管理

·引导案例·

没有签订劳动合同，发生工伤谁负责？

应某经人介绍于2016年11月2日进入鼎新公司工作，岗位是钳工，双方最初仅口头约定了工资、工时等事项，并未签订劳动合同，公司也没有为应某缴纳工伤保险。2017年2月2日，应某在加班时间工作时由于操作失误致使左手受伤，当时即被送往医院救治，在住院2个月后出院，后经过劳动能力鉴定委员会认定为七级伤残。应某住院期间，公司只是派人慰问伤情，并交给应某2000元慰问金，并未对应某工伤支付任何费用。应某出院后曾去公司讨要说法，但公司负责人说双方并不存在劳动关系，对其工伤并无义务。2017年5月6日，应某提出劳动仲裁申请，请求鼎新公司支付住院期间医药费、生活护理费、住院伙食补助费，以及停工留薪期间工资待遇、一次性伤残津贴、一次性工伤医疗补助金、一次性伤残补助金等工伤赔偿待遇，合计85725.2元，并提供了每月公司的工资转账记录及其他能够证明双方存在劳动关系的证据。2017年7月，公司所在地劳动争议仲裁委员经调查核实后做出裁决，认定应某与鼎新公司之间存在事实劳动关系，应某的伤残系工伤所致，裁令鼎新公司向应某支付停工留薪期间工资、住院伙食补助费、一次性伤残补助金、一次性伤残津贴、一次性工伤医疗补助金、住院护理费用共计79877.6元。鼎新公司不服，提起诉讼，请求撤销该裁决。

一审法院认为，鼎新公司与应某之间虽未签订书面劳动合同，但证据表明存在事实劳动关系，且未为应某办理包含工伤保险在内的社会保险，应按照《工伤保险条例》第六十二条规定，本应参加工伤保险但因用人单位未为职工办理工伤保险，而没有参保的，该用人单位的员工发生工伤时，用人单位应当按照本条例规定的工伤保险待遇项目和标准支付全部费用[①]。由于双方未签订劳动合同，则以应某受伤前的实际工资收入作为标准，进行相关待遇的计算。判决原告鼎新公司须向被告应某支付停工留薪期工资、住院伙食补助费、一次性伤残补助金、一次性伤残津贴、一次性工伤医疗补助金、住院护理费用共计79877.6元。

鼎新公司不服上述判决，向法院提起上诉。

二审法院认为，根据《中华人民共和国社会保险法》第三十三条规定，职工应当参加工伤保险，由用人单位缴纳工伤保险费，职工不缴纳工伤保险费[②]；以及《工伤保险条例》第二条规定，在中华人民共和国境内的各类企业、有雇工的个体工商户，应当按照本条例的规定参加工伤保

---

① 《工伤保险条例》第六十二条。

② 《中华人民共和国社会保险法》第三十三条。

险，并为本单位全体职工或者雇工缴纳工伤保险费[①]。以上法律条款均说明用人单位有义务为劳动者参加工伤保险。本案中，上诉人鼎新公司没有为被上诉人应某参加工伤保险，未尽到其应负义务，应依法承担工伤给应某带来的损失，即应某无法从社会保险经办机构获得的医疗康复费用、一次性伤残津贴和一次性工伤医疗补助金等工伤保险待遇，应由鼎新公司给予支付。另外，原本应该由鼎新公司承担的停工留薪期工资等待遇标准和数额并无不当，法院予以维持。

该案例涉及本项目我们将讨论的员工工作过程中发生意外伤害的劳动风险管理，通过归纳处理工伤事故过程中易发生劳动争议的事项，分析产生劳动争议原因，找出规避劳动争议的措施和方法。总结现行劳动法律法规的相关规定，从总结用人单位和劳动者的劳动风险控制要素，规范工伤预防、培训、事故处理等行为，进而转化为双方在实践中的正面行为和风险来源，通过行为塑造，达到面临工伤事故时降低劳动风险的目标。

任务一　项目目的

本项目目的是，总结企业用工过程中工伤事故处理的通行做法、流程、内容及相关法律规定，明确工伤法律风险因素，找到风险源头，确定风险环节，提出规避风险措施。通过观察、模拟相关行为，形成行为规范，预防工伤风险的发生，同时做好工伤保障和待遇支付工作，确保劳动者和企业的共同利益。

任务二　风险控制要素与管理规范

工伤事故是劳动者工作过程中面临的最严重的职业风险，也会对企业会造成较大的影响，甚至严重的经济损失。据估算，我国因工伤造成的直接经济损失达 1000 亿元，间接经济损失高达 2000 亿元。合理预防工伤风险、积极解决工伤问题，是确保劳动者身心健康、企业正常运营秩序的有效途径。

一、工伤风险处理

工伤事故的发生是由职业风险造成，用人单位有义务保障劳动者的基本权益，确保其遭遇工伤事故时得到合理的救治和生活保障。工伤风险因素是工伤事故发生的诱因，工伤事故会直接导致企业承担经济损失、劳动者身心受损，如图 6-1 所示。因此，从源头控制工伤风险，降低风险发生的概率是进行工伤风险控制的关键，风险不可避免，因此，做好事后赔偿保障工作同样重要。

引起工伤的风险因素较多，既包括来自用工方的工作环境、设备使用及维护、用工规范管

---

① 《工伤保险条例》第二条。

图 6-1　工伤风险发生过程

理等方面，如用工单位为节省成本不愿定期维修设备、让劳动者在高危或粉尘环境下作业等；也包括劳动者操作方式、工作态度、意外情况等方面，如劳动者操作机器时不在状态、未按照规定工序进行操作等，这些风险因素将会直接导致工伤事故的发生。

工伤事故的直接后果是造成企业和个人的工伤损失，严重的工伤事故甚至影响国家利益，如矿难。工伤损失按照内容可以划分为经济损失和精神损失：经济损失主要体现在工伤事故对于劳动者的工伤治疗及其康复期间的各项费用及收入损失，大部分由企业承担，因此从经济的视角主要算作企业损失；精神损失主要指工伤事故对劳动者的心理造成的伤害，特别是一旦劳动者永久丧失劳动能力，将对其心理打击比较大。按照损失影响的相关度可以分为直接损失和间接损失：直接损失包括工伤劳动者恢复身体和心理健康所需医疗及相关费用、停工期间的收入损失、劳动者暂时或永久丧失劳动能力的赔偿等直接支付的各方面；间接损失包括用工方暂时找不到同样技能的替代者所造成的停工或生产率降低，培训新员工或他人替代工伤员工的费用，工伤事故对其他劳动者心理影响所造成的生产率降低，企业声誉受损导致的经济利益损失等方面，对劳动者的间接损失主要是对未来寻找工作及工作发展的影响。

由于工伤事故会造成严重损失，关于工伤风险的预防和控制的方法也比较多。目前，工伤风险的控制可以分为两类：一类是控制型风险管理，是为了避免或降低工伤风险发生频率所使用的管理方法，这种管理形式更倾向于工伤预防，如建立工伤风险预警机制；另一类是财务型风险管理，是指在发生工伤风险前通过一系列财务安排，解除、降低或转移工伤事故发生后给企业和个人带来的经济损失，这种管理类型是为无法避免的工伤损失做好事前准备，如企业可以通过预留部分资金弥补因工伤造成的损失，也可以投保工伤保险将工伤损失转移给保险机构从而降低工伤损失，当然财务型风险管理并不能降低劳动者患工伤的风险，只能通过经济补偿尽量弥补劳动者和企业的经济损失，也基本不涉及劳动者的精神损失与心理成本。

一旦风险发生，工伤赔偿则是首先要解决的问题。关于谁来为工伤买单这个问题经历了从工人自身、到谁的过失谁承担责任，到目前各国均认可的无过失补偿原则，即不论工伤事故的发生是由劳动者造成的，还是由企业或其他人造成的，企业均应承担赔偿责任。原因在于工伤带给劳动者身体和精神上的痛苦是巨大的，但工伤风险又不可彻底避免，所以企业应像定期维修机器一样承担劳动者工伤造成的损失责任。基于工伤风险的无过失补偿原则，除少数规模大、实力强的企业会自己承担工伤风险外，一般企业为防止工伤损失过大，影响正常生产经营秩序、造成沉重的经济负担，通常选择投保商业保险，将风险转嫁给商业保险公司，然而商业保险公司以营利性为目的，保费设置比较高、前置条件多、对高风险企业拒保等现象时有发生，导致企业有时仍无法妥善解决工伤风险。1884 年，德国颁布了世界上第一部工伤社会保险法律——《工伤事故保险法》，标志着以后将以社会保险的形式解决工伤问题。工伤社会保险制度是由国家或者政府主导建立、强制实施的社会保险制度，由各行业和企业缴纳工伤保险费，共同形成工伤保险基金，支付给发生工伤的劳动者，通过这种互助共济、共同分担的办法分散企业工伤风险。由于这项制度是由立法强制实施，因此，覆盖范围广、无参保的各项前提条件，稀释了各企业的工伤风险，逐渐被其他各国借鉴使用。目前世界上多数国家采取统一的工伤社会保险制度，只是各国在政策执行层面各有不同，英国采取政府直接组织及管理；德国由政府立法、非营利性组织具体管理；美国工伤保险由各州直接负责，有的州选择统一的社会保险制度，有的选择雇主责任制，允许企业投保商业保险或自我承担工伤损失。我国实行的是由政府立法并直接管理的、强制实施的工伤社会保险制度，所有企业都要为员工投保工伤保险，从而保证其发生风险后能得到应有待遇。

二、工伤风险控制要素与管理规范

工伤事故风险控制要素就是在风险评估的基础上，识别风险点，整理相关要素，以利于企业对工伤事故发生率的控制。根据我国现行劳动法律法规，工伤的劳动风险控制要素如表 6-1 所示。

表 6-1　工伤风险控制要素表

控制要素	典型行为
工伤事故预防	1. 具备工伤风险防范意识，重视劳动法律法规，通过合适渠道学习相关法律法规，并密切关注工伤相关法律法规的变化，做出适应性改变。 2. 在现有工伤预防法律法规框架范围内，制定本公司工伤预防、培训及保障制度。 3. 工伤预防项目实施内容及程序合法合规，做好相关记录及备案工作。 4. 定期进行工伤预防项目培训，规范公司内部操作规程培训
职业病防治	1. 按照相关规定要求，在听取工会组织的意见基础上，制定公司内部职业病防治的规章制度或条款。 2. 按照相关规定配备专职或兼职的职业卫生管理人员负责职业病防治工作监测、制定职业病防治计划和实施方案、建立职业卫生档案和劳动者健康监护档案并妥善保存。 3. 对工作场所职业病危害因素进行职业危害预评价及职业危害控制效果评价，并及时报告。 4. 对从事存在职业病危害作业的劳动者进行健康监护，建立劳动者健康监护档案，提供免费的上岗前、在岗期间和离岗时的职业健康检查，并将检查结果书面告知劳动者。劳动者离职时，公司应如实、无偿提供劳动者个人职业健康监护档案复印件。 5. 以各种形式履行危害告知义务，通过设置公告栏、警示标志、开展培训等形式进行工伤预防和职业病防治信息公开；将某一工作岗位可能产生的职业病危害及其可能后果、职业病防护措施和待遇如实告知劳动者。 6. 对劳动者进行岗前职业卫生培训和定期职业卫生培训。 7. 对劳动者个人职业病防护进行指导和督促，对不履行职业安全制度的劳动者进行教育，严重者予以惩罚。 8. 及时安排职业病病人、疑似职业病病人进行诊治、健康检查和医学观察，并承担相应费用。 9. 发现职业病人或疑似职业病病人时，如实向疾病预防控制中心报告；确诊为职业病的，向卫生行政部门和劳动行政部门报告。 10. 公司对从事接触职业病危害作业的劳动者，应当给予适当岗位津贴

续表

<table>
<tr><th>控制要素</th><th colspan="2">典型行为</th></tr>
<tr><td>工伤保险参保及缴费</td><td colspan="2">1.公司必须为劳动者参加工伤保险。
2.工伤保险应覆盖本公司内所有职工。
3.用人单位以工资总额为基数，按照国家法律法规规定费率进行工伤保险缴费。
4.我国工伤保险实行用人单位单方缴费制度，公司不得以任何理由要求劳动者缴纳工伤保险费。
5.公司依法为工作中受伤或患职业病的劳动者申请工伤保险待遇</td></tr>
<tr><td>工伤认定及劳动能力鉴定</td><td colspan="2">1.在规定的期限内为受伤或患职业病劳动者申请工伤认定。
2.配合工伤认定部门或职业病诊断机构在工作场所及相关地点的调查。
3.提供工伤认定或职业病诊断及鉴定所需材料。
4.劳动者及其近亲属认为属于工伤，但公司不认可，由公司承担举证责任。
5.对工伤认定或劳动能力鉴定结论不服的，公司应为劳动者申请行政复议或重新鉴定，仍然不服可以提起诉讼</td></tr>
<tr><td>工伤待遇</td><td>没有参加工伤保险的公司</td><td>1.在劳动者没有被鉴定机构认定为工伤时，公司承担疑似工伤或疑似职业病劳动者在诊断、医学观察期间的医疗及生活费用。
2.在劳动者被鉴定机构认定为工伤后，公司应按照国家规定承担劳动者工伤诊断、鉴定等费用，以及工伤期间的医疗、护理、交通、康复及生活保障等全部费用，标准不低于《工伤保险条例》中的规定数额。
3.按月支付劳动者停工留薪期内的工资福利，及时足额支付，支付期限一般不超过 12 个月。
4.对于不能从事原工作的劳动者，调离工作岗位，妥善安置。其中，劳动者致残程度为一至四级伤残的，保留劳动关系，退出工作岗位；劳动者致残程度为六级至十级的，保留劳动关系，继续工作，在解除劳动合同时，需支付一次性工伤医疗补助金和一次性伤残就业补助金等费用，且标准不低于工伤保险基金规定数额。
5.劳动者经劳动能力鉴定委员会鉴定为永久伤残，双方协商确定由公司支付的一次性赔偿金，标准不低于相关法律规定数额。如果劳动者存在过失，公司有权根据合法合规的内部规章追偿。
6.针对工亡情况，与劳动者家属协商确定一次性支付的赔偿金，赔偿标准不得低于《工伤保险条例》规定数额。
7.完善企业管理制度，在法律规范内进一步明确涉及工伤的待遇及发放等问题</td></tr>
</table>

续表

<table>
<tr><th>控制要素</th><th colspan="2">典型行为</th></tr>
<tr><td>工伤待遇</td><td>参加工伤保险的公司</td><td>1.在劳动者没有被鉴定机构认定为工伤时，公司承担疑似工伤或职业病病人在诊断、医学观察期间的医疗及生活费用。
2.按月支付劳动者停工留薪期内的工资福利，及时足额支付，支付期限一般不超过12个月。
3.在劳动者停工留薪期间，公司支付劳动者生活不能自理时期的生活护理费用。
4.对于不能从事原工作的劳动者，调离工作岗位，妥善安置。其中，劳动者致残程度为一至四级伤残的，保留劳动关系，退出工作岗位；劳动者致残程度为六级至十级的，保留劳动关系，继续工作。
5.劳动者致残程度为五、六级的，保留劳动关系，用人单位安排适当工作。难以安排工作的，按月发放伤残津贴，五级伤残为劳动者工资的70%，六级伤残为劳动者工资的60%，并为其缴纳社会保险。劳动者提出解除劳动关系，公司支付一次性伤残就业补助金。
6.劳动者经鉴定为七级至十级伤残的，解除或终止劳动合同时，公司支付一次性伤残就业补助金。
7.完善企业管理制度，在法律规范内进一步明确涉及工伤的待遇支付等问题。
注：工伤待遇以《工伤保险条例》相关规定为准，以上除用人单位支付的待遇，其他均由工伤保险基金支付，包括工伤认定、劳动能力鉴定费用，工伤医疗费用，工伤康复费用，工伤津贴，解除劳动关系的一次性工伤医疗补助金，工亡的丧葬补助金，供养亲属抚恤金和一次性工亡补助金等</td></tr>
<tr><td>工作环境</td><td colspan="2">1.公司的工作环境和条件的设置符合国家职业卫生标准和卫生要求，随时检测工作场所卫生情况，不断改善工作条件。
2.公司具备防止工伤和职业病危害的防护设施、设备，为劳动者提供工伤预防的个人防护用品。
3.公司应坚持有害与无害分开原则进行生产布局。
4.公司对可能发生职业病的工作场所，有必要设置报警装置，配置现场急救用品、应急撤离通道等，并进行定期维护与检修。
5.公司生产、经营、进口和使用的设备和材料需符合国家卫生安全标准。
6.不安排未成年工从事接触职业病危害的作业和高危作业。
7.不安排孕期、哺乳期的女性劳动者从事对本人和胎儿、婴儿有危害的作业</td></tr>
<tr><td>劳动合同或劳动关系</td><td colspan="2">1.公司在与劳动者订立或变更劳动合同时，尽到危害告知义务，并在合同中写明。
2.公司不能因为劳动者拒绝从事危险作业，要求解除劳动合同。
3.公司雇佣从事具备职业病危害作业的劳动者，在其未进行离岗前职业健康检查前，不能与其解除或终止劳动合同。
4.劳动者停工留薪期内，公司不能解除劳动合同；停工留薪期内劳动合同期满时，劳动合同期限顺延至停工留薪期满。</td></tr>
</table>

续表

控制要素	典型行为
劳动合同或劳动关系	5.劳动者在本公司患职业病或者因工负伤并被确认丧失或者部分丧失劳动能力的,公司不能按照劳动法的一般情形解除劳动合同。 6.由致残的劳动者本人提出的,可以解除或终止劳动关系,公司要支付一次性伤残就业补助金;没有参加工伤保险的公司,还要支付一次性工伤医疗补助金。 7.劳动者被借调期间工伤,本公司承担责任,可与借调公司约定补偿办法
劳动仲裁及诉讼	1.劳动仲裁或诉讼时,公司应配合提供相关证据。 2.公司对仲裁裁决不服,可以提起诉讼,但在此期间仍要按照仲裁结果向劳动者支付相应的工伤待遇

在工伤预防方面,一个公司只有意识到工伤预防的重要性,才能认真学习相关法律法规,并将国家政策贯彻执行。首先,目前涉及工伤事故的法律规范较多,法律层面有《劳动法》《中华人民共和国安全生产法》《职业病防治法》《中华人民共和国社会保险法》等,指导操作层面的《工伤保险条例》《工伤认定办法》《职业病诊断及鉴定管理办法》《因工死亡职工供养亲属范围规定》《职业病分类和目录》《劳动能力鉴定——职工工伤与职业病致残等级分级》《非法用工单位伤亡人员一次性赔偿办法》等,以及针对易于发生工伤的农民工群体出台的《关于农民工参加工伤保险有关问题的通知》等政策。用人单位相关负责人只有掌握相关法律,关注工伤的立法变化,才能更好地预防和应对工伤风险。其次,了解和掌握工伤相关立法有助于在制定公司内部规章时有理有据,避免出现为过度保护公司利益而忽略法律规范,一旦出现劳动争议,最终还是造成公司损失。再次,在合法合规的基础上做好公司的工伤预防项目计划,并做好记录及备案工作,可以防止执行过程中内容出现重复,从而有效节约资源,还能够从容应对各项监督、检查。最后,公司定期的工伤预防培训可以提高劳动者风险意识,降低其高风险行为,从源头降低工伤风险发生率。

职业病是工伤的一种,由于近年来我国社会经济发展迅速,职业病在工伤事故中所占比重越来越大,可能发生职业病风险的企业尤其要注意职业病的防治工作。职业病的发病原因显而易见,就是劳动者工作过程中接触到了有毒有害物质,致使身体受到不可逆的损害,也就是说大部分职业病只要规避或消除职业性有害因素风险源头即可,因此,工伤预防对职业病防治尤为重要。减少接触、加强个人防护、实行就业前及定期检查是有效预防职业病的方法,具体来说,首先,用人单位要意识到职业病预防的重要性,在此基础上建立职业健康安全管理规范体系,包括制定公司内部职业病防治规章或条款、制定职业病防治计划和实施方案、建立职业卫生档案、劳动者健康监护档案、职业病危害预评价及职业危害控制效果评价制度、职业病报告制度等内容。其次,职业病风险高的用人单位应配备专职或兼职职业卫生管理人员负责检测职业病防治情况,包括整理相关档案材料、在公司内部进行职业病防治宣传工作。最后,用人单位应将职业病防治工作落实到个人。《职业病防治法》中规定,劳动者享有健康服务权、危害知情权、危害防护权、拒绝危害作业权、危害控告权、女工特殊保护权和接受健康教育权,用人单位应严格履行该项条款。公司相关负责人在确立劳动关系时即告知劳动者职业病的危害、后果以及职业病防护的措施及待遇;上岗前进行体检及职业病预防培训,提升员工的职业病防范意识；上岗后定期进行职业健康检查和职业病预防培训、普及职业卫生知识，在工作过程中督促劳动者遵守职业病防治法规、公司规章及操作规程，督促劳动者正确使用职业病防护设备和个人防护用品；离岗时进行职业健康检查并将结果书面告知劳动者。总而言之，从制度、管理到个人层面，全方位铸造职业病防治安全网。

在实践中，有些公司为了节约成本，对工伤和职业病的预防不重视，导致小隐患成大灾难，造成不可挽回的损失，这种得不偿失的行为在近些年已经越来越少，这也说明大多数企业意识到防患于未然才是解决工伤问题的关键。

然而，可以预见到的是工伤事故不能被完全避免，此时，参加工伤保险是转移工伤风险的最佳选择。我国《中华人民共和国社会保险法》和《工伤保险条例》等法律规范明确提出，中华人民共和国境内的企业、事业单位、社会团体、民办非企业单位、基金会、律师事务所、会计师事务所等组织和有雇工的个体工商户应当依法为全部职工或雇工参加工伤保险，值得注意的是两方面，一是用人单位不仅指各类企事业单位和其他组织，还包括有雇工的个体工商户，可见工伤保险覆盖范围非常广泛；二是全部职工是指用人单位内部全体职工，包含临时用工或者没有签订劳动合同却存在事实劳动关系的职工，可见保障对象非常全面，确保所有被雇佣者都涵盖在制度体系之内。有些公司为降低人工成本，不为员工缴纳包含工伤保险在内的社会保险，这本身就是一种违法行为，而且一旦劳动者发生工伤，公司将承担其工伤损失的全部费用，且待遇不得低于国家规定的工伤保险待遇标准，也正因如此，部分不参保的公司更不愿为劳动者申请工伤认定，导致双方发生劳动争议，公司最终仍将为其行为买单；还有公司少缴工伤保险费，即没有为所有员工参保或没有按照工资总额为基数缴费，有时公司只为职工花名册的在册职工参保工伤保险而忽略农民工、临时工，有时工资总额中只计算基本工资而忽略加班工资、津贴等其他待遇，一旦参保范围以外员工发生工伤，公司要么拒绝为其申请工伤，要么以其公司已经参保的名义为其申请工伤待遇从而套取工伤保险基金，这均属于违法行为，将被追究法律责任，最终结果依然得不偿失；有个别公司要求劳动者缴纳工伤保险费，显然不符合个人不缴费原则；少数行业的公司即使参保缴费了，为降低浮动费率或避免影响企业内部年终考核结果，没有如实为劳动者申请工伤认定的现象也比较常见。公司的上述做法都是违法行为，而且会致使劳动者无法享受工伤保障权益。

用人单位为劳动者申请工伤认定、劳动能力鉴定是享受工伤待遇的前提条件。在工伤认定方面，公司有义务在劳动者发生意外伤害或疑似职业病一个月内向社保行政部门申请工伤认定，相关部门进行调查核实时，公司应该积极配合走访调查及提供相关材料。有些公司为逃避工伤责任，拒绝申请工伤、不配合相关部门调查、不承担举证责任，这些做法导致劳动者工伤认定困难重重，难以获得相关待遇，也为公司埋下隐患，因为一旦劳动者自行申请认定并得到确认，治疗期间产生的医疗费用将由公司承担。著名的张海超开胸验肺事件就是典型代表，张海超在郑州某公司一直从事有害工作，三年后，他被多家医院诊断为尘肺，但其公司不仅不为其申请工伤认定，还拒绝为其提供相关资料，处处为难其职业病诊断，导致张海超不得不选择开胸这种壮烈的方式确认其确属工伤，最终确认工伤后其所在公司承担了相关费用。公司不申请工伤认定是工伤认定困难的主要原因，为保障劳动者权益，我国在工伤立法的举证责任上作出特殊规定，根据《工伤保险条例》第十九条规定："职工或者其直系亲属认为是工伤，用人单位不认为是工伤的，由该用人单位承担举证责任。"同时，《工伤认定办法》第十四条规定："用人单位拒不举证的，劳动保障行政部门可以根据受害职工提供的证据依法作出工伤认定结论。"

以立法的形式规范了工伤认定由公司承担举证责任。

劳动者被认定为工伤后，依法享受工伤待遇。工伤待遇涉及医疗、残疾、康复、死亡等几个方面，我国关于工伤的立法从范围、待遇水平上都较为优厚，待遇支付一般可以划分为两个阶段，第一个阶段是刚发生意外伤害时期的待遇即工伤医疗期待遇，第二个阶段是经过一段时间诊治后成为永久性伤残的伤残待遇，此外还有工亡待遇。如果劳动者所在用人单位参加了工伤保险，用人单位与工伤保险基金共同承担对劳动者的补偿，工伤保险基金承担大额及长期费用，用人单位承担相对小额及短期费用，这样既能减轻用人单位的负担，还能起到提高其费用意识从而注重工伤预防的作用。没有参加工伤保险的劳动者，其全部工伤待遇则由用人单位承担。为合理规避工伤赔偿风险，公司应出台内部规章，在立法范围内对公司负责支付的待遇进行明确界定，避免出现劳动争议。为进一步降低用工成本，有些公司还会另行购买商业保险再次转嫁工伤费用。随着我国《中华人民共和国社会保险法》的出台，违法成本大幅提高；加之工伤保险损失额度较大，尤其是工亡待遇，因此公司逃避参加工伤保险并非明智之举。

工作环境的改善能够在一定程度上降低工伤，特别是职业病发生概率。一方面，公司在日常生产活动中要注意按照国家职业卫生标准和要求设置工作环境，定期检测工作场所卫生情况，有条件的情况下应不断改善工作条件；另一方面，在对工作场所进行布局时，充分考虑有害与无害分开，配备齐全的防护设施、设备等，并定期进行维护和检查，确保发生紧急情况时可以顺利使用，生产、经营、使用的设备和材料也要符合国家卫生安全标准；此外，对从事危险工作的劳动者，提供工伤预防的个人防护用品，并监督其规范使用。近年来尘肺病成为高发职业病，一般情况下在粉尘环境工作三年左右，如果呼吸防护不当，就可能引发尘肺。如在高粉尘环境下工作的劳动者如果能够合理佩戴口罩，其患病风险就会大幅降低，可是很多公司并未为员工提供口罩或提供口罩不符合防尘等级，有些劳动者工作过程中不佩戴口罩，公司管理人员也不监督提醒，造成其患病风险概率上升。

用人单位在与劳动者确立劳动关系及履行劳动合同期间，也需要注意：在订立劳动合同时，要明确告知劳动者所在工作岗位可能发生的风险及危害，并为劳动者提供职业健康检查、建立健康检查档案，做好相关档案的备案工作，避免出现没有通知劳动者或者口头通知劳动者的情况；在劳动者履行劳动合同期间，用人单位不能强制劳动者从事危险作业，应定期为其提供职业健康检查，关注劳动者的身体健康；在双方劳动合同期满终止或解除之前，还需为从事危险作业的劳动者提供离职前职业健康检查，确保身体没有职业病。劳动者在劳动关系存续期间发生意外伤害时，用人单位没有提出解除劳动合同的权利，如果劳动者本人提出解除劳动合同或劳动者无法继续从事工作，用人单位应按规定支付相应的工伤补偿。值得一提的是，在实践中有些公司不与劳动者签订劳动合同，特别是临时性用工，劳动合同签订率很低，导致劳动关系难以确定，给劳动者工伤认定造成极大困难，为此当时的劳动和社会保障部发布专门通知对劳动关系成立情形进行确认，这表明即使没有签订劳动合同，只要双方存在法律认可的事实劳动关系也可以申请工伤认定。

一旦双方就工伤问题发生劳动争议，公司应配合提供相关证据，如果对仲裁结果不服，可以申请行政复议或重新鉴定，甚至向法院提起诉讼，但在此期间仍应依照原工资标准支付劳动者工资待遇。

综上，工伤的主要风险控制点在于以下七个方面：一是工伤和职业病预防，公司应该从意识到行为全面注意工伤可能发生的关键点，做到防患于未然；二是工伤认定和劳动能力鉴定过程中，公司在程序、时间、工作内容方面要合法合规；三是工伤保险参保情况，我国工伤保险属于强制性社会保险，要严格按照国家立法参保并缴费；四是待遇支付方面要合法合规，不得少发或不发；五是工作环境上要确保不留隐患；六是劳动合同及劳动关系方面，注意工作风险的及时发现和提醒工作没有漏洞；七是发生劳动争议时公司的权利及义务。

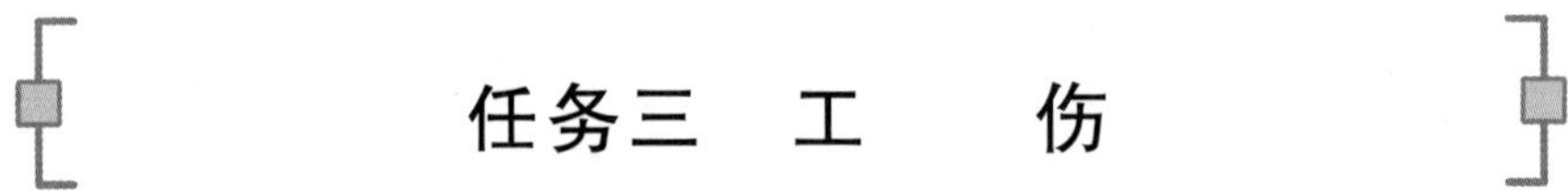

任务三 工 伤

一、定义

工伤即工作伤害，也称职业伤害，指劳动者在工作过程中或其他特定情况下发生的意外伤害或职业病。国际劳工组织将“工伤”定义为：“由于工作直接或间接引起的事故为工伤。”从以上工伤的定义可以看出，工伤主要指在职业活动中直接或间接受到的伤害，目前国际广泛认可的工伤包括工伤事故伤害和职业病两方面内容。

工伤事故即在职业活动所涉及的时间和场所内、在工作过程中，因为工作原因发生的、对劳动者身体造成的伤害。按照受到伤害的轻重程度划分，工伤事故可以分为轻伤和重伤，也可细分为轻伤、中度伤、无生命危险的重伤、有生命危险的重伤、危重、存活和不明；按照引致伤害因素划分，我国《企业职工伤亡事故分类》将企业工伤事故分为 20 类，包括物体打击、车辆伤害、机械伤害、起重伤害、触电、淹溺、灼烫、火灾、高处坠落、坍塌、冒顶片帮、透水、放炮、瓦斯爆炸、火药爆炸、锅炉爆炸、容器爆炸、其他爆炸、中毒和窒息及其他伤害等。工伤事故种类多样，有程度较轻的扭伤，也有程度严重的意外伤亡，不论哪种工伤、受伤程度如何，对劳动者身体健康的影响是显而易见的，用人单位应尽可能避免工伤事故的发生。

职业病一般指职业活动中，因职业原因导致的疾病。当然并非所有与工作相关引致的疾病都属于职业病，各国通常以立法的形式将职业病种类明确列出，因此这类职业病被称为法定职业病。《中华人民共和国职业病防治法》规定，职业病是指企业、事业单位和个体经济组织等用人单位的劳动者在职业活动中，因接触粉尘、放射性物质和其他有毒、有害物质等因素而引起的疾病。2013 年发布的《职业病分类和目录》，将职业病分为 10 类 132 种，分别是尘肺、职业性放射病、职业性化学中毒、物理因素职业病、职业性传染病、职业性皮肤病、职业性眼病、职业性耳鼻喉疾病、职业性肿瘤及其他职业病。我国职业病防治工作坚持预防为主、防治结合的方针，主要由用人单位负责职业病防治工作，一旦发生疾病需要经过认定程序，即由省级以上卫生行政部门批准的医疗卫生机构根据《职业病防治法》《职业病诊断与鉴定管理办法》《职业病分类和目录》及国家职业病诊断标准进行诊断和鉴定。值得一提的是，没有证据否定职业病危害因素与病人临床表现之间的必然联系，也应当诊断为职业病。每年国家卫生健康委员会都会发布《我国卫生健康事业发展统计公报》通报职业病情况，数据显示截至 2019 年底全国累计报告职业病近 100 万例，其中尘肺病占九成，是职业病中最常见的一种疾病形式。

职业病危害是指对从事职业活动的劳动者可能导致职业病的各种危害。职业病危害因素包括职业活动中存在的各种有害的化学、物理、生物因素以及在作业过程中产生的其他职业有害因素。以尘肺病为例，尘肺病是劳动者在职业活动中长期吸入生产性粉尘，并在肺内潴留而引起的以肺组织弥漫性纤维化为主的全身性疾病，早期尘肺病的症状主要有咳嗽、咳痰，慢慢演化成胸痛、呼吸困难及其他全身症状，此时身患尘肺病的劳动者往往非常痛苦，而且即使脱离粉尘接触环境，病情仍会进展和加重。尘肺病患者不仅不能工作，还需要他人照料及耗费巨大的经济支出，在我国一般从事这类职业的劳动者多为农民工，一旦身患尘肺病，等待他们的往往是极为痛苦的死去和巨额的家庭债务。

职业禁忌是指劳动者从事特定职业或者接触特定职业病危害因素时，比一般职业人群更易于遭受职业病危害和罹患职业病或者可能导致原有自身疾病病情加重，或者在从事作业过程中诱发可能导致对他人生命健康构成危险的疾病的个人特殊生理或者病理状态。如我国规定患有神经系统器质性疾患、贫血、肾脏疾患、心血管器质性疾患者，不宜从事铅作业，因为长期在铅作业岗位工作可能损害造血系统。再如，妊娠期和哺乳期女性应暂时脱离汞接触。作为公司招聘工作人员，应熟悉各类职业禁忌，才能够降低员工身患职业病风险。

工伤认定是指劳动行政部门根据相关法律对劳动者因事故伤害或职业病是否属于工伤或者视同工伤基于定性的行政确认行为。我国对工伤认定有严格的法律依据，将在本章后半部分进行详细介绍。

劳动能力鉴定是指对一个人从事体力工作的能力进行鉴定，具体表现为劳动功能障碍程度和生活自理障碍程度的等级鉴定。我国劳动能力的丧失可以分为部分丧失劳动能力和完全丧失劳动能力；按照劳动功能障碍划分，可以分为十个伤残等级，一级为最严重的伤残程度，十级为最轻的伤残程度，伤残等级确认是发放伤残津贴的依据；按照生活能否自理进行划分，生活自理障碍分为生活完全不能自理、生活大部分不能自理和生活部分不能自理三个等级，生活自理程度的确认是发放工伤职工生活护理费的依据。

工伤保险制度也称工业伤害保险、因工伤害保险、职业伤害赔偿保险，指劳动者在职业活动中或某些特定情形下所遭受的意外伤害或职业病，导致劳动者暂时或永久丧失劳动能力，甚至死亡时，国家和社会为其提供必要的物质补偿的社会制度。工伤保险制度自1884年建立发展到现在，已成为全世界范围内最为普遍的一种社会保险制度，其项目涵盖医疗、疾病、死亡、康复等各方面，呈现出工伤预防、工伤补偿、工伤康复三位一体的特征，而且不仅无须个人缴费，待遇也较为优厚。我国工伤保险制度的目标是为了使劳动者获得医疗救治和经济补偿，促进工伤预防和职业康复，以及分散用人单位的工伤风险。政策执行层面，由用人单位缴费，费率实行行业差别费率及费率浮动机制。行业差别费率是由于不同行业职业伤害风险存在差异，国家根据不同行业的工伤风险程度确定相应的缴费费率，即工伤保险对高风险行业设置的工伤保险费率相对较高，对风险较低行业设置的工伤保险费率相对较低。《关于调整工伤保险费率政策的通知》规定不同工伤风险类别的行业执行不同的工伤保险行业基准费率，各行业工伤风险类别对应的全国工伤保险行业基准费率为一类至八类，分别控制在该行业用人单位职工工资总额的0.2％、0.4％、0.7％、0.9％、1.1％、1.3％、1.6％、1.9％左右。在行业费率基础上，通过费率浮动的办法确定每个行业内的费率档次，社会保险经办机构根据用人单位工伤保险费使用、工伤发生率、职业病危害程度等因素，确定其工伤保险费率，并可依据上述因素变化情况，每一至三年确定其在所属行业不同费率档次间是否浮动。简而言之，费率浮动机制通过对工伤发生率低的企业降低其缴费率作为鼓励、对工伤发生率高的企业提高其缴费率作为惩罚的方式，激励企业主动控制工伤发生概率。具体的浮动幅度为：一类行业分为三个档次，即在基准费率的基础上，可向上浮动至120%、150%，二类至八类行业分为五个档次，即在基准费率的基础上，可分别向上浮动至120%、150%或向下浮动至80%、50%，对符合浮动条件的用人单位，每次可上下浮动一档或两档，统筹地区工伤保险最低费率不低于本地区一类风险行业基准费率。在工伤保险待遇发放方面，劳动者发生工伤后，可从工伤保险基金中获得工伤医疗费用、住院治疗的伙食补助费、统筹地区以外就医所需的交通食宿费、工伤康复费、辅助器具费等医疗费用，确定伤残等级后的各级伤残津贴、一次性伤残医疗补助金、护理费用等，以及工亡情况下支付的丧葬补助金、供养亲属抚恤金、一次性工亡补助金等。

工伤赔偿标准又称工伤保险待遇标准，是指工伤职工、工亡职工亲属依法应当享受的赔偿项目和标准。由于我国实行强制性工伤保险制度，劳动者发生工伤时所取得的待遇参照工伤保险标准执行。

二、工伤事故处理程序

我国工伤实行“预防、康复、补偿”三位一体制度体系，工伤预防是从源头上防止工伤事故发生的优先事项，通过工作场所劳动条件的不断改善、工伤预防意识和能力的提高，降低工伤事故发生率。然而，公司一旦发生工伤事故，积极进行工伤认定、劳动能力鉴定是其明智的选择，具体的处理程序包括以下几个方面。

（一）工伤事故上报

劳动者在职业活动期间发生意外伤害，负伤者或其同事应立即直接或逐级报告公司负责人，公司应积极组织救治，立即将其送至协议医疗机构就诊。如果协议医院距离相对较远，并且伤情危急，应立即去最近的医疗机构优先治疗。如果是重伤、死亡或重大死亡事故，公司负责人接到报告后应立即报告公司主管部门和所在地劳动部门、公安部门、人民检察院及工会等部门；如果是一般性意外伤害，公司应在3天之内通过电话、传真、网络的方式向工伤保险经办机构报告备案，详述事故发生经过，具体包括时间、地点、事故原因等内容。工伤事故上报环节的风险要素详见表6-2。

表6-2　工伤事故上报环节的风险要素表

行为类别	典型行为
正面行为	1.公司立即将伤者送到最近的医院救治，不计代价、最大限度地为伤者提供各种便利，确保劳动者得到及时医治。 2.如遇重大事故，公司相关负责人立即报告主管部门、所在地劳动部门、公安部门、人民检察院及工会等部门。 3.如遇一般性意外伤害，公司尽快向社保经办机构报告及备案
风险来源	1.对负伤者伤情视而不见或要求其自己去医院治疗，错过伤者最佳救治时间。 2.对工伤事故隐瞒不报，或将重大事故虚报、漏报、“大事化小”，试图降低公司工伤责任及社会不良影响。 3.不去社保经办机构备案，甚至私下与负伤者解除劳动关系，试图逃避工伤责任

(二)申请工伤认定

如果公司或劳动者认为本次意外伤害属于工伤,则需要去工伤认定机构申请工伤认定,程序见图 6-2。

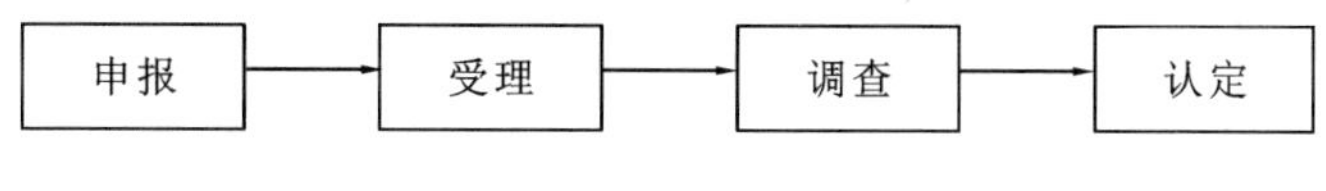

图 6-2　工伤认定程序

根据《工伤认定办法》,工伤认定的第一步,进行工伤申报。劳动者申请工伤认定有两条申报路径,一是公司申报,公司在伤亡事故发生或职业病确诊之日起 30 日内,向统筹地区社会保险行政部门提出工伤认定申请,并提交工伤认定申请表、劳动合同复印件或其他与用人单位存在劳动关系的证明材料、医疗机构出具的诊断证明书等相关材料;二是劳动者或其近亲属、工会组织也可申请,这种情况的适用前提是公司没有给劳动者申请工伤认定,劳动者或其近亲属、工会组织可以在伤亡事故发生或职业病确诊之日起一年内,直接向统筹地区社会保险行政部门提出工伤认定申请,如遇特殊情况,申请时限可以适当延长。

第二步,工伤认定受理。社会保险行政部门确定是否受理工伤认定申请,如果出现无法认定劳动关系、提供材料不完整、超出申请期限等情况,社会保险行政部门可以不予受理,或补全相关材料后受理。此时即使社会保险行政部门拒绝受理,公司也应留存已经申报过的证据,以免事后出现争议无法证明。

第三步,工伤认定调查。社会保险行政部门根据审核需要通过走访用人单位、查阅相关材料等多种形式,对事故伤害的实际情况进行调查核实。对于已经取得职业病诊断证明书或职业病诊断鉴定书的,则不再进行调查核实。此时,公司应积极配合相关部门调查,引导其合理取证,正确裁定。

第四步,作出工伤认定决定。社会保险行政部门应当在十五至六十日内作出工伤认定的决定,并书面通知劳动者或其近亲属和用人单位。如果用人单位或劳动者对认定结论不服,可申请行政复议,若对行政复议的结论仍然不服,可以向法院提起诉讼。

在申请工伤认定环节,可能出现的风险要素,详见表 6-3。

表 6-3　申请工伤认定环节的风险要素表

行为类别	典型行为
正面行为	1. 公司在劳动者发生事故伤害 30 日内,主动为其申报工伤认定,并准备和提交各项材料。 2. 如出现材料缺失或不合规情况,立即改正并按要求重新提交。 3. 公司积极配合社保部门调查核实,注意做好公司商业机密文档的保密工作。 4. 不论工伤申报结果如何,公司将申报过程的相关材料留存归档。 5. 申请工伤认定过程中,依法支付劳动者停工留薪期间的相关待遇。 6. 如劳动者对认定结论不服,公司为其申请行政复议

续表

行为类别	典型行为
风险来源	1.公司为逃避赔付责任，不主动或拒绝为劳动者申报工伤，或拖延申报导致超出申报时限，致使劳动者不得不选择自行申报并申请仲裁。 2.公司材料准备不全，致使劳动者不能在规定时间完成工伤认定申请，最终劳动者选择自行申报并申请仲裁。 3.个人自行申报工伤认定时，公司以各种原因拒绝配合社会保险行政部门调查，可能会被罚款。 4.不论公司是否申请工伤认定，相关证据材料做好留档工作，否则出现劳动争议时会因没有承担举证责任而败诉。 5.劳动者停工留薪期间的待遇没有按时足额支付。 6.在相关部门进行调查时，公司商业机密如不保存好，可能导致公司生产经营损失

在工伤认定实践操作层面，常常存在认定难的情况。首先，主体难定。从用人单位的视角来看，原因在于有些公司并未给该劳动者参保工伤保险，在这种情况下，公司将依法承担全部工伤赔偿责任，因此公司一般不会主动甚至拒绝为劳动者申请工伤认定；即使参加工伤保险的公司，劳动者一旦被认定为工伤，公司仍要承担停工留薪期的工资、住院护理费用，甚至一次性伤残就业补助金等赔偿责任，加之工伤保险费率可能因此上浮，导致有些公司不愿主动或拒绝为劳动者申请工伤认定。从劳动者视角来看，有些人甚至不知道公司的准确名称，尤其是发生工伤较为常见的建筑工程公司，这类公司的工程通常属于层层分包，有些农民工只认识负责管理自己的包工头，并不清楚其所属公司的名称，致使追索对象难以确定。其次，证据难寻。一方面是劳动关系证明难，证明劳动关系的证据很多，如劳动合同、工作证、上岗证，还可以有工友作为证人，然而在用工关系不规范的公司，这些可能都无法被明确提出并作为证据；另一方面是工伤发生的实施材料难以依靠劳动者自身收集，特别是在公司不配合的情况下，如果相关材料不齐备，很有可能导致社会保险机构拒绝受理工伤申请，导致劳动者诉求无门。鉴于此《工伤认定办法》规定，如果劳动者及其近亲属认为是工伤，用人单位不认为是工伤，由用人单位负责举证。在工伤认定原则中也提出，遵循无过失补偿原则、可认定为工伤也可不认定为工伤的情况应认定为工伤的原则，从而尽可能保护劳动者权益。

(三)劳动能力鉴定

劳动者在进行一段时间的治疗及康复后，伤情可能彻底治愈，也可能发生永久性伤残，影响劳动能力，此时需要公司或劳动者个人或者其家属申请劳动能力鉴定，程序见图 6-3。

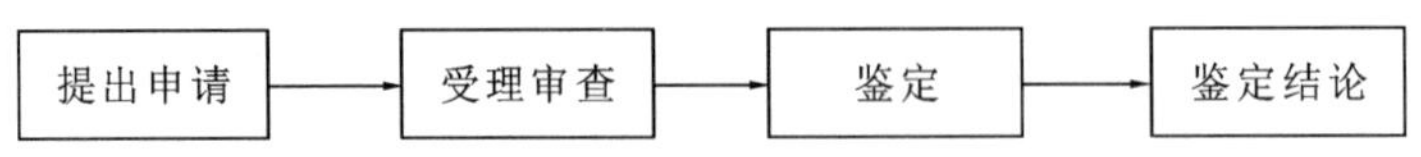

图 6-3 劳动能力鉴定程序

第一步，提出申请。由用人单位或劳动者及其近亲属向所属地劳动能力鉴定委员会提出申请，同时提交工伤认定书(工伤证)、工伤诊断证明、与病情有关资料等材料。

第二步，受理审查。由劳动能力鉴定委员会常设机构——劳动能力鉴定委员会办公室受理，继而开始进行审查，包括是否属于劳动鉴定内容、是否由本机构受理、材料是否齐全等内容。

第三步，鉴定。劳动能力鉴定委员会办公室将书面通知相关单位及劳动者有关鉴定事宜，同时指定劳动鉴定医院、选定劳动鉴定专家组成技术鉴定组，并由技术鉴定组给出诊断报告、给出鉴定意见。在此期间，劳动能力鉴定委员会组成人员或者参加鉴定的专家与当事人有利害关系的，需遵循鉴定回避原则。

第四步，鉴定结论。劳动能力鉴定委员会自收到劳动能力鉴定申请60日至90日内作出鉴定结论，并送达申请鉴定的用人单位和劳动者。如若用人单位或被鉴定人对鉴定结论不服，可以申请复查；对复查结论不服，可以向上一级劳动能力鉴定委员会申请重新鉴定。最终结论由省劳动能力鉴定委员会作出。自劳动能力鉴定结论作出之日起一年后，劳动者或其近亲属、用人单位或经办机构认为伤残情况发生了变化，可以申请复查。

在劳动能力鉴定环节，用人单位需注意的风险要素详见表6-4。

表6-4 申请劳动能力鉴定环节的风险要素表

行为类别	典型行为
正面行为	1.公司主动为劳动者申报劳动能力鉴定申请，并准备和提交各项材料。 2.如出现材料缺失或不合规情况，立即改正并按要求重新提交。 3.若劳动者对申请鉴定结论不服，帮助劳动者重新申请鉴定。 4.如有需要，为劳动者申请劳动能力鉴定复查。 5.不论鉴定结果如何，公司都将申报过程中的相关材料留存归档。 6.主动足额支付劳动者劳动能力鉴定期间相关报酬
风险来源	1.公司不主动或拒绝为劳动者申请劳动能力鉴定，或拖延申报导致超出申报时限，劳动者选择自行申报并申请仲裁。 2.公司材料准备不全，导致劳动者无法申请劳动能力鉴定，从而导致劳动争议。 3.个人自行申请劳动能力鉴定时，公司以各种理由拒绝提供材料，一旦出现劳动争议时，会因没有承担举证责任而败诉。 4.劳动者相关待遇没有及时足额支付

(四)工伤赔偿待遇发放

工伤索赔项目按照受伤程度可以分为三大类，即未达到伤残的赔偿、造成伤残的赔偿、造成工亡(或下落不明)的赔偿。

如果劳动者发生意外伤害，经过诊治可以痊愈且并未对身体造成永久性的伤害，该劳动者可以获得的是医疗诊治期间的相关费用，包括停工留薪期的工资(按劳动者受伤前十二个月的平均工资标准支付，一般支付期限不超过二十四个月)，符合工伤保险诊疗项目目录、药品目录、住院服务标准的医疗费，康复治疗费，住院期间的饮食起居费用(伙食补助、交通费、转诊交通费、食宿费等)、生活护理费。

如果劳动者工伤经过诊治造成了永久性伤残的，除上述医疗诊治期间的相关费用外，还可以获得伤残待遇，包括医疗康复费、辅助器具费、生活护理费、一次性伤残补助金、伤残津贴、一次性工伤医疗补助金和一次性伤残就业补助金等。生活护理费用方面，按照生活完全不能自理、生活大部分不能自理或者生活部分不能自理三个不同等级支付，其标准分别为统筹地区上年度职工月平均工资的50%、40%或者30%，按月支付。一次性伤残补助金和伤残津贴方面，按照不同伤残级别确定劳动者伤残补助金和伤残津贴的待遇，具体为一级至四级伤残的劳动者，保留劳动关系，退出工作岗位，享受一次性伤残补助金和伤残津贴；五级、六级伤残的劳动者，支付一次性伤残补助金，保留与用人单位的劳动关系，同时安排适当工作，在难以安排工作的情况下支付伤残津贴，由劳动者本人提出解除或终止劳动关系的，还需由工伤保险基金支付一次性工伤医疗补助金，由用人单位支付一次性伤残就业补助金；对于伤残程度相对较轻的七级至十级劳动者，支付一次性伤残补助金，如果双方劳动合同期满或劳动者提出离职，还应由公司支付其一次性工伤医疗补助金，由工伤保险基金支付其一次性伤残就业补助金，具体标准由各地区自行规定，相关标准详见表 6-5。此外，还有各地区结合自身发展情况设置的其他工伤赔偿项目，如广东省在国家相关规定的基础上增加设置了安家补助费。

表 6-5　伤残津贴标准

伤残级别	赔偿标准	
一至四级伤残	1. 一次性伤残补助金	一级伤残补助金标准是本人月工资的 27 倍； 二级伤残补助金标准是本人月工资的 25 倍； 三级伤残补助金标准是本人月工资的 23 倍； 四级伤残补助金标准是本人月工资的 21 倍
	2. 按月支付的伤残津贴	一级伤残津贴标准是本人月工资的 90%； 二级伤残津贴标准是本人月工资的 85%； 三级伤残津贴标准是本人月工资的 80%； 四级伤残津贴标准是本人月工资的 75%
五级、六级伤残	1. 一次性伤残补助金	五级伤残补助金标准是本人月工资的 18 倍； 六级伤残补助金标准是本人月工资的 16 倍
	2. 难以安排工作的，按月支付伤残津贴	五级伤残津贴标准是本人月工资的 70%； 六级伤残津贴标准是本人月工资的 60%
	3. 劳动者提出解除或终止劳动关系的	工伤保险基金支付一次性工伤医疗补助金； 用人单位支付一次性伤残就业补助金
七级至十级伤残	1. 一次性伤残补助金	七级伤残补助金标准是本人月工资的 13 倍； 八级伤残补助金标准是本人月工资的 11 倍； 九级伤残补助金标准是本人月工资的 9 倍； 十级伤残补助金标准是本人月工资的 7 倍
	2. 离职补偿（劳动合同期满终止或劳动者提出解除劳动合同）	工伤保险基金支付一次性工伤医疗补助金； 用人单位支付一次性伤残就业补助金

备注：

1. 本人月工资即劳动者受伤前 12 个月实际发放的平均工资。
2. 伤残津贴不低于最低工资标准，若低于最低工资标准，由工伤保险基金按照最低工资标准发放

如果劳动者不幸工亡或下落不明宣告死亡的，其直系亲属可以获得相关待遇，包括：丧葬

补助金,标准为六个月的统筹地区上年度职工月平均工资;一次性伤亡补助金,标准为上一年度全国城镇居民人均可支配收入的20倍;供养亲属抚恤金,按照劳动者工资的一定比例发给由其生前提供主要生活来源、无劳动能力的亲属,标准为:配偶每月40%,其他亲属每人每月30%,孤寡老人或者孤儿每人每月在上述标准的基础上增加10%,核定的各供养亲属的抚恤金之和不应高于因工死亡劳动者生前的工资。伤残劳动者在停工留薪期内因工伤导致死亡的,其近亲属享受丧葬补助金。一级至四级伤残职工在停工留薪期满后死亡的,其近亲属可以享受丧葬补助金和供养亲属抚恤金。劳动者下落不明没有被宣告死亡的,自事故发生当月起三个月内照发工资,自第四个月起停发工资,按上述标准由工伤保险基金向其供养亲属按月支付供养亲属抚恤金,对于生活有困难的可以预支一次性工亡补助金的50%。

工伤赔偿项目按照支付主体可以分为由公司支付的项目和由工伤保险基金支付的项目。其中公司依法承担的项目包括停工留薪期间的工资及护理费用、劳动者离职时支付其在本单位患工伤的一次性伤残就业补助金;工伤保险基金承担的项目包括劳动者的工伤医疗及康复费用、伤残津贴、工亡的各类费用,以及劳动者离职时的一次性工伤医疗补助金,此外公司或劳动者工伤认定费用、劳动能力鉴定费用等也由工伤保险基金支付。工伤赔偿待遇发放环节的风险要素详见表6-6。

表6-6 工伤赔偿待遇发放环节的风险要素表

行为类别	典型行为
正面行为	1.公司按照法律要求及公司依法制定的内部规章要求,足额及时支付工伤赔偿待遇。 2.在符合立法要求基础上,制定和规范公司内部工伤赔偿制度,尽量降低工伤赔偿金额
风险来源	公司不及时、足额支付工伤赔偿待遇,导致双方存在劳动争议

值得一提的是,由于非法用工在我国仍然存在,政府因此制定了非法用工单位劳动者工伤赔偿标准。非法用工单位的劳动者并没有工伤保险,一旦遭受意外伤害无法从工伤保险基金中获取待遇,因此一次性赔偿对劳动者来说更适用。根据《非法用工单位伤亡人员一次性赔偿办法》规定,非法用工单位伤亡人员,是指无营业执照或者未经依法登记、备案的单位以及被依法吊销营业执照或者撤销登记、备案的单位受到事故伤害或者患职业病的职工,或者用人单位使用童工造成的伤残、死亡童工。一次性赔偿包括受到事故伤害或者患职业病的劳动者在治疗期间的费用和一次性赔偿金。劳动者受到事故伤害或者患职业病,在劳动能力鉴定之前进行治疗期间的生活费按照统筹地区上年度职工月平均工资标准确定,医疗费、护理费、住院期间的伙食补助费以及所需的交通费等费用按照《工伤保险条例》规定的标准和范围确定,并全部由伤残劳动者所在单位支付。一次性赔偿金按照公司所在地工伤保险统筹地区上年度职工年平均工资确定,标准支付为:一级伤残的为年工资的16倍,二级伤残的为年工资的14倍,三级伤残的为年工资的12倍,四级伤残的为年工资的10倍,五级伤残的为年工资的8倍,六级伤残的为年工资的6倍,七级伤残的为年工资的4倍,八级伤残的为年工资的3倍,九级伤残的为年工资的2倍,十级伤残的为年工资的1倍。劳动者工亡按照上一年度全国城镇居民人均可支配收入的20倍支付一次性赔偿金,并按照上一年度全国城镇居民人均可支配收入的10倍一次性支付丧葬补助等其他赔偿金。从赔偿标准来看,数额相对较大,如果一次发生工伤的人数较多,对一个公司来说更是毁灭性打击,因此公司应积极参加工伤保险,降低工伤赔

偿风险。

三、工伤风险来源

前面所列工伤风险控制要素的所有控制点，以及工伤发生后的处理程序都可能成为工伤风险的来源，具体内容详见表6-7。

表6-7 工伤风险来源

控制要素	典型行为
工伤事故预防	1.劳动法律意识淡漠，不重视劳动法律法规，不了解最新政策，不总是按劳动法律规定办事。 2.缺少公司关于工伤防治制度或条款，或条款存在与现行法律法规相违背的地方，被检查后仍不修改。 3.没有设置工伤预防项目，或者应付了事，没有进行记录和备案。 4.工伤预防相关项目实施流于形式，不进行备案或弄虚作假。 5.没有按照规定对工伤预防进行定期培训，工作中没有严格按照操作规程执行
职业病预防及处理	1.没有制定职业病防治的规章制度，或规章制度存在与现行法律法规相违背的地方，或没有经过听取工会组织意见的程序。 2.没有按规定配备专职或兼职的职业卫生管理人员负责职业病防治工作监测。 3.没有制定职业病防治计划和实施方案、不建立职业卫生档案和劳动者健康监护档案，甚至伪造、篡改、损毁、隐瞒上述材料。 4.没有申报或没有及时申报公司职业病危害项目，导致劳动者所患病种在职业病目录，仍不能被认定为工伤。 5.没有对工作场所职业病危害因素进行职业危害预评价，没有进行职业危害控制效果评价。 6.没有及时报告工作场所职业病危害因素评价结果，或隐瞒、伪造、篡改、损毁工作场所职业病危害因素评价结果。 7.没有对从事存在职业病危害作业的劳动者进行健康监护，没有提供上岗前、在岗期间和离岗时的职业健康检查，或提出收费检查的要求，检查结果并未书面通知劳动者。劳动者离职时，不为其提供个人职业健康监护档案复印件。 8.没有履行危险告知义务，包括没有设置公告栏、警示标志，没有开展工伤预防及职业病防治方面的培训，在劳动者就业前和就业期间没有告知其工作岗位可能存在的职业病危害，或者隐瞒、欺骗劳动者。 9.没有对劳动者进行岗前职业卫生培训，或培训走形式。 10.不关注劳动者个人职业病防护情况，或者对劳动者违规行为为睁一只眼闭一只眼。 11.漠视疑似职业病劳动者，甚至以各种理由辞退劳动者。对劳动者自行去医院诊治视而不见，且拒绝承担相应费用。 12.漠视身患职业病劳动者或疑似职业病劳动者，拒绝向相关部门报告。 13.不给付从事接触职业病危害作业的劳动者岗位津贴

续表

控制要素		典型行为
工伤保险参保及缴费		1.为了节省用人成本，不参加工伤保险。 2.虚报工资总额或瞒报员工人数，以便少缴工伤保险费。 3.不为发生工伤的劳动者申请工伤认定，以便降低工伤保险浮动费率。 4.以各种名义要求劳动者为工伤保险缴费。 5.拒绝为受伤或患职业病的劳动者申请工伤保险待遇。 6.为节约成本不参加工伤保险，办理商业意外保险
工伤认定及劳动能力鉴定		1.推诿、拒绝为劳动者申请工伤认定，或虚假承诺、拖延时间导致申请超过工伤认定期限。 2.工伤认定调查时，不认可劳动关系、拒绝工伤认定部门进入工作场所或其他相关地点进行现场调查。 3.拒绝提供工伤认定或职业病诊断及鉴定所需材料。 4.劳动者及其近亲属认为属于工伤，但公司不认可，公司拒绝承担举证责任
工伤待遇支付	没有参加工伤保险的公司	1.拒绝为劳动者承担全部或部分疑似工伤、工伤期间的各项医疗、护理、交通、康复及生活费用。 2.拒绝支付劳动者停工留薪期内的工资福利，或支付时间不足，或未按停工留薪前12个月的平均工资进行支付。 3.对于不能从事原工作的劳动者，使用各种方法诱导或迫使其辞职，甚至单方解除劳动关系，且拒绝支付工伤赔偿。 4.拒绝为伤残劳动者支付赔偿金或补助金，采用各种方法诱导或迫使其辞职，甚至单方解除劳动关系。 5.拒绝为工亡的劳动者支付赔偿金
	参加工伤保险的公司	1.不为疑似工伤或职业病的劳动者支付诊断、医学观察期的费用。 2.拒绝支付劳动者停工留薪期内的工资福利，或支付时间不足，或未按停工留薪前12个月的平均工资进行支付。 3.对于不能从事原工作的劳动者，使用各种方法诱导或迫使其辞职，且拒绝支付工伤补偿。 4.拒绝为伤残劳动者支付补助金，采用各种方法诱导或迫使其辞职，甚至单方解除劳动关系
工作环境		1.为节约成本，不按照国家职业卫生标准和卫生要求设置工作环境和条件，对工作场所卫生情况的检查流于形式。 2.不具备防止工伤和职业病危害防护相应的设施，没有为劳动者提供工伤预防的防护用品，或相关设施和防护用品不达标。 3.没有进行有害与无害分开的生产布局。 4.为节约成本，不在可能发生职业病的工作场所设置或简化设置报警装置、急救用品、应急撤离通道等，不进行或延期维护与检修。 5.存在生产、经营、进口和使用有害设备或材料的情况。 6.安排未成年工从事接触职业病危害的作业。 7.安排孕期、哺乳期的女性劳动者从事对本人和胎儿、婴儿有危害的作业

续表

控制要素	典型行为
劳动合同或劳动关系	1. 在与劳动者订立或变更劳动合同时没有尽到危害告知义务，劳动合同中也并未标明，甚至隐瞒或欺骗劳动者存在工伤风险的情况。 2. 用人单位以劳动者拒绝工作为由（实为危险作业）解除劳动合同。 3. 随意与从事具备职业病危害作业的劳动者解除或终止劳动合同，且不进行离职前健康检查。 4. 对发生工伤的劳动者，以旷工为由与其解除劳动合同。 5. 以各种理由与在本公司患职业病或者因工负伤的劳动者解除劳动合同。 6. 劳动者本人提出解除或终止劳动关系时，公司拒绝支付与工伤相关的补助或赔偿。 7. 劳动者被借调期间工伤，本公司推卸责任，拒不承担责任
劳动仲裁及诉讼	1. 劳动仲裁或诉讼时，公司不配合调查、不提供相关证据。 2. 公司对仲裁裁决不服提起诉讼期间，不向劳动者支付工伤待遇

从工伤风险来源表可以看出，风险来源都是因为违反了控制要素应当受控的风险点，就会导致工伤风险的发生，主要体现在工伤预防、工伤认定及待遇申领等方面。如果公司工伤相关负责人不了解工伤预防的相关政策、不重视工伤预防措施，工伤发生的概率会增大且造成企业经营风险大幅提升；如果公司的工伤预防措施流于形式，相关政策及记录不完善，会导致公司法律风险上升。如果公司不参加工伤保险，则后续的工伤认定和工伤保险待遇申请也会受到影响，企业的工伤赔偿风险也会上升。因此，公司的相关负责人员应细心做好应对措施，尽量降低相关用工风险。

四、模拟案例：企业注销了，超龄劳动者还能获得工伤待遇吗？

林某于2017年2月到张某经营的门窗工厂从事木工工作，双方约定每月工资为4000元。2018年10月15日，林某在工作中由于注意力不集中，导致右手受伤，随即被工友送到医院进行治疗。2018年10月31日，门窗厂因经营不善，注销登记。林某经过诊治、伤情稳定后，2019年1月5日自行向所在地区人力资源与社会保障局申请工伤认定，尽管门窗厂已经倒闭，但张某仍配合提供了相关材料。2019年3月17日，唐山市滦南县人力资源和社会保障局做出《认定工伤决定书》，认定林某受到的伤害属于工伤认定范围，予以认定为工伤。2019年5月22日，滦南县劳动能力鉴定委员会做出《劳动能力鉴定结论书》，认定林某所受伤害构成10级伤残，林某对鉴定结论不服于2019年6月，提出再次鉴定申请。2019年6月19日，唐山市劳动能力鉴定委员会做出《劳动能力鉴定结论书》，认定林某所受伤害构成10级伤残。2019年7月27日，林某向唐山市滦南县劳动人事争议仲裁委员会申请仲裁，要求门窗厂支付其各项工伤保险待遇。2019年7月27日，劳动人事争议仲裁委员会以林某已超过法定退休年龄、门窗厂已注销为由做出不予受理案件通知书。林某不服，向唐山市滦南县人民法院提起诉讼。法院认为，依据最高人民法院行政审判庭《关于超过法定退休年龄的进城务工农民因工伤亡的，应否适用〈工伤保险条例〉请示的答复》规定，用人单位聘用的超过法定退休年龄的务工农民，在工作时间内、因工作原因伤亡的，应当适用《工伤保险条例》的有关规定进行工伤认定。

本案林某系在为张某经营的门窗厂工作中受伤，应当适用《工伤保险条例》的有关规定进行工伤认定。本案林某系在为张某经营的门窗厂工作中受伤，且已被滦南县人力资源和社会保障局认定为工伤，因此，林某依法应当享受工伤保险的相关待遇。虽然门窗厂营业执照已被注销，但根据工商登记情况，张某属于个体工商户，根据《民法通则》的二十九条"个体工商户、农村经营户的债务，个人经营的，以个人财产承担；家庭经营的，以家庭财产承担"。因此本案中，张某作为门窗厂的经营者应当向林某支付一次性伤残补助金、停工留薪期工资、停工留薪期满至定残前一日工资、一次性工伤医疗补助金及一次性伤残就业补助金等各项工伤保险待遇。

通过本案例，可以了解工伤责任不仅适用于一般公司，也适用于个体工商户，且不论公司是否尚处于经营期间，在劳动者方面，不管劳动者是何种工种、在哪个工作岗位，或者其是否处于劳动年龄，可见为充分保障劳动者权益，工伤事故的主体适用范围非常广泛。在工伤认定和劳动能力鉴定方面，只要相关材料符合要求、程序上合法合规，相关部门会在规定时间内给出结论；若劳动者或者公司对鉴定结论不服，还可去高一级劳动行政部门申请重新鉴定；如果劳动关系双方因此存在劳动争议，可以申请仲裁，对结果不服的，可以提起诉讼。根据结论，劳动者可以获取工伤赔偿待遇，即使公司已经倒闭，还可以要求经营者从个人财产或家庭财产中支出。

五、观察练习：农民工发生工伤如何处理？

刘某 2019 年从安徽农村来到天津打工，经人介绍进入某建筑工地做泥瓦工，工头张某口头承诺每天支付其 200 元工资，还没工作几天刘某因使用工具不当砸伤了脚，造成骨折。张某和工友将其送进某医院进行治疗，在垫付了五千元的医药费后便没有再出现，刘某住院期间剩余的治疗费用、护理费用等都由他自己支付，出院后刘某来到工地要求工头解决工伤问题，张某一直避而不见，刘某没办法只能每天等在工地进出口，终于有一天等到了张某，张某说刘某刚来工地没几天就受伤了，还是自己把自己砸伤的，他已经支付五千元医药费，算是仁至义尽了，让刘某不要再来工地了。刘某很沮丧，出来打工不仅没有赚到钱，还受伤花了很多钱，以后脚能不能完全好更不得而知。就在他准备回老家养伤时外甥赵某得知此事，告诉他可以通过法律手段申请工伤认定、获得赔偿。通过再次与工头张某以及公司的沟通，赵某认为要求公司进行工伤认定申请肯定行不通，他决定帮助刘某以个人的名义进行工伤认定申请。由于工头张某是这个工地的一个小承包商，上面还有大包工头、老板、承建公司，关系错综复杂，在咨询过律师后，刘某确定将承建公司作为工伤认定的被申请人。接下来他们要首先确认双方之间的劳动关系，由于双方并未签订劳动合同，可以通过形成事实劳动关系进行确认。由于刘某的工友和工头张某是老乡，所以没有人为他作证，在律师的帮助下获取了出入证等部分能够证明存在事实劳动关系的材料。于是律师为其申请了劳动仲裁，要求承建公司确认事实劳动关系，并赔付其工伤待遇。理由如下：首先，申请人刘某和承建公司属于事实劳动关系。承建公司与包工头张某之间的分项承包合同是违法、无效的，因为张某是自然人没有营业执照和建筑资质，不具备主体资格，根据相关法律法规，此种情况视为发包企业直接用工，企业应与每个工人签订劳动合同，如有问题，发包企业要依法承担相应责任。据此，虽然承建公司不直接管理刘某，但通过包工头进行间接管理和支配，行为受到公司劳动管理制度约束，劳动也是提供给城建公司的，因此应当让承建公司承担用工主体责任，双方之间也存在事实劳动关系。其次，刘某在工地工作时使用工具导致受伤的行为，符合《工伤保险条例》第十四条第一款：在工作时间和工作场所内，因工作原因受到事故伤害的规定，应享受工伤保险同等待遇。综上，仲裁员提出双方可以庭下和解时，承建公司立即同意，最终双方协商确定按照稍低于伤残十级的标准，赔偿了刘某4.5万元。

从本案例中可知，由于建筑工地生产经营和用工方式的特殊性，工伤事故发生频率较高，劳动者受伤后却常常诉求无门。原因在于劳动者发生工伤涉及的主体多，从开发商、发包方、承包方最后到包工头这种层层转包承接的工程涉及的法律关系较为复杂，这导致劳动者权益无法保障的同时，企业法律风险增大。施工企业一般以外包的形式将农民工的工资打包付给包工头，由包工头负责发放农民工的工资等相关待遇，所以即使施工企业已经按规定以工资总额缴纳工伤保险，但其中并不涵盖农民工，农民工发生工伤仍然难以通过工伤保险获取相关待遇。尽管施工企业在用工方面并无问题，但其应承担的农民工工伤责任依然存在。因为施工企业可能存在非法转包行为，目前我国具备资质的劳务企业数量很少，施工企业常见的做法是将工程转包给不具备法定用工资格的队伍或者使用零散用工，为保证劳动者权益，法律规定施工企业将工程非法转包需要承担用工主体责任，依据是《关于执行〈工伤保险条例〉若干问题的意见》第七条，具备用工主体资格的承包单位违反法律、法规规定，将承包业务转包、分包给不具备用工主体资格的组织或者自然人，该组织或者自然人招用的劳动者从事承包业务时因工伤亡的，由该具备用工主体资格的承包单位承担用人单位依法应承担的工伤保险责任。所以，包工头不具备用工主体资格时，农民工发生伤亡的责任就落到了施工企业方。据此只要农民工能够证明双方之间存在用工关系即可要求工伤待遇；如果施工企业不进行赔偿，农民工可以直接向人民法院提起诉讼，要求其承担用工主体责任；有些地区规定工伤认定部门可以直接认可用工主体责任，只要农民工向工伤部门投诉或申请劳动仲裁，要求确认用人单位的用工主体责任即可申请获得工伤认定及相关待遇。此时，不管是谁的过错，施工企业都要承担相应责任。

通过对以上案例的分析，请你找到公司人事专员谈谈在面临工伤事故问题时应注意的事项。

六、模拟练习：工伤申请

(一)如何填写申请工伤认定材料?

王某(男，安徽蚌埠，身份证号22071419770423××××)2020年1月4日经人介绍到某建筑公司(北京市朝阳区大灰厂路×××号，100071)工作，岗位是搬运工。2020年8月9日，王某在建筑工地搬运水泥过程中不慎被高空掉下的杂物砸伤背部，工友迅速将其送往市第一医院急救，后经该医院诊断为椎体压缩爆裂性骨折需住院治疗。建筑公司一直为所有员工缴纳工伤保险，相关负责人认为王某的情况符合申请工伤保险待遇的条件。经工伤认定为七级伤残，停工留薪期为4个月。假设你是该公司人事专员，请根据上述情况填写表6-8所示表格。

表 6-8　职工工伤事故备案表

单位代码：

单位名称：(章)

伤(亡)者基本情况

<table>
<tr><td>单位编码</td><td>姓名</td><td>性别</td><td>工种</td><td colspan="3">身份证</td><td>事故发生时间</td></tr>
<tr><td></td><td></td><td></td><td></td><td colspan="3"></td><td></td></tr>
<tr><td>事故类别</td><td></td><td>伤害程度</td><td></td><td>是否旧伤复发</td><td></td><td>参保时间</td><td></td></tr>
<tr><td>伤(亡)者通信地址</td><td colspan="2"></td><td>邮编</td><td colspan="2"></td><td>联系电话</td><td></td></tr>
</table>

事故经过：

<table>
<tr><td>救治医院及科室</td><td colspan="5"></td></tr>
<tr><td>报告时间</td><td></td><td>报告人</td><td></td><td>联系电话</td><td></td></tr>
<tr><td>社保收件人</td><td colspan="2"></td><td>收件时间</td><td colspan="2"></td></tr>
<tr><td>备注</td><td colspan="5"></td></tr>
</table>

缴费单位制表人(章)　　　　社保机构(章)　　　　审核人(章)

缴费单位法定代表人(章)　　　　　　　　负责人(章)

备注：此表一式两份，医疗保险机构、企业各一份。

发生工伤之日起 30 天之内，到具有工伤认定管辖权的社保行政部门申请工伤认定，其申请表如表 6-9 所示。

表 6-9 工伤认定申请表

<table>
<tr><td>职工姓名</td><td colspan="2"></td><td>性　别</td><td></td><td>出生年月日</td><td></td></tr>
<tr><td>身份证号码</td><td colspan="4"></td><td>联系电话</td><td></td></tr>
<tr><td>工作单位</td><td colspan="4"></td><td>联系电话</td><td></td></tr>
<tr><td>单位地址</td><td colspan="4"></td><td>邮政编码</td><td></td></tr>
<tr><td>职工、工种或工作岗位</td><td></td><td colspan="2">参加工作时　间</td><td></td><td>申请工伤或视同工伤</td><td></td></tr>
<tr><td>事故时间、地点及主要原因</td><td></td><td colspan="2">诊断时间</td><td></td><td>伤害部位或疾病名称</td><td></td></tr>
<tr><td>接触职业病危害时间</td><td></td><td colspan="2">接触职业病危害岗位</td><td></td><td>职业病名称</td><td></td></tr>
<tr><td>家庭详细地　址</td><td colspan="6"></td></tr>
<tr><td colspan="7">受伤害经过简述（可附页）：</td></tr>
<tr><td colspan="4">就诊医院：</td><td colspan="3">是否参保：</td></tr>
<tr><td colspan="7">申请事项：</td></tr>
</table>

续表

受伤害职工或亲属意见： 签字 年 月 日	用人单位意见： 法定代表人签字 印章 年 月 日
劳动保障行政部门审查资料情况和受理意见： 印章 年 月 日	备注：

(二)怎样为公司员工缴纳工伤保险?

段某大学毕业后入职一家小型创业公司担任人事专员，负责社会保险缴费工作。该公司共 22 人，多数为软件研发人员，公司平均工资为 6700 元，公司要求段某按照工资总额为所有员工缴纳工伤保险费，可是段某不知道以什么缴费基数和比例为员工缴纳工伤保险费，请你帮助他计算应缴纳的工伤保险费。

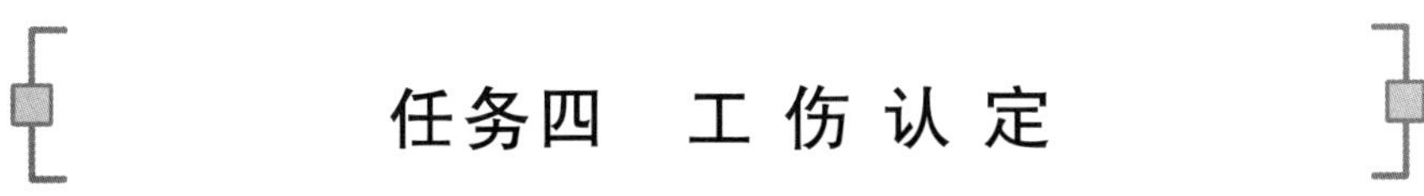

任务四 工伤认定

劳动者在工作过程中发生意外伤害或因工作的原因患职业病，需经过劳动行政部门确认才可获得工伤待遇，因此，工伤认定是公司为劳动者申请获取工伤赔偿的关键步骤。

一、定义及法律条文

工伤认定是指劳动行政部门依法对劳动者因事故伤害或者患职业病是否属于工伤或者视同工伤给予定性的行政确认行为。“不申请，不认定”是工伤认定程序的特点，如果公司不为劳动者申请工伤，劳动者则很可能无法享受工伤待遇，因此为保障劳动者的基本权益，公司应严格按照相关法律法规为劳动者进行工伤认定申请。工伤认定确认的结果有认定工伤、视同工伤、不得认定或视同为工伤三种。按照《工伤保险条例》的规定，认定工伤共有七种情形，均与劳动者在职业活动中发生的伤害有关；视同为工伤的情形共有三种，这三种情形虽与劳动者工作无直接关联，但仍将其视同为工伤；不得认定或视同为工伤的情形有三种，指的是即使劳动者存在上述认定工伤和视同工伤的情形，但只要有不认定为工伤或视同工伤的情形，仍不可认定或视同为工伤。此外，我国工伤保险秉承着：可以认定为工伤也可不认定为工伤应认定为工伤、劳动能力鉴定结果可以为较高级别伤残也可鉴定为较低一级别伤残的认定应为较高级别的原则，充分保障劳动者工伤待遇的执行。

根据我国《工伤保险条例》第十四条规定，职工有下列情形之一的，应当认定为工伤：在工作时间和工作场所内，因工作原因受到事故伤害的；工作时间前后在工作场所内，从事与工作有关的预备性或者收尾性工作受到事故伤害的；在工作时间和工作场所内，因履行工作职责受到暴力等意外伤害的；患职业病的；因工外出期间，由于工作原因受到伤害或者发生事故下落不明的；受到非本人主要责任的交通事故或者城市轨道交通、客运轮渡、火车事故伤害的；法律、行政法规规定应当认定为工伤的其他情形。

根据我国《工行保险条例》第十五条规定，职工有下列情形之一的，应当视同为工伤：在工作时间和工作岗位，突发疾病死亡或者在 48 小时内经抢救无效死亡的；在抢险救灾等维护国家利益、公共利益活动中受到伤害的；职工原在军队服役，因战、因工致残，已取得伤残军人证，到用人单位后旧伤复发的。

根据我国《工伤保险条例》第十六条规定，职工有下列情形之一的，不得认定或视同为工伤：因故意犯罪；醉酒导致伤亡的；自残或者自杀的。

二、典型行为与风险来源

工伤认定风险控制要素就是在风险评估的基础上，识别风险点，整理相关要素，以利于公司控制工伤认定的各项风险。根据我国现行劳动法律法规，工伤认定过程中的劳动风险控制要素如表 6-10 所示。

表 6-10 工伤认定过程中的风险控制要素

控制要素	典型行为
认定工伤	1. 公司对工作时间和工作场所有较为明确的界定，当时间和空间界限模糊时要结合具体情况具体分析。 2. 规范公司内部规章和用工制度，明确劳动者的工作职责及范围。 3. 公司对劳动者申请工伤时，工作的界定应结合劳动者实际工作情况确定
视同工伤	1. 公司对突发疾病劳动者、退役军人工伤的确认是企业社会责任感的充分体现。 2. 对公司内部劳动者维护公共利益等见义勇为的行为进行确认和鼓励，有利于树立良好的企业形象
不得认定或视同为工伤	严格规范公司内部劳动者在工作过程中的行为，密切关注劳动者的日常表现

工伤认定是行政确认行为，劳动者是否认定为工伤最终由劳动行政部门确定，但用人单位的态度在工伤认定过程中起到非常重要的作用，特别是在与工作相关的认定问题上，从某种意义上说，用人单位的确认是劳动行政部门认定工伤的基本前提之一。此外，了解和掌握工伤认定的各类情形也有利于用人单位人事部门工作人员结合情况判断是否为劳动者申请工伤认

定。因此,公司应制定和完善内部规章制度,在与劳动者签订劳动合同时,明确其劳动时间、工作地点、工作岗位及工作内容,以便在认定工伤时更准确地认定工作时间、工作场所及工作原因;当公司内部劳动者因过度劳累突发疾病、退役军人旧病复发时,公司为其申请工伤认定,则对内体现了对劳动者的关怀,有利于形成良好的企业文化,对外体现了企业的社会责任感。此外,员工的行为代表着企业形象,公司对劳动者见义勇为行为的认可和嘉奖是提升企业形象的重要方式,对劳动者违法犯罪、吸毒等行为的不纵容也是企业职责所在。

三、工伤认定情景解析

下面将根据我国《工伤保险条例》第十四条中职工应当认定为工伤的情形,分析公司在发生工伤后应注意的事项。

(一)在工作时间和工作场所内,因工作原因受到事故伤害的工伤认定

此种情形是指劳动者在工作时间和工作场所内,因为工作原因发生的急性事故或中毒伤害。公司在以此条款申请工伤时,需考虑工作时间、处在工作场所内、因为工作原因这三个必要条件。

工作时间方面,工作时间可以分为合法时间、合理时间和既不合法又不合理的时间。合法时间指法定工作时间,属于标准工时的劳动者应按照劳动法规定的每日工作时间不得超过 8 小时,每周工作时间不得超过 40 小时为依据;实行不定时工时制的劳动者,其工作时间按照所在用人单位规定的情况为标准,如销售人员的工作时间需要根据公司内部制度及公司与劳动者协商来确定。合理时间是指在标准工时以外、符合法律规定的工作时间,如加班时间、生产设备抢修等时间。既不合法又不合理的时间是指公司管理者运用自己影响力,使员工自主加班等时间。以上工作时间均算作工伤认定规定的工作时间。

工作场所方面,一般指劳动者从事生产或工作区域以内,但工作场所并不能狭义地界定于此,应界定为劳动者完成工作所涉及的区域及其他延伸的合理区域。较为常见的工作场所有工作岗位,即劳动者本人工位;公司指派劳动者完成工作所涉及的区域,如劳动者被派往其他场所递送文件或驾驶人员被派往机场接机等;劳动者在公司内的非作业区,如茶水间、休息室、食堂、更衣室、卫生间等,这些地点虽然并非工作场所,但与保证完成工作直接相关,也属于工作场所。此外,如果公司有多个工作场所,或者劳动者往来工作场所的必经之路或合理延伸场所等也属于工伤认定中的工作场所,如马路清洁工人可能穿越马路进行打扫,其清洁工作经过的道路均可以认定为工作场所。总之,要根据劳动者的工作性质、工作需要及公司制度等方面综合判断其工作场所。

工作原因是界定因工负伤的核心要素,是工伤认定的基本条件之一。一般工作原因被理解为劳动者从事本岗位的工作,但并不能仅限于双方劳动合同约定的工作范围,只要是劳动者为用人单位利益所付出的劳动都可以认定为“工作原因”,如公司临时指派劳动者在内部或外出参加学习、培训、会议、文体活动等,如员工参加集团公司举办的篮球比赛,在运动中扭伤,可以认定为工伤。此外,劳动者擅自从事其他岗位的工作受伤也可认定为工伤,原因在于虽然劳动者并非因本职工作受伤,但其初衷仍是为用人单位服务,仍然可以认定为工伤。在实践中,有的公司以劳动者受伤是因为违反公司规章或内部劳动规则为依据进行抗辩,这种情况仲裁机构或法院通常不予支持,根据无过失补偿原则仍认定为工伤。

(二)工作时间前后在工作场所内,从事与工作有关的预备性或者收尾性工作受到事故伤害的工伤认定

此种情形主要指劳动者按照法律要求或公司要求,开工前或收工后的一段合理时间内在工作场所,从事与本职工作有关或者与公司指派的其他工作有关的准备工作和收尾工作时,发生意外伤害的情况。在实践中,用人单位一般不会对“工作时间前后的一段合理时间”进行严格的规定,所以“在工作场所内从事的预备性工作或收尾性工作”成为认定工伤的关键点。国际劳工组织发布的《1964 年工伤事故津贴建议书》规定,上班前和下班后一段合理时间内,当事人在搬运、清洗、准备、整理、维修、堆放或收拾其工具和工作服时发生的事故可以视为工伤事故。此种情形的工作通常指劳动者围绕本职工作展开的准备性或收尾性工作,如班车司机开车前对班车的检查以及运送员工结束后对班车的检修,生产线工人启动机器前的准备工作及关闭机器后的检修工作。在实践中,劳动者的工作岗位、工作性质差别很大,要界定其准备性或收尾性工作还需用人单位进行综合考量。

(三)在工作时间和工作场所内,因履行工作职责受到暴力等意外伤害的工伤认定

此种情形需要确认的关键点有三个,分别是工作时间、工作场所及因工作职责受到暴力等意外伤害。其中在工作时间和工作场所是两个基本前提,在上一条款中已作出明确解释。此处重点说明“履行工作职责受到暴力伤害”的问题,履行工作职责受到暴力伤害有两种情况:一种情况是劳动者因履行工作职责,触动了他人利益,导致受到他人的打击报复而造成的伤害,如警察或安保人员在工作执勤期间在工作地点被寻衅滋事者殴打,或者城管部门工作人员在工作中被不法商贩打伤;另一种情况是劳动者受到意外因素导致受伤,如工厂失火、车间设备倒塌或其他工作场所内不安全因素导致员工受伤等。不论哪种情况的发生,用人单位需重点考虑履行工作职责和受到暴力伤害之间是否存在直接关联,只有存在直接关联即劳动者受到暴力伤害是因为工作原因导致,才可能认定为工伤。在实践中,有的劳动者因个人原因在工作时间、工作场所内遭到暴力伤害的,这种情况即使公司为其申请工伤,也不能获得支持;有的劳动者在履行工作职责时与他人产生争执,在下班后被他人打击报复,同样不能认定为工伤,原因在于不具备工作时间、工作场所的前提条件。因此,此种情形必然要求三个关键点都具备方可认定为工伤。

(四)患职业病的工伤认定

职业病是由于劳动者长期在生产工作环境中接触职业性有害因素造成的疾病,公司需注意并非所有与职业有关的疾病都属于职业病,我国规定属于《职业病分类和目录》中的职业病类别和病种的疾病才是工伤认定中的职业病。申请职业病工伤认定的前提条件是进行职业病诊断,即由用人单位所在地或劳动者居住地的省级以上政府行政部门批准的职业病诊断机构出具《职业病诊断证明书》。用人单位在这个阶段应提供职业病诊断、鉴定所需的劳动者职业史和职业病危害接触史、工作场所职业病危害因素检测结果等资料,作为相关机构进行职业病诊断的依据。此时,如果公司没有为劳动者建立健康监护档案,也没有组织上岗前、在岗期间和离岗时的职业健康检查,劳动关系双方可能在劳动者是否在本单位患病产生争议,造成职业病诊断申请程序中断导致工伤认定困难。还有些公司为维护自身利益,不及时为劳动者申请职业病鉴定,总是一拖再拖,错过了职业病鉴定的最佳时期,或者根本拒绝为劳动者申请职业

病鉴定,也不提供相关证明材料,甚至在此之前公司并未申报职业病危害项目,这些情况都没办法申请职业病鉴定。此时,劳动者可以求助于工会组织进行协调,或提请安全生产监督管理部门督促用人单位配合,或向安全监督部门举报投诉,以维护自身权益。劳动者也可以自行申请职业病鉴定,职业病诊断与鉴定机构可以根据当事人提供的自述材料、相关人员证明材料、卫生监督机构或职业病诊断机构提供的材料,根据《职业病防治法》作出鉴定结论。用人单位应在劳动者获取《职业病诊断证明书》后 30 日内为其申请工伤认定,或劳动者方可在一年内申请工伤认定。对于公司来说,表面上看不为劳动者申请工伤,减少了工伤待遇支出,实际却将工伤风险全部转移到自身,并非明智之举。

(五)因工外出期间,由于工作原因受到伤害或者发生事故下落不明的工伤认定

此种情形需考虑因工外出、由于工作原因受到伤害以及发生事故下落不明三个方面。

因工外出指员工去本单位以外履行工作职责。一般包含两种情况,一种是劳动者在用人单位范围以外,但仍在本地范围内。有些劳动者的工作性质需要在本地范围内从事工作,如城市管道维修人员、城市设备安装人员、送货人员、部分销售人员等;有些情况是劳动者受公司指派去从事与工作相关的活动,如公司指派劳动者去各个门店巡店;还有些情况是劳动者为完成工作任务,自行安排外出,如人力资源专员去人力资源和社会保障局递交材料。另外一种是劳动者外出到本地区以外工作,即因工出差。这种情况申请工伤的前提是必须由公司指派外出,如劳动者去外地开会应有会议通知等书面依据,劳动者自行安排的外出不能被认定为因工出差。目前我国立法规定,外出期间的活动包括以下情形:职工受用人单位指派或者因工作需要在工作场所以外从事与工作职责有关的活动;职工受用人单位指派外出学习或者开会等;职工因工作需要的其他外出活动,这些规定基本涵盖了公司外派劳动者工作的几个主要方面,在这种情形下发生意外伤害可以较为清楚地认定为工伤。

在“因工外出期间,由于工作原因”中的工作原因包括直接原因和间接原因。直接原因即与劳动者本职工作直接相关,如外出开会、培训;间接原因即劳动者外出期间为完成工作而必需的活动,如培训期间住宿、吃饭、出行等。这里需要注意,如果劳动者在外出期间从事与工作无关的个人活动,如办私事、旅游休闲、自行就餐等活动中受伤,不能被认定为工伤。因此,在外出期间的工作原因认定较为复杂,基于保护劳动者的视角,只要没有证据证明活动不属于工作原因就可以认定为工伤。此外,对有的公司有长期驻外工作的劳动者这一特殊情况,人社部门规定这类劳动者有固定的住所和明确的作息时间,如果有工伤认定的情况应该按照其所在地正常工作情形处理。

发生事故下落不明一般指的是劳动者遭遇自然灾害、安全事故或者意外事故而失去联络、生死不明的情况,如某地出现山体滑坡导致外出车辆淹没或冲走,车内人员生死不明。公司在为劳动者申请工伤认定时要注意时限问题,申请工伤认定的起算时间并非劳动者发生意外伤害之日,而应该是人民法院宣告劳动者死亡的时间,公司应自此日起 30 日内为劳动者申请工伤认定,同时需提交人民法院宣告死亡的相关结论材料。

(六)在上下班途中,受到非本人主要责任的交通事故或者城市轨道交通、客运轮渡、火车事故伤害的工伤认定

用人单位可参照最高人民法院在《关于审理工伤保险行政案件若干问题的规定》中对“上下班途中”的情形进行分辨,具体包括:在合理时间内往返于工作地与住所地、经常居住地、单

位宿舍的合理路线的上下班途中；在合理时间内往返于工作地与配偶、父母、子女居住地的合理路线的上下班途中；从事属于正常工作生活所需要的活动，且在合理时间和合理路线的上下班途中；在合理时间内其他合理路线的上下班途中。在实践中，需要用人单位协同确认具体路线是否属于上下班途中的必经路线。有些劳动者可能在上下班时接送子女或买菜，导致其上下班路线并非必经路线，在这种情况下发生意外事故，公司即使为其申请工伤认定也很难被确认。当然，上下班途中要综合考虑是否结合当地路况条件、交通工具的类型及季节气候变化等因素来最终确定其合理性。

公司在确认“受到非本人主要责任的交通事故或者城市轨道交通、客运轮渡、火车事故伤害”时，需考虑以下几方面：一是交通事故是指劳动者上下班途中所乘车辆因过错，对其造成的伤害，具体包括机动车交通事故以及其他城市交通事故。最初《工伤保险条例》仅将本条款界定为“机动车伤害”，导致有劳动者乘坐电车、地铁等交通工具遭受意外无法申请工伤的情况，在 2018 年《工伤保险条例》修订时进一步完善了本条款，在“机动车伤害”的基础上，将乘坐城市轨道交通、客运轮渡、火车事故等其他交通工具发生意外伤害纳入工伤认定范围，实现了交通工具的全覆盖。二是交通事故要求非本人主要责任，即被公安机关认定为无责任、次要责任或同等责任，同时由公安机关出具事故责任认定书才符合本条款要求。

(七)法律、行政法规规定应当认定为工伤的其他情形

这一条款并未约定情形，因为工伤事故发生的原因复杂性较强，遇到一些特殊情况需要具体问题具体分析。

四、视同工伤情形解析

视同工伤情形本身与职业伤害并无关联，但因一些合理原因将非因工作原因发生伤亡的情形纳入工伤认定的范围，目的是帮助劳动者享受较医疗保险更为优厚的工伤保险同等待遇。视同工伤主要包括三种情形，分别是在工作时间和工作岗位，突发疾病死亡或者在 48 小时之内经抢救无效死亡的；在抢险救灾等维护国家利益、公共利益活动中受到伤害的；职工原在军队服役，因战、因公负伤致残，已取得伤残军人证，到用人单位后旧伤复发的。这三种情形之所以纳入工伤主要原因在于工伤保险待遇覆盖内容广、待遇水平相对高，是保障劳动者权益的充分体现。

(一)在工作时间和工作岗位，突发疾病死亡或者在 48 小时之内经抢救无效死亡的工伤认定

此种情形的前提条件是在“工作时间”和“工作岗位”，同时存在“突发疾病死亡”或“在 48 小时之内经抢救无效死亡”的情况。原本发生疾病不应属于工伤认定范围，但劳动者在工作期间可能因为过度劳累而导致突发疾病死亡，即“过劳死”，为充分保障劳动者的基本权益，将本条款作为视同工伤。其中，工作时间和工作岗位不再赘述，“突发疾病死亡”是指在上班期间突然发生的疾病，一般为心脏病、脑出血、心肌梗死等突发性疾病，在进行工伤认定申请时无须证明突发疾病与工作有直接联系；如果劳动者在工作期间突发与工作无关的疾病并未导致立即死亡的情形，以 48 小时为分界点，劳动者在 48 小时内抢救无效死亡的情况可视同为工伤，超出 48 小时抢救时间死亡的情况则不可视同为工伤，需注意 48 小时的起算时间是指医疗机构

初次诊断的时间作为突发疾病的起算时间。相关政策之所以界定48小时这一时间限制，主要原因是为了避免将突发疾病的情况无限制地扩大到工伤保险的保护范围，从而增加公司的负担，但48小时的时间限制是否合理是业界热议的一个问题，因为确有劳动者因为工作导致突发疾病，却因抢救时间超出48小时而无法享受工伤待遇。此外，用人单位在以此情形为依据申请工伤认定时，需提交医疗机构的抢救和死亡证明等材料。

现实生活中工作压力大是普遍共识，因工作强度大造成的“过劳死”等现象时有报道，虽为突发疾病但终究是因工作原因导致，将其视同为工伤具有一定的合理性。有些公司以劳动者疾病不属于工伤为由拒绝在这种情形下为劳动者申请工伤认定，实际上是在减少和规避自身的责任，这种做法并不可取，对外影响企业形象，对内让员工“寒心”。公司正确的做法应为一方面申请工伤认定，另一方面为在职员工做好安抚工作，降低“过劳死”带来的负面影响。

（二）在抢险救灾等维护国家利益、公共利益活动中受到伤害的工伤认定

劳动者在同违法犯罪行为做斗争、抢险救灾中抢救国家或集体财产等维护国家利益、公共利益活动受到伤害时，尽管这些活动原本与工伤并无关联，仍将其视为工伤。之所以有这样的安排是为了倡导社会主义道德风尚，维护国家和公共利益的行为不论是用人单位派遣，还是劳动者自发行为，都应该得到社会和公司的支持和赞扬。此外，工伤保险的待遇比医疗保险更为优厚，为提倡和鼓励这种高尚的行为，因此将本条款界定为视同工伤。因此，用人单位在为劳动者申请工伤认定时，不再受工作时间、工作地点、工作原因的条件约束，只要是抢险救灾等维护公共利益而受伤的行为就应为其申请工伤，这也是用人单位社会责任感的充分体现，能够帮助企业打造良好的企业形象。此外，在进行工伤认定申请时，公司需要提供相关部门出具的有效证明以及就诊医院的诊断证明等材料作为依据，社会保障部门才能予以确认。

（三）职工原在军队服役，因战、因公负伤致残，已取得伤残军人证，到用人单位后旧伤复发的工伤认定

本情形的适用对象是伤残退役军人。由于军人这份职业非常特殊，肩负着保家卫国的使命，为保障国家社会利益发生伤残理应获得优待。因此，对于已经取得伤残军人证的退役军人回到用人单位旧伤复发的情况，也应提供较为优厚的待遇，被视同为工伤、享受工伤保险待遇是切实保障军人利益的体现。用人单位在为这类劳动者申请工伤认定时，要提供伤残军人证以及医疗机构出具的诊断证明等材料作为依据，以便社会保障部门进行工伤认定。

五、不得认定为工伤情形解析

有些情形即使劳动者出现意外伤害的情况符合上述认定工伤和视同工伤的相关规定，但是仍不得认定为工伤，主要有故意犯罪、醉酒或者吸毒、自残或者自杀三种情况。

（一）故意犯罪的情形

此情形要注意“故意犯罪”中的“故意”二字，劳动者故意触犯法律无法认定为工伤毋庸置疑，但如果劳动者是过失犯罪或者违反治安管理条例伤亡的，则可以结合具体情况认定或视同为工伤。

(二)醉酒或者吸毒的情形

劳动者在工伤认定时，如被相关部门鉴定为醉酒或吸毒，则不能认定为工伤。实践中，有些劳动者因为公司安排宴请等活动导致醉酒，不能简单地直接认定为工伤。

(三)自残或者自杀的情形

工伤认定遵循无过失补偿原则，即不论谁的过错，劳动者因工作原因造成的意外伤害都可获得工伤待遇。然而，如果劳动者是故意受伤的自残或自杀行为，与工作完全无关，则不能认定为工伤。

六、模拟案例：工作原因怎样判断？

王某是速达物流公司的仓库管理员，2018 年 7 月 16 日，王某上夜班。有一批快件需紧急运送，在其他员工搬运快件直至凌晨 3 点时，王某则坐在库房内门边休息，旁边货架的几件大型货品突然坍塌，砸向正在打瞌睡的王某，他躲闪不及，造成左脚脚踝骨骨折，住院三个月。王某受伤后，认为自己受伤属于在工作时间、工作地点，由于工作原因受到的意外伤害，要求速达公司为其申请工伤认定。速达公司人事部门工作人员拒绝了他的请求，认为虽然王某是在工作时间和工作地点，但当时王某没有从事任何工作，而且是因为打瞌睡躲闪不及造成的伤害，是他个人的失误造成的，公司没有追究其在工作时间偷懒的责任已经很好了，再为其申请工伤认定，公司的其他员工就没办法管理了。王某不认可这种说法，找到律师咨询，律师提出：首先，王某在夜班当班从事生产经营活动过程中受伤是事实，虽然因为生理原因打瞌睡违反了劳动纪律，但不是排除其工作原因受到伤害的法律依据；其次，在仓库即工作场所中货品坍塌是导致王某受伤的直接原因，而速达物流公司的仓库存在着安全隐患却是导致王某受伤的内在原因。故王某再次要求公司为其在受伤一个月内申请工伤认定。

如果你是速达公司人事部门工作人员，你将如何解决这个问题？

七、观察练习：醉酒就不能认定为工伤吗？

徐某 2018 年 3 月应聘到某家电公司，担任销售部经理，平时外出出差和客户应酬是工作常态，应酬过程中难免喝酒。2019 年 5 月，徐某去山东某地出差，与当地某商场采购经理李某约定去饭店商讨销售合同签订事宜，商谈过程中李某劝说徐某喝酒，徐某表示自己最近身体不适不能喝，但李某却以签订销售合同为由要求徐某陪同，导致徐某在身体不适的情况下依然喝酒，应酬期间徐某突然呕吐不止并昏迷，送至医院抢救无效死亡。所在地公安局委托司法鉴定，鉴定结果为猝死，据此公安局出具了《死亡证明书》。一周后，徐某所在公司向公司所在地区人社局提交工伤认定申请。区人社局经过调查作出《不予认定工伤决定书》的结论，并指出徐某去山东出差期间猝死，死亡时酒精含量已达到醉酒标准，根据《工伤保险条例》第十六条第二项规定，属于不得认定或视同工伤的情形，决定不予认定为工伤。公司及家属对认定结果不服，向市人社局申请行政复议，市人社局最终作出《行政复议决定书》，维持区人社局作出的《不予认定工伤决定书》。公司不服诉至法院，请求区人社局撤销《不予认定工伤决定书》、市人社局撤销《行政复议决定书》。经法院审理，一审判决为徐某死亡时，虽达到醉酒程度，但区人社局不能证明醉酒与猝死之间存在何种关系，其作出的决定应予撤销。依据是，尽管《工伤保险条例》将醉酒情形排除在工伤认定之外，但需满足两个条件：一是职工喝酒达到醉酒标准，二是醉酒行为与意外伤害存在因果关系，根据区人社局提供的司法鉴定结果显示徐某属于猝死，但具体原因无法明确，无法证明其饮酒量与猝死之间存在何种关系，在这种情况下区人社局适用《工伤保险条例》第十六条第二项规定，将存在醉酒行为一律排除在工伤范围以外属于法律、法规不当，应当予以撤销。

在现实生活中，因为工作需要饮酒应酬的情况时有发生，特别是对于销售、公关等工作岗位，喝酒更为常见。为了完成工作任务，陪客户喝酒而突发疾病是否应认定为工伤一直以来都是业界讨论的热点。虽然《工伤保险条例》中对醉酒情形不认定为工伤有明确规定，但从以上案例可见，还需具体问题具体分析，因此在工伤认定过程中有的情况被认定为工伤，有的情况不被认定为工伤。作为公司要积极为员工争取最大的权益，不能让员工认为对企业的付出却要承担如此高的代价。

请你在阅读案例后，思考劳动者醉酒是否能认定为工伤？认定为工伤的必要条件是什么？

八、模拟练习：应否为员工申请工伤

如果你是公司的人事专员，请你根据以下情况判断，是否要为以下情形的员工申请工伤认定？并给出合理理由。

(1)孙某是天津科兴公司员工，2019 年 5 月 10 日上午公司经理指派他去机场接人。在孙某去取车途中，行至公司所在写字楼门口台阶处脚底踩空，从台阶上滚了下去，当时就晕了过去。被门口保安送至医院，经医院诊断为轻微脑震荡、面部挫伤、右手臂擦伤、右腿拉伤。

(2)钱某是深圳某商贸公司员工，2018 年 8 月 20 日 18 时左右，钱某在驾驶无牌轻便摩托车下班回家途中，与一辆正在行驶的小轿车相撞受伤，经交通部门判定为本次交通事故的次要责任。

(3)郑某是苏州某家具制造工厂员工，该工厂每天的上班时间为 8 点，2018 年 3 月 6 日早 7 点 40 分，郑某来到公司车间更衣室换工作服，突发疾病晕倒在地，当时屋内没有其他工作人员，也没有人发现他晕倒，直到 7 点 50 分左右另一员工张某走进车间换衣室，才发现晕倒的郑某，迅速将其送至医院，但郑某经抢救无效，于当日死亡，死亡原因为脑出血。

(4)付某是石家庄某化工厂员工，负责化学制剂的配制工作。2017 年 10 月，公司分配付某配制某种药剂，由于是新型药剂，其危害性还无法检测和预估。2017 年 10 月至 2018 年 3 月期间，付某感冒了三次，他总怀疑是配制药剂导致抵抗力变差。2018 年 6 月 10 日，付某突然感觉胸闷随即晕倒，经医院诊断，结果显示其症状系在化工厂配制药剂过程中的辐射所致，并给出了职业性放射性疾病的诊断证明。

(5)韩某是哈尔滨某物业管理公司员工，从事保安工作，2018 年 11 月 12 日 22 时，韩某在其工作的小区巡逻时，听到小区旁边的路上有人遭遇抢劫并呼救，韩某迅速跑去帮助，拦截抢劫者，在与抢劫者搏斗过程中罗某左臂不慎被歹徒手中的刀划伤，后被送至医院，伤处缝了五针。

项目七 社会保险及其风险管理

·引导案例·

公司不交社会保险费败诉

上海星河信息科技有限公司(以下简称星河科技)坐落于上海市浦东新区,是一家从事网络增值服务的小型用人单位,现有员工57名。由于公司位置偏远,交通不便,所以除了管理人员和技术人员等核心成员外,从事保洁、行政服务、信息工程施工等工作的基层员工以外地人为主,他们中的多数都来自安徽、浙江等地的农村,公司提供食宿。星河科技按照浦东新区人社局的规定为员工缴纳五险,但这些来自农村的员工不愿让公司缴纳社会保险,他们的理由很现实:一是在上海工作不会很长久,将来年龄大了还是要回农村老家生活,在上海缴纳社保也不能转回户口地;二是缴纳五险需要每个月从他们的工资中扣除个人需要缴纳的部分,本来工资就不高,再扣掉一部分就显得更少;三是现在农村户口都可以缴纳新型农村社会养老保险(新农保)和新型农村合作医疗保险(新农合),而且他们在自己的村子里都已经缴纳了新农保和新农合,不需要在工作地再缴纳一份。这部分员工集体找人力资源部负责人要求不要给他们缴纳社会保险,把公司应该承担的社会保险费加在工资里发给他们,并且与公司签订合同。星河科技人力资源部负责人本不想这样操作,但员工们人多势众且威胁说,如果不这么办就集体辞职。考虑到公司规模小、工资低、位置偏,招聘新人很困难,人力资源部负责人无奈之下,与主管人力资源的姚副总商量,最后决定,要求不缴纳社保的员工签一份自愿放弃缴纳五险的合同,公司应该承担的五险以工资的形式每个月发给员工,员工需要从自己所在村子开具在当地缴纳新农合、新农保的证明。以上要求都达到的,就不强制缴纳社保,将社保费以工资形式发放给员工。以工资形式领取社保费的员工一共有17人,虽然偶尔有此类员工离职,但一直没有发生过劳动纠纷,直到2019年。

潘女士于2019年3月应聘到星河科技担任工程部助理职务,4月5日,潘女士与星河科技公司签订了为期一年的劳动合同,到期后续签合同至2020年6月5日,后双方改签一年期的劳务协议。2021年4月5日,受疫情影响,公司业务收缩,不得已要裁减部分员工,潘女士在裁减之列,公司按照流程解除了与潘女士的劳动关系。在劳动关系存续期间,潘女士一再要求公司为其缴纳社会保险费,但公司迟迟不予缴纳,而是按照以前的处理方式,将社保费计入工资一起发放。2021年4月,潘女士向上海市劳动争议仲裁委申请仲裁。仲裁委裁定,星河科技公司应为潘女士补缴社保费共计5万元(包括潘女士个人应缴部分10080元)。星河科技不服,向法院提起诉讼。法院审理认为,潘女士与公司建立劳动关系后,用人单位理应依法为员工缴纳社会保险费。现该公司以“已经将社会保险费以工资形式发放至员工”、后期双方建立的是劳务关系相抗辩,与事实不符,法院不予采信。星河科技公司最终被浦东新区法院一审判决败诉。

社保断了需要补交吗？中断之后如何补缴？

在快节奏生活的今天，换工作跳槽是一件很平常的事情，换工作期间社保断交怎么办？

阿群就业于汕头经济技术开发区一家劳动服务公司，2017年2月份，他离职后计划于春节过后找新工作。但不幸的是，3月份的一天阿群在骑电动车办事时出了车祸，医生建议居家治疗2个月。因为疗伤的需要，阿群错过了3月至4月的求职旺季，等伤势完全好转、能够正常工作的时候已经是5月中旬了。阿群被迫找了家不太满意的公司就职，但近三个月的疗伤期没有单位，他的社保被迫断交。阿群听说社保断交会影响医疗、养老等待遇，他想知道是否必须补缴？如果必须补缴，怎么办理补缴？为此，他咨询了汕头市经济开发区社会保障局。社保局答复他：社保断了不补交可以，但是会影响享受社保待遇，养老保险可以累计，其他保险需要重新累计缴费年限，最好补缴。社保局方面表示，如果用人单位未按时为职工参加医疗保险的，可以办理补缴，允许用人单位补缴不超过两年的医疗保险，补缴后年限可合并计算，但是补缴前发生的医疗费用由用人单位承担，补缴后新发生的医疗费用由医疗保险基金支付。

正常情况下一般单位只能做2个月的补交，如果需要更长时间只有通过一些代理机构来操作；以个人名义参保的，如果漏缴不能够补缴，只有由单位原因造成的漏缴才能够进行补缴，并可补缴五险。如果单位没有做申报（没有给开户）的只能补缴养老保险。缴纳一段时间后，中断想补缴的可以找代理公司补缴。《中华人民共和国社会保险法》第五十八条规定，“用人单位应当自用工之日起三十日内为其职工向社会保险经办机构申请办理社会保险登记。未办理社会保险登记的，由社会保险经办机构核定其应当缴纳的社会保险费”。第六十三条规定，“用人单位未按时足额缴纳社会保险费的，由社会保险费征收机构责令其限期缴纳或者补足”。

以上案例涉及本项目我们将讨论的员工社会保险相关管理及其风险管理，主要总结社会保险缴纳、中断、续缴、领取、因用工或员工流动引起的社会保险关系变化等社会保险相关业务的开展，用人单位和劳动者在社会保险方面的风险、原因及规避风险的措施。通过对法律法规相关规定的梳理、分析与解读，把法律法规对用人单位和劳动者在社会保险方面的权利、义务具体规定一一罗列，总结劳动关系管理过程中社会保险的风险控制要素，规范社会保险管理行为，提出实践中的用人单位和劳动者双方的规范性典型行为，指出风险来源，通过行为塑造，达到降低社会保险管理相关风险的目的。

本项目目的是，系统学习我国社会保险管理相关法律法规，总结用人单位日常社会保险管理以及个人社会保险办理过程中常用的做法、流程、内容、法律法规，明确劳动法律风险因素，确定风险环节，提出规避风险措施。分别从用人单位和劳动者、个体工商户以及灵活就业者等多个角度，分别归纳规避社会保险风险的典型行为和风险来源。通过观察、模拟相关行为，形成行为规范，避免社保法律风险发生，保护每一个人应当享受的社会保障权益。

任务二　风险控制要素与管理规范

社会保险管理中的风险控制要素是指用人单位、劳动者、个体工商户、自由职业者等在社会保险办理、社会保障关系存续、变更过程中各种可能会引发上述主体权利受损的因素。社会保险管理中的风险控制者除了用人单位、劳动者、个体工商户和自由职业者等主体外，还包括政府社会保险管理部门及其派出机构和管理人员，从宏观层面控制社会保险的总体运行风险。社会保险管理规范是用文字形式规定社会保险管理活动的内容、程序和方法，是社会保险管理主体的行为规范和准则，包括不同主体采取各种措施和方法，预防、减少或消灭社会保险风险事件发生的各种可能性，或者减少社会保险风险事件发生时造成的损失。

根据我国现行法律法规，社会保险管理过程中的风险控制要素如表 7-1 所示。

表 7-1　社会保险管理风险控制要素表

控制要素	管理规范
主体法律风险意识	1. 重视中华人民共和国社会保险法律法规，通过合适渠道学习相关法律法规，并密切关注中华人民共和国社会保险法律法规的变化，做出适应性改变。 2. 在现有中华人民共和国社会保险法律法规框架范围内制定本单位社会保险管理规章制度，内部管理制度与现行劳动法律法规相适应。 3. 请劳动法律专业人士对本单位社会保险管理制度进行专业审查，或由法律专业人士帮忙制定。 4. 要求人力资源部主管社保的工作人员，严格遵守单位社会保险管理制度，进行规范的日常管理，维护劳动者和用人单位双方的合法权益。 5. 在劳动关系建立前后、存续期间，以法律为准绳，约束管理人员的行为。 6. 劳动者遵循《中华人民共和国社会保险法》相关规定，维护自身的社会保险权益
社会保险管理制度	1. 管理制度合法。用人单位应当依法建立和完善社会保险管理制度。 2. 程序合法。用人单位在制定、修订社会保险管理制度过程中应吸收劳动者代表参与，管理制度须经职工代表大会或者全体职工讨论，吸收合理意见确定
社会保险完善性	1. 用人单位依法建立的社会保险种类应当齐全，能够覆盖内部各类员工。 2. 依法为城镇职工缴纳社会保险，包括基本养老保险、基本医疗保险、工伤保险、失业保险、生育保险等五险。 3. 依法为农民工建立农民工社会保险，如农民工养老保险、农民工工伤保险、农民工大病医疗保险等。

续表

控制要素	管理规范
社会保险完善性	4.无雇工的个体工商户、未在用人单位参加基本养老保险的非全日制从业人员以及其他灵活就业人员可以参加基本养老保险，由个人缴纳基本养老保险费。 5.个人依法享受社会保险待遇，有权监督本单位为其缴费情况。 6.用人单位和个人依法缴纳社会保险费，有权查询缴费记录、个人权益记录，要求社会保险经办机构提供社会保险咨询等相关服务
社保管理人员行为	1.熟悉劳动法、劳动合同法、中华人民共和国社会保险法、中华人民共和国社会保险法实施细则等相关法律法规。 2.精通本单位社会保险管理制度、社保办理流程，在法律规定时间内为单位工作人员办理合乎国家法律规定的社会保险。 3.服务意识强。做好社会保险业务的各项准备工作，做好过程管理以及总结，台账齐全、应办尽办，没有遗漏。 4.熟悉当地社保局社会保险业务办理规定和办理流程，与社保局办理业务人员和主管建立良好合作关系。 5.没有单位的劳动者个体从业者要与挂靠单位建立关系，或在社保局社保办理人员指导下自我管理

社会保险经办机构按照国家规定对社会保险经办事务进行规范管理，行使国家赋予的权利、履行社会义务。社会保险行政管理机构依法对社会保险经办机构实施监督和管理。这两类主体履行的是政府职能，不在本书讨论范畴。

任务三　养老保险

养老保险又称作老年保险、社会养老保险、社会养老保险金等，是世界各国普遍流行的一种社会养老保险制度，是为了保障劳动者达到国家规定的解除劳动义务的劳动年龄界限，或者因年龄太大丧失劳动能力而退出劳动岗位后的基本生活建立的社会保险制度。

养老保险有几个显著特点：

首先，它由国家立法强制实行，用人单位和个人都必须参与。符合养老条件的，可以向社会保险部门领取养老金；

其次，社会养老保险资金的来源一般由国家、单位和个人，或者单位和个人共同承担，实现了广泛的社会互助；

最后，它是社会性的，影响很大。受益人多而且受益时间长，保险费用支出巨大。因此，有必要设立专门机构，实行现代化、专业化、社会化统一规划和管理。

养老保险制度的建立和实施具有积极的社会意义：

第一，有利于确保新旧劳动力的更替。养老保险制度的建立有利于劳动力的正常代际更替，有利于老年人的退休以腾出工作岗位，有利于新生劳动力的顺利就业，有利于就业结构的合理化。

第二,有利于社会稳定。养老保险为老年人提供基本的生活保障,使老年人有安全感,老有所依。随着我国人口老龄化的快速发展,老年人口所占比例不断增加,数量也在不断增加。2021年5月11日,第七次全国人口普查结果显示,全国人口14.1亿人,0～14岁人口为25338万人,占17.95%;15～59岁人口为89438万人,占63.35%;60岁及以上人口为26402万人,占18.70%(其中,65岁及以上人口为19064万人,占13.50%)。与2010年相比,0～14岁、15～59岁、60岁及以上人口的比重分别上升1.35个百分点、下降6.79个百分点、上升5.44个百分点。普查的数据显示,我国60岁及以上人口的比重达到18.70%,其中65岁及以上人口比重达到13.50%,人口老龄化的主要特点有以下几个方面。

一是老年人口规模庞大。我国60岁及以上人口有2.6亿人,其中,65岁及以上人口1.9亿人。有16个省份的65岁及以上人口超过了500万人,其中,有6个省份的老年人口是超过了1000万人。

二是老龄化进程明显加快。2010—2020年,60岁及以上人口比重上升了5.44个百分点,65岁及以上人口上升了4.63个百分点。与上个十年相比,上升幅度分别提高了2.51和2.72个百分点。

三是老龄化水平城乡差异明显。从全国看,乡村60岁、65岁及以上老人的比重分别为23.81%、17.72%,比城镇分别高出7.99、6.61个百分点。老龄化水平的城乡差异,除了经济社会原因外,与人口流动也是有密切关系的。

四是老年人口质量不断提高。60岁及以上人口中,拥有高中及以上文化程度的有3669万人,比2010年增加了2085万人;高中及以上文化程度的人口比重为13.90%,比十年前提高了4.98个百分点。十年来,我国人口预期寿命也在持续提高,2020年,80岁及以上人口有3580万人,占总人口的比重为2.54%,比2010年增加了1485万人,比重提高了0.98个百分点。养老保险保障了老年劳动者的基本生活,对于在职劳动者而言,参加养老保险,意味着对将来年老后的生活有了预期,免除了后顾之忧,从社会心态来说,人们多了些稳定、少了些浮躁,这有利于社会的稳定。

第三,有利于促进经济发展。许多国家设计的养老保险制度把公平与效率联系起来,尤其是部分积累和完全积累的养老筹资模式。劳动者退休后领取的养老金数额与他们退休前的工资收入和在职期间的缴费数量直接相关,这无疑可以激励劳动者在工作期间积极劳动,提高效率。

此外,因为养老保险几乎涉及社会全员,参保人数众多,在运营中可以筹集到大量养老保险资金,为资本市场提供了巨大的资金来源。特别是实行基金制养老保险模式后,个人账户的资金积累是按几十年计算的,这就使得养老保险基金规模更大,能够给市场提供更多的资金。通过大规模资金的运作和使用,对国家宏观调控国民经济有巨大的好处。

一、定义

养老保险的全称是社会基本养老保险。它是国家根据有关法律法规建立的一种社会保险制度,目的是保障劳动者在达到国家规定的解除劳动义务的劳动年龄界限或因年老丧失劳动能力而退出工作岗位后的基本生活。在法定范围内的老年人“完全”或“基本”退出社会工作生活后,养老保险就会自动生效。这里所说的“完全”,是指劳动者跟生产资料脱离;“基本”指的是劳动者的社会生活内容不再以参加生产活动为主,其中法定年龄界限是切实可行的衡量标准。

我国养老保险由四个层次(或部分)组成。第一层次是基本养老保险,第二层次是用人单位补充养老保险,第三层次是个人储蓄养老保险,第四层次是商业养老保险。在这种多层次的养老保险体系中,基本养老保险居于最高层次。

基本养老保险又称作国家基本养老保险,是国家和社会根据一定的法律法规,为保障劳动者在达到国家解除劳动义务的劳动年龄界限,或因年老丧失劳动能力而离开工作职位后的基本生活而建立的社会保险制度。基本养老保险以保障退休人员基本生活为原则。它具有强制性、互济性和社会性。它的强制性体现在它是由国家立法和强制执行的,用人单位和个人必须参与而不能违背它。互济性体现在养老保险费用的来源,一般来说,它由国家、雇主和个人共同承担。它由政府社保主管机构统一使用和支付,为满足领取条件的劳动者提供生活保障,并且实现广泛的社会互相救济。社会性体现在养老保险的巨大影响上,受益人是社会绝大部分成员,受益时间从法定退休年龄至死亡,总量巨大。

由国家宏观调控和用人单位内部决策实施的用人单位补充养老保险,也称为用人单位年金,它是指用人单位根据自身经济承受能力,在参加基本养老保险的基础上,为提高职工的养老保险待遇水平,自愿为本单位职工建立的补充养老保险。用人单位建立职工补充养老保险是用人单位的一种自发行为,效益好的用人单位可以投保更多,而效益差的甚至亏损的用人单位可以不建立。实施用人单位年金可以进一步提高退休老年职工的基本养老金水平,有利于稳定职工队伍,发展用人单位生产。

职工个人储蓄养老保险是我国多层次养老保险体系的组成部分。它是一种补充保险形式,员工自愿参加并自愿选择保险代理机构。实施职工个人储蓄养老保险,目的是扩大养老保险资金来源,多渠道筹集养老保险资金,减轻国家和用人单位负担;有利于消除长期以来保险费完全由国家"覆盖"的观念,增强员工的自我保障意识和参加社会保险的主动性。

商业养老保险是以获取养老金为主要目的的长期人身保险。它是一种特殊形式的年金保险,是对社会养老保险的补充。商业养老保险的被保险人在缴纳一定保费后,可以从某一年龄开始领取养老金。这样,虽然被保险人退休后收入下降,但在商业养老金的加持下,他仍然可以维持退休前的生活水平。对于商业养老保险,如果没有特别规定,投保人缴纳保险费的时间间隔相同,保险费金额相同,整个缴费期间利率不变,计息频率与缴费频率相同。

全球不同国家的养老保险制度分类如下:

1. 储蓄金型养老保险

以新加坡、智利和其他国家为代表的一些新兴市场经济体已经实施了储蓄金型养老保险制度。这种养老保险着重自我保障原则,实行完全积累基金模式,并建立不同类型的个人养老保险账户或"公积金"账户。

2. 国家养老保险

以苏联和东欧国家为代表的大多数计划经济国家都曾实行过国家养老保险制度。这种养老保险按照"国家统包统分"的原则,由用人单位支付费用,国家统一组织实施,职工参与管理,待遇标准统一,保障水平高。

3.传统养老保险

以美国、德国、法国等市场经济发达国家为代表的传统养老保险实行“选择性”原则，即不覆盖所有公民，而是选择一部分社会成员参与，强调待遇与工资收入和缴税(费)关联。因此，也可以称之为“收入关联型养老保险”。

4.福利型养老保险

福利型养老保险以英国、澳大利亚、加拿大、日本等市场经济发达国家为代表。它实现了“普遍受惠制”的原则。基本养老保险覆盖所有公民，强调所有公民都有年金。因此，它被称为“福利型”或“普惠制”养老保险。

5.混合养老保险

过去实施福利养老金保险的大多数国家已经或正在向混合制度过渡。即福利养老保险与“收入关联型养老保险”同时并存，共同构成基本养老保险的第一支柱。英国和加拿大就是典型的例子。

国家的保护义务，指国家应当保护公民的社会保险权益不受私人侵害，主要是指用人单位不参加社会保险，包括不办理社会保险登记和不缴纳社会保险费，也包括不按照国家规定应当支付的工伤保险待遇这一特定情形。国家通过建立社会保险纠纷解决制度和社会保障监督制度，履行保护义务。个人可以通过申请调解、仲裁、诉讼、劳动保障监察等方式获得权利救济。

国家的促进义务，又叫便利义务，通过协助实现的义务，即有义务为权利提供条件，促进特定权利的实现，并通过积极的行为提高人们获取资源和享受这些权利的能力。

国家的提供义务，即给付义务，即作为社会保险的提供者的义务，国家有义务为公民提供基本生活保障，包括：提供财政补贴的义务、提供社会保险服务的义务、监督管理义务等。

法定退休年龄，即指国家法律认定的，劳动者领取养老金的年龄标准。

缴费年限，即指社会保险参保人履行缴费义务的最低年度限制。

二、典型行为与风险来源

社会保险管理过程中劳动风险产生的主要原因在于：一是用人单位管理层劳动法律意识不强，二是用人单位社会保险管理人员不熟悉社会保险相关法律法规，三是用人单位管理人员业务不熟练，对本单位社会保险管理制度、流程、业务办理等不熟悉，四是用人单位保险管理人员与社保局社会保险业务管理人员没有建立融洽合作关系，五是社保各类利益相关者主体不重视、责任心不强。社会保险管理过程中产生的劳动风险，原因复杂，有些是用人单位高层管理者甚至单位一把手对人力资源管理法律法规一知半解，往往一叶障目、乱下指示，加上人力资源管理人员业务素质低；有些是业务主管人员不懂装懂，制定出与现行法律法规不相一致，甚至直接矛盾的规章制度；有些是责任心差，缺少系统深入钻研的学习精神，遇到问题敷衍了事，凡此种种，导致组织处于社会保险管理不到位的高风险状态。

养老保险管理过程中的典型行为与风险来源见表7-2。

表 7-2　养老保险管理过程中的典型行为与风险来源表

典型行为	1.用人单位主要领导、高层管理人员重视人力资源管理,实事求是地了解相关业务,虚心听取人力资源管理专业人员的意见,尊重专业人员、善用专业人士,弥补自身不足。 2.管理层要准确把握本部门员工的基本养老保险需求,了解一些相关业务,提高与人力资源管理部门配合的密切程度,就基本养老保险业务提出合理化需求和建议。 3.劳动者应根据自己的情况,学习并遵守基本养老保险法律规定,按规定参加基本养老保险,履行缴费义务,享受基本养老保险相应待遇。当自身基本养老保险权益受到损害时,知道如何维护自身权益。 4.用人单位基本养老保险管理人员熟悉基本养老保险相关法律法规,能够规范管理本单位社保业务。 5.用人单位管理人员制定符合现行法律的内部基本养老保险管理制度,在日常工作中严格遵守制度。实时关注国家基本养老保险法律法规的修订、变更,及时学习、掌握最新法律,对本单位不适应最新基本养老保险法律法规的规章制度提出修改建议和依据,提交用人单位决策层,按法定程序修订本单位规章制度并发布实施。 6.与劳动与社会保障局业务主管部门及领导保持顺畅沟通,及时掌握变化情况,确保本单位基本养老保险规章制度符合法律法规框架规定,确保及时熟悉最新办事流程,提高办事效率。 7.日常工作行为以公司利益为出发点,同时兼顾员工权益,在合法的前提下塑造双方和谐的劳动关系
风险来源	1.用人单位决策层独断专行,将专业人士排除在意见来源之外,利用自己的一知半解决定人力资源管理领域专业事项。 2.人力资源管理人员业务素质差,对负责领域业务掌握不到位,失去正确判断能力。 3.管理人员对上级唯命是从,无论上级指示是否符合中华人民共和国社会保险法律法规都遵照执行,主观认为"上级决策上级负责",甚至对上级的违法行为"点赞"。 4.劳动者对事关自己切身利益的社会保险事务关心不够,轻易相信非专业人士,在参保、缴费方面做出错误决定,损害自身利益。 5.缺乏内部社会保险规章制度,缺少规范流程,办理业务随意性大、犯错概率高。 6.业务管理人员缺少责任心,本单位参加社会保险人员应增未增、应减未减,社会保险费应缴未缴或不足额缴纳,弄丢重要资料,给单位或/和员工带来不必要损失。 7.与地方社会保险经办、管理机构未能建立融洽的合作关系,导致业务办理不畅,效率低下

2017 年 10 月 18 日,习近平总书记在十九大报告中指出,加强社会保障体系建设。全面建成覆盖全民、城乡统筹、权责清晰、保障适度、可持续的多层次社会保障体系。全面实施全民参保计划。完善城镇职工基本养老保险和城乡居民基本养老保险制度,尽快实现养老保险全国统筹。完善统一的城乡居民基本医疗保险制度和大病保险制度。完善失业、工伤保险制度。建立全国统一的社会保险公共服务平台。自 2018 年 7 月 1 日起,国务院《关于建立企业职工基本养老保险基金中央调剂制度的通知》实施。

根据人口类型，我国的社会养老保险制度可分为三个部分：城镇企业职工养老保险、政府机关与事业单位养老保险和农村养老保险。我国最早的社会养老保险制度是城镇企业职工养老保险制度。政府机关与事业单位养老保险制度是从城镇企业职工养老保险制度中分离出来的。后来，它在体制改革的过程中经历了兼并与分立的过程。2014 年 12 月 23 日，在第十二届全国人民代表大会常务委员会第十二次会议上《国务院关于统筹推进城乡社会保障体系建设工作情况的报告》中明确提出，要推进机关事业单位养老保险制度改革，建立与城镇职工统一的养老保险制度。养老金“双轨制”之间的矛盾将在制度和机制上得到解决。

三、情景解析

基本养老保险费由用人单位和职工个人共同承担：用人单位按照本单位职工上一年度月平均工资的一定比例缴纳（不同地区比例可能不同，如北京 19%、天津 20%），员工按照本人上一年度月平均工资的一定比例缴纳（一般为 8%）。

城镇个体工商户、灵活就业人员和以个人身份参加基本养老保险的国有企业下岗职工，按照缴费所在地上一年度社会平均工资的百分之二十缴纳基本养老保险费，所有费用都由自己承担。

缴费基数是计算用人单位和劳动者个人缴费数额的基础。所谓社会保险的缴费基数，指用人单位或职工个人用于计算和缴纳社会保险费的工资基数。将该基数乘以规定的费率即为用人单位或个人应支付的社会保险费金额。用人单位一般以职工工资总额为缴费基数，职工一般以本人上年度平均工资为缴费基数缴纳社会保险费。在中国，缴费基数由社会保险经办机构根据用人单位的申报，经依法核实后确定。

如果员工的缴费工资基数高于所在地上一年度社会平均工资的 300%，以上一年度社会平均工资的 300%作为缴费基数；如果员工的缴费工资基数低于所在地上一年度社会平均工资的 40%，以上一年度社会平均工资的 40%（最高和最低缴费基数的计算比例因地而异），作为缴费基数。计算依据为各地人力资源和社会保障局公布的数据。

员工按月领取基本养老金必须满足三个条件：

(1)达到法定退休年龄，已办理退休手续；

(2)所属单位和个人依法参加养老保险，履行养老保险缴费义务；

(3)个人缴费期限至少为满 15 年。目前，我国用人单位职工的法定退休年龄为：男职工年满 60 岁；从事管理和科研工作的女性员工年满 55 岁；从事生产和工勤辅助工作的女性员工应年满 50 岁；自由职业者和个体工商户的女性应年满 55 岁。

基础养老金＝上年度全省在岗职工月平均工资×［(1＋本人平均缴费指数)÷2］×缴费年限×1%

个人账户养老金＝个人账户储存额÷个人账户养老金计发月数

以上两者之和即为职工个人每月领取的养老金。

2011 年 5 月 12 日，人力资源和社会保障部开始就《实施〈中华人民共和国社会保险法〉若干规定》征求公众意见。这份人力资源和社会保障部令（以下简称人社令）规定了缴纳基本养老保险费不满 15 年的人员的待遇，明确基本养老保险个人账户余额可以继承。

人社令规定，凡参加基本养老保险的人员，在达到法定退休年龄时，累计缴费不满 15 年的，可将缴费期限延长至满 15 年。《中华人民共和国社会保险法》实施前参保，缴费延期 5 年后仍不足15年的,可一次性补缴至满15年。

未继续缴纳或者缴费延长期满后累计缴费期限仍不足15年的,可以申请转入新型农村社会养老保险或者城镇居民社会养老保险,并享受相应的养老保险待遇。不愿意延长缴费期限至满15年,也不愿意转入新型农村社会养老保险或城镇居民社会保险的,可以申请一次性提取本人个人账户储蓄额。

明确规定,退休人员享受基本医疗保险待遇的缴费期限按照各地现行规定执行。

为规范管理,人社令规定个人账户不得提前支取,并规定了个人账户余额的继承办法。参加职工基本养老保险的个人在达到法定退休年龄前离境定居的,应当保留个人账户;达到法定退休年龄的,按照国家规定享受相应的养老保险待遇。同时明确,如果参加职工基本养老保险的个体劳动者死亡,个人账户中的余额可以全部继承。

人社令还规定了养老保险关系转移接续的具体方法。如果参加职工基本养老保险的个人跨省流动就业,当他们达到法定退休年龄时,基本养老金将分段计算并统一支付。

建立健全的社会保障体系,为广大参保职工和离退休人员提供适当水平的基本生活保障;完善社会保障体系是国有企业改革和经济结构调整的迫切需要;健全的社会保障体系有利于改善居民对改革的心理预期,增加直接消费,促进中国经济持续快速增长;完善社会保障制度是发展劳动力市场的要求;完善社会保障体系是应对人口老龄化的迫切需要。

根据上述原则建立的一系列养老保险制度,已就形成养老保险制度的三大支柱达成了共识。第一个支柱是社会统筹和个人账户相结合的基本养老保险。20世纪80年代以来,中国政府在试点的基础上,总结实践经验,建立了社会统筹与个人账户相结合的基本养老保险制度。基本养老保险是整个社会保险制度的基础。

基本保险资金来源于国家、雇主和个人。国家立法或通过行政手段强制用人单位必须参加保险。基本养老保险基金由用人单位和个人共同缴纳,其中社会统筹基金由用人单位缴纳的一部分组成,员工个人账户基金由个人缴纳的全部款项和用人单位缴纳的一部分组成。确保劳动者获得基本生活保障。第二个支柱是近年来逐渐确定的用人单位年金。早在1991年,依据《国务院关于企业职工养老保险制度改革的决定》(国发〔1991〕33号)文件和《关于建立企业补充养老保险制度的意见》(劳部发〔1995〕464号)文件精神,用人单位职业年金是构成我国多层次社会养老保险体系的其中一个层次。用人单位职业年金的出资方为用人单位+职工,双方共同承担,或者完全由用人单位承担,它是用人单位根据自己的经营效益自主选择的,由国家宏观指导、用人单位内部决策执行。如果用人单位建立了职业年金,那么政府就给予参保单位一定的优惠政策。用人单位职业年金是用人单位在缴纳了社会保险费后为职工建立的附加保险,它是用人单位根据自己的经营状况,自愿出资为职工投保的额外养老金,等职工退休以后从社保部门获得基本养老金之外的补充部分。第三个支柱是个人储蓄性养老保险。个人储蓄性养老保险由个人根据自身条件,视自身需要自愿参保,自己全额承担保险费。主要包括个人自愿储蓄和个人购买商业养老保险。

从理论上讲,上述养老保险的三大支柱将养老保险制度的再分配功能、储蓄功能和保险功能有机地结合在了一个共同的养老保险制度当中。

2009年12月29日,国务院办公厅发出通知,转发人力资源和社会保障部、财政部《城镇企业职工基本养老保险关系转移接续暂行办法》(下简称《办法》),要求各省(自治区、直辖市)人民政府,国务院各部委,国务院各直属机构要结合实际情况,认真贯彻执行。《办法》自2010年1月1

日起施行，目的在于有效保障城镇企业中参加基本养老保险职工的合法权益，推动人力资源的有序流动和合理配置，确保参保人员在跨省流动就业中、城镇就业中的基本养老保险关系顺利转移和延续。

2018 年 5 月，国务院发布了《关于建立企业职工基本养老保险基金中央调剂制度的通知》，决定建立养老保险基金中央调剂制度，自 2018 年 7 月 1 日起实施。养老保险基金中央调剂制度的实施不会增加用人单位和个人的缴费负担，也不会影响退休人员的待遇水平。主要内容是在现行企业职工基本养老保险省级统筹基础上，建立养老保险中央调剂基金，对各省份养老保险基金进行适度调剂，确保基本养老金按时足额发放。

2021 年 1 月，中央经济工作会议提出，规范发展第三支柱养老保险。同年 3 月 2 日，国新办举行发布会，银保监会主席郭树清在发布会上介绍推动银行业保险业高质量发展有关情况时指出，人口老龄化是很大挑战，银保监会正在从多个方面积极研究推进，将规范发展第三支柱养老保险，也就是商业养老保险。

四、模拟案例：同样是退休，待遇差距大

家住上海市静安区的胡先生已 64 岁，退休后又找了一份工作，到青浦区一家企业上班，一周工作 3 天。“比没退休时强不了多少。但是没办法，养老金太少，解决不了问题。”胡先生介绍说，目前他自己每月的养老金是 4075 元，老伴是 4025 元，在上海这样的收入要格外精打细算地过日子。去年，上海市居民家庭人均年可支配收入为 72232 元。

“没法和事业单位退休人员比。差不多学历、工龄的，他们的退休金一般比我们多一倍，有的要多两三倍。而且，年纪比我们大、退休比我们早的企业职工，养老金比我们还要少。”胡先生认为，虽然各人的能力、贡献有大小，在职时收入应当有差别，但退休之后，就不应该有这么大差距了。何况，他们这批退休人员，在职时大多没有开展养老保险，不涉及缴纳养老保险费多少的问题。因为感受到差距，胡先生往往不建议周围的晚辈到企业工作。

与胡先生同住一个小区的马老师，退休后生活状况确实要好很多。她 1972 年大专毕业后分配到一所中学做教师，2012 年退休。论学历，她与胡先生的老伴一样，但她每月可以领到约 7000 元退休金。“我们大专毕业后，有的同学分到企业，退休后每月的养老金也就 3000 元多一点。但退休之前在企业工作的同学们比我们工资高很多”。她觉得，同样的受教育程度，各方面情况也相差不多，大家的收入不应该差这么多。

55 岁的程先生原来在上海一家大型钢铁厂上班，今年刚办了退休。他反映，企业退休职工养老金与机关事业单位人员退休金的差距的背后，涉及一个养老金“双轨制”的问题。

程先生说，他在岗的时候，每月也有近 10000 元的收入，如果在企业担任一定职务，可以拿到 20000 元甚至更多。但退休之后，事业单位人员的养老金与在职时月收入相比，基本不会有太大的下降，可作为企业职工，“一退休收入就明显减少了”。

这一点，上海市徐汇区龙华路的刘先生感触尤深。他 1975 年大学本科毕业，分配到一家国有企业，一直干到 4 年前退休。从 1984 年起，他当了 10 多年厂长。“养老金一个月才 6400 元，从前上班时，我们这些厂领导的收入是现在的好几倍呢，也比事业单位上班的同学们工资高很多！同样是大学毕业，要是当时分配到事业单位或者机关，现在待遇就要好多了。”

讨论题

(1)机关事业单位退休金与企业单位退休金为何差距悬殊?

(2)机关事业单位与企业单位退休金差距是否合理?为什么?

五、观察练习:试用期员工如何缴纳社保费?

2015年7月,李寻欢从上海大学会计学专业毕业后进入浦东新区永立信诚会计师事务所工作。一周后,会计师事务所与李寻欢签订了劳动合同,约定合同期一年,试用期2个月,试用期月工资3500元。试用期满后,会计师事务所对李寻欢的工作表示满意,将他的工资调整至4500元/月。与此同时,事务所到浦东新区社保中心为李寻欢建立了城镇职工社会保险个人账户,并按照2015年度城镇职工社会保险缴费基数下限3140元申报了缴纳基数。2016年3月,李寻欢通过人才市场找到了一个更适合自己发展的机会,向永立诚信会计师事务所提出辞职。

在办理离职手续的过程中,李寻欢认为,单位在为自己缴纳社保的时候,应当按照转正以后的工资4500元作为基数申报,要求单位补缴因按上海市2015年度城镇职工社会保险缴费基数下限3140元与实际工资4500元的差额的应缴社会保险费用,同时要求补缴2个月试用期的社会保险费。永立诚信会计师事务所认为,试用期间李寻欢还不是单位的正式员工,无权享受缴纳社保相关待遇,这一点事务所的人事管理制度也有明确的规定。双方为此产生争议并申请了劳动仲裁。

讨论题

(1)本案例中,李寻欢是否有权利在试用期即享受社会保险?

(2)会计师事务所按照最低缴费基数为李寻欢缴纳社会保险费有何风险?

六、模拟练习:初创型小微企业的社会保险管理

近年来,“大众创业,万众创新”催生了一批又一批由大学生创办的企业,这些企业分布于各个高校,其中不乏行业前景广阔、成长性好的市场新生企业力量。请以本学校学生“双创”成立的企业为对象,利用实习或勤工俭学的机会,深入了解该企业内部的社会保险管理状况。对照本节养老保险风险控制要素和典型行为,找出企业在哪些方面符合典型行为,控制得力之处,还在哪些方面有改进的空间。利用观察结果和收集到的资料,设计社会保险管理特定情景,模拟该企业社会保险管理过程,学生通过实际操作社会保险业务办理过程,体验应具有的典型行为。操作指导如下:

(1)教师向学生阐明训练目的和知识准备。

(2)学生分组,每一大组又分为行为模拟小组和行为观察小组。

(3)教师指导大组选择情景主题。例如,决策人员讨论确定本公司的社会保险制度、管理人员提出本部门社会保险需求,人力资源部社保管理人员办理各项业务等。

(4)行为模拟小组和行为观察小组分别进行模拟行动准备和观察准备。

(5)教师指导实施行为模拟观察。

(6)观察组阐述行为观察结果。

(7)每一大组提交一份行为观察模拟训练总结报告。

任务四　基本医疗保险

根据《国务院关于建立城镇职工基本医疗保险制度的决定》的精神，我国建立覆盖全民的基本医疗保险制度，其目的是补偿劳动者因疾病风险造成的经济损失。基本医疗保险的参保范围非常广泛，包括城镇所有用人单位，即企业(国有企业、集体企业、外商投资企业、私营企业等)、机关、事业单位、社会团体、民办非企业单位及其职工，都要参加基本医疗保险。这就意味着必须参加城镇职工基本医疗保险的单位和职工，既包括机关事业单位也包括城镇各类企业，既包括国有企业也包括非国有企业，既包括效益好的企业也包括困难企业。通过用人单位和个人缴费，建立医疗保险基金，参保人员患病就诊发生医疗费用后，由医疗保险经办机构给予一定的经济补偿，以避免或减轻劳动者因患病、治疗等所带来的经济风险。

劳动和社会保障部《关于贯彻两个条例扩大社会保障覆盖范围加强基金征缴工作的通知》规定，农民合同制职工参加单位所在地的社会保险，社会保险经办机构为农民合同制职工建立基本医疗保险个人账户。农民合同制职工在终止或解除劳动合同后，社会保险经办机构可以将基本医疗保险个人账户储存额一次性发给本人。

没有雇用旁人的个体工商户，或者没参加用人单位职工基本医疗保险的非全日制职工和其他灵活就业人员，可以参加职工基本医疗保险，个人应当按照国家规定缴纳基本医疗保险费。

对于农村居民，国家建立健全了新型农村合作医疗制度。政府对享受最低生活保障的个人、丧失劳动能力的残疾人、低收入家庭的60周岁以上老人和未成年人等需要承担的个人缴费部分给予补贴。

基本医疗保险是社会保险体系中最重要的保险类型之一，它与基本养老保险、工伤保险、失业保险、生育保险等共同构成我国现代社会保险制度。

一、定义

基本医疗保险是指为补偿被保险人因罹患疾病造成的经济损失而建立的社会保险制度。通过用人单位和个人缴纳保险费用，建立医疗保险基金，被保险人因病就诊发生医疗费用后，医疗保险机构将提供一定的经济补偿，以避免或减少因疾病和治疗引起的风险。

城镇居民基本医疗保险主要是为城镇失业人员提供的基本医疗保险。以个人缴费为主，政府给予适当补贴。居民自愿选择按照规定缴纳基本医疗保险费后，可享受相应的医疗保险待遇。

新型农村合作医疗制度，简称“新农合”，是指由政府组织、引导、支持，农民根据自己意愿决定是否参与，个人、集体、政府多方筹资，以大病统筹为重点的农村医疗互助共济制度。

基本医疗保险缴费基数是职工上一年度的工资收入总额。职工工资收入高于当地职工平均工资300％的，以当地职工平均工资的300％为缴费基数。

定点医疗即医保定点医疗，指的是投保人在患病的时候，可以选择到由社保部门确定的区域内若干家医疗保险指定医院就医。凭借医保卡到医院就医，就可以报销一定额度的医疗费用，否则就不能报销。一般情况下，每个人可以选择的医保定点医院有4个，其中一个必须为社区医院，而这些医院又分为甲类和乙类，甲类医院又分为一二三等，等级越高，级别越高，我们平时常说的三甲医院就是指医疗水平比较高的医院。

定点医疗机构是指通过劳动保障行政部门资格审定，并经医疗保险经办机构确定，为参保人员提供医疗服务的医疗机构，包括公立医疗机构和具有一定资质的民营医疗机构。

二、典型行为与风险来源

基本医疗保险管理过程中的典型行为由于参保人群不同而有相应的差异，风险来源与此相关，总结如表7-3所示。

表7-3　基本医疗保险管理过程中的典型行为与风险来源表

典型行为	1.用人单位主要领导、高层管理人员重视人力资源管理，实事求是地了解相关业务，虚心听取人力资源管理专业人员的意见，尊重专业人员、善用专业人士，弥补自身不足。 2.人力资源管理人员应熟悉基本医疗保险相关法律法规，能够规范管理本单位医疗保险业务。日常工作行为以公司利益为出发点，同时兼顾员工权益，在合法的前提下塑造双方和谐的劳动关系。 3.劳动者应根据自己的情况，学习并遵守基本医疗保险法律规定，职工应当参加职工基本医疗保险，由用人单位和职工按照国家规定共同缴纳基本医疗保险费，享受基本医疗保险相应待遇。当自身基本医疗保险权益受到损害时，知道如何维护自身权益。 4.无雇工的个体工商户、未在用人单位参加职工基本医疗保险的非全日制从业人员以及其他灵活就业人员可以参加职工基本医疗保险，由个人按照国家规定缴纳基本医疗保险费。 5.农民合同制职工参加单位所在地的社会保险。 6.农村居民按照国家规定参加新型农村合作医疗保险。 7.享受最低生活保障的人、丧失劳动能力的残疾人、低收入家庭六十周岁以上的老年人和未成年人等所需个人缴费部分在政府补贴之外，补缴差额部分。 8.投保人患病时，在定点医疗机构就医，保证正常治疗效果的前提下，选择医疗保险报销范围内的医疗服务、医疗设施、医疗设备和药品
风险来源	1.用人单位决策层独断专行，将专业人士排除在意见来源之外，利用自己的一知半解决定人力资源管理领域专业事项。 2.人力资源管理人员业务素质差，对负责领域业务掌握不到位，失去正确判断能力。 3.劳动者对事关自己切身利益的医疗保险事务关心不够，轻易相信非专业人士，在参保、缴费方面做出错误决定，损害自身利益。 4.使用不当手段利用医保制度缺陷，套取国家医保用药、医疗设备设施等，倒卖牟利。 5.不为职工缴纳医疗保险或不按实际工资金额作为缴费基数而按当地最低缴费基数为员工缴费以图节约成本；个人风险意识不足，主观认为年龄小或身体素质高等，患病概率低而不愿花“冤枉钱”参保。 6.农民合同制职工认为已经在家乡参加了新农合而不愿重复参加单位所在地的医疗保险。 7.投保人利用医保过度治疗、非必要情况下选择非医保目录的医疗服务项目、医疗设施设备和药物，加重自身医疗负担

三、情景解析

医疗保险能够顺畅运行，首先在于国家的坚强意志和强力支持，做好顶层设计，发挥各级政府主观能动性，调动全社会参保热情，达到劳动者自愿参保，企事业单位规范缴费，形成全参与、广覆盖、保障高、可持续的医疗保险发展状态。

用人单位领导深入领会中央关于医疗保险的精神，积极学习掌握相关法律法规和规定，以实际行动支持国家开展医疗保险这一惠及普罗大众的大事。不应犯本位主义错误，为了所谓的节约人力成本而与国家精神、全民利益背道而驰，不为职工办理医疗保险，或者不规范缴费，为安全生产经营埋下隐患。

人力资源部负责社会保险的管理人员需要切实负起责任，发挥专业特长，为领导提供社会保险领域内的专业性意见和建议，帮助建立并维护社保相关制度，按照制度规定、法律法规的要求规范开展相关业务。

劳动者应提高认识，要有力维护自身在社会保险方面的权利，切实履行参保、缴费等法定义务，勇于同损害职工社保利益的违法违规行为进行坚决的斗争。按照规定合理合法地使用宝贵的医疗保险，节约医疗资源，勇于揭发利用医保倒卖医药、医疗设备，利用医保基金牟取非法利益等行为。

树立风险意识，放弃侥幸心理，积极参保，获得基本医疗保障，当自身与疾病意外地不期而遇时，获得因疾病风险造成经济损失的补偿。

首先，各统筹地区应确定适合当地职工负担水平的个人基本医疗保险缴费费率，一般为工资收入的 2%。其次，基本医疗保险费以个人的工资收入为缴费基数，按照当地规定的个人缴费费率缴纳。个人缴费基数按照国家统计局规定的工资收入统计口径，即所有工资性收入，包括各种奖金、劳动收入、实物收入和其他工资收入，乘以规定的个人缴费费率，即得到本人应缴纳的基本医疗保险费。最后，个人缴费一般不需要个人向社会保险机构缴纳，而是由其工作单位从当月应发工资中代扣代缴。如果个人跨统筹地区就业，则应将其基本医疗保险关系转移至就业地区，缴费年限累计计算。

根据《国务院关于建立城镇职工基本医疗保险制度的决定》的规定，国家建立个人医疗账户和医疗统筹基金账户。注入个人账户的资金分为个人缴费和单位缴费两个部分：个人缴纳的医疗保险费全部记入个人账户，单位缴纳的费用一部分（一般为 30%）记入个人账户。同时，由于各年龄段员工的医疗消费支出水平差异较大，在确定统筹区域内每个职工划入账户的单位缴费比例时，将考虑年龄因素，根据不同年龄段确定不同的划入比例。注入统筹基金的资金主要来自单位缴纳费用部分，单位缴纳的医疗保险费用一部分转入个人账户，其余的转入当地社会统筹基金账户。

陈某大学毕业后到深圳闯荡，目前就职于深圳爱一科技有限公司。从陈某进入公司试用开始，公司就按协议工资 6000 元/月开始为陈某缴纳五险一金。按照深圳市人力资源与社会保障局的规定，其中医疗保险缴费比例为个人缴纳工资基数的 2%，由单位从职工每月工资中代扣代缴；公司缴纳个人工资基数的 10%，其中 30%记入个人账户，其余记入基本医疗统筹基金。因此，陈某每个月的医疗保险个人账户记入金额为 300 元（6000 元×2%＋6000 元×10%×30%）；陈某每个月为基本医疗保险社会统筹基金记入的资金为 6000 元×10%×70%＝420 元。

职工个人医疗保险账户的本金和利息均归职工个人所有，可以结转使用和继承。因此，参加基本医疗保险的职工死亡后，其个人医疗账户仍有余额的，可作为遗产，由其亲属按《中华人民共和国民法典》规定实施继承。同时，其个人医疗账户台账、《职工医疗社会保险手册》由医疗社会保险机构收回注销。

根据《城镇职工基本医疗保险定点医疗机构管理暂行办法》规定，参保人员应在选定的定点医疗机构就医，并可自主决定在定点医疗机构购药或持处方到定点零售药店购药。除急诊和急救外，参保人员在非选定的定点医疗机构就医发生的费用，不得由基本医疗保险基金支付。因此，职工如患急病确实来不及到选定的医院医治，自己到附近的医院诊治，持有医院急诊证明，其医药费用可由基本医疗保险基金按规定支付。

根据相关规定，医疗期是指用人单位职工因患病或非因工负伤而停止工作治病休息，用人单位不能解除劳动合同的时限。具体规定如下：

(1)企业职工因患病或非因工负伤，需要停止工作医疗时，根据本人实际参加工作年限，给予 3 个月到 24 个月的医疗期。实际工作年限 10 年以下的，在本单位工作 5 年以下的为 3 个月；5 年以上的为 6 个月。实际工作年限在 10 年以上的，在本单位工作 5 年以下的为 6 个月；5 年以上 10 年以下的为 9 个月；10 年以上 15 年以下的为 12 个月；15 年以上 20 年以下为 18 个月；20 年以上的为 24 个月。

(2)医疗期 3 个月的按 6 个月内累计病休时间计算；6 个月的按 12 个月内累计病休时间计算；9 个月的按 15 个月内累计病休时间计算；12 个月的按 18 个月内累计病休时间计算；18 个月的按 24 个月内累计病休时间计算；24 个月的按 30 个月内累计病休时间计算。

(3)企业职工在医疗期内，其病假工资、疾病救济费和医疗保险待遇按照有关部门规定执行。

(4)企业职工非因工致残和经医生或医疗机构认定患有难以治疗的疾病，在医疗期内医疗终结，不能从事原工作，也不能从事用人单位另行安排的工作的，应当由劳动鉴定委员会参照工伤与职业病致残程度鉴定标准进行劳动能力的鉴定(自 2002 年 4 月 5 日之后，按《职工非因工伤残或因病丧失劳动能力程度鉴定标准(试行)》执行)。被鉴定为一至四级的，应当退出劳动岗位，中止劳动关系，办理退休、退职手续，享受退休、退职待遇；被鉴定为五至十级的医疗期内不得解除劳动合同。

(5)医疗期满尚未痊愈者，被解除劳动合同的经济补偿问题按照有关规定执行。

根据《中华人民共和国社会保险法》第三十条的规定，下列医疗费用不纳入基本医疗保险基金支付范围：

(1)应当从工伤保险基金中支付的；

(2)应当由第三人负担的；

(3)应当由公共卫生负担的；

(4)在境外就医的。

医疗费用依法应当由第三人负担，第三人不支付或者无法确定第三人的，由基本医疗保险基金先行支付。基本医疗保险基金先行支付后，有权向第三人追偿。

医疗保险未缴或中断后的补缴：一般情况下，补缴保险的期限根据医疗保险费征收机构视用人单位情况而定。

中断之后的补缴：中断补缴的原因必须是用人单位应缴未缴，由此导致参保人中断的才可以补缴，补缴前发生的医疗费用由用人单位承担，补缴后新发生的医疗费用由医疗保险基金支付。

医疗保险停保的后果：医疗保险停止缴费的后果比较严重，首先，医疗保险自停止缴费的次月开始，投保人就不再享受基本医疗保险的统筹支付（医保报销）与相关的医疗补助。如果医保卡上还有余额（医保卡内金额是个人每月缴纳并纳入医保个人账户的金额累计），可以在门诊或药店使用，用以购药或者支付统筹范围内不予报销的诊疗费用。其次，医疗保险缴费中断或欠费超过三个月的，需要六个月的等待观察期，才可以继续享受报销、医疗补助等待遇。如果使用个人账户内的资金，只要医保卡内余额足够，续缴保费的下个月开始，就可以正常使用。

四、模拟案例：单位可以用基本工资作为缴医保基数吗？

职工缴费基数和费率根据当地政府的有关规定执行，如合肥市人民政府《关于进一步做好社会保险扩面和基金征缴工作的若干意见》就规定：缴费个人以上年度本人月平均工资收入作为当年7月1日至次年6月底的社会保险费缴费基数。月平均工资收入低于上年度全省职工月平均工资60%的，按照60%确定缴费基数；高于上年度全省职工月平均工资300%的，按照300%确定缴费基数。这类文件也规定了企业单位工资总额的构成，如合肥市的文件就规定，企业单位工资总额应包括：计时工资、计件工资、奖金、加班加点工资、特殊情况下支付的工资、津贴和补贴等。那么对应的个人缴费工资基数就应该是本人工资、奖金、加班费、津补贴以及其他工资的总和。

举个例子，某人2019年月平均工资性收入为5000元，他从2019年4月起个人缴纳的社保费为5000元×11%（养老保险8%＋医疗保险2%＋失业保险1%）＝550元，单位为其缴纳的社保费为5000元×32%（养老保险20%＋医疗保险10%＋失业保险1%＋生育保险0.5%＋工伤保险0.5%）＝1600元。

根据《中华人民共和国社会保险法》的规定，超过上一年度当地职工月平均工资收入的300%以上的部分不作为缴费基数；低于上一年度当地职工月平均工资收入60%的，以上一年度当地职工月平均工资的60%为缴费基数。

2015年1月29日，魏淑芬与广东科西控股有限公司签订了一份劳动合同，约定合同期限自2015年2月1日至2017年1月31日，共2年。合同约定，魏淑芬月薪由基本工资3400元、保密费1000元等部分构成，月薪总额以当月工资单为准。2016年7月10日，广东科西控股有限公司向魏淑芬发出辞退通知书。

2016年9月7日，魏淑芬向广州市劳动争议仲裁委员会申请仲裁，要求广东科西控股有限公司按照7000元/月的基数，缴纳2015年1月至2016年7月的医疗保险费。仲裁委员会于2016年12月11日裁定，公司已经于2015年2月至2016年6月为魏淑芬缴纳了2448元的医疗保险费（包括魏淑芬个人应缴的561元医疗保险费）。魏淑芬不服判决，于2016年9月25日向广州市黄埔区人民法院提起上诉，说明自己2015年的收入为7000元/月，2016年月收入增加至7500元，公司都是以现金方式发放的，且公司建立有领取工资签字的制度，所以每个月都留有工资签发单，可以作为自己月薪数额的证明。据此，魏淑芬请求法院裁决公司按7000元/月的缴费基数为其缴纳2015年2月至2016年6月的医疗保险费。公司没有能够提供魏淑芬工资数额不符的证据，法院采信魏淑芬的说法及证明材料。法院审理后判决如下：公司为魏淑芬补缴 2015 年 2 月至 2016 年 6 月期间的医疗保险费 5151.3 元(其中包括个人应缴部分 1181 元),魏淑芬将个人应缴部分交到公司,由公司统一到社保局补缴。

讨论题 

新入职员工和正式录用后的员工,社会保险缴费基数有何不同?请举例说明。

五、观察练习:招用被征地农民,可以免缴社会保险费吗?

霍元武家住天津市西青区小南河村,是农村户口。2014 年,小南河村征地建造霍元甲精武纪念馆,霍元武家的自留地刚好被征用,根据天津市当年的征地政策,征地建设单位为霍元武一次性缴纳了 15 年小城镇社会保险的养老和医疗部分并以现金形式给予了相应补偿。被征地后,霍元武不愿意在家中无所事事地"吃老本",2015 年开始,他就应聘去了天津市西青区某建筑公司、一个私营企业工作。2018 年 9 月,他向单位人事处负责社会保险工作的龙海生询问自己社会保险的缴费情况,龙海生的回答却让霍元武大吃一惊:原来三年来单位没有为他缴纳过任何社会保险费用。霍元武很生气,单位招聘人工作,公司应该给职工缴纳社会保险啊,这样的规定几乎人人皆知啊,为什么这个公司不给自己缴社保呢?他立即去找领导讨要说法,公司人力资源部负责人顾晓东却说:"单位可以不为征地人员缴纳任何社会保险费。"霍元武不禁满腹疑问,有这样的规定吗?

按照天津市西青区自然资源局关于征地补偿的相关规定,被征地农民一次性缴纳 15 年基本养老保险和基本医疗保险的,且在一次性缴费年限内就业的,基本养老保险费和医疗保险费可以免缴。但是,用人单位应当按照规定缴纳其他社会保险费用。由此可知,虽然霍元武是被征地农民,但其所在工作单位仍应当按照规定为他缴纳其他社会保险费用,包括失业、工伤、生育保险。如果用人单位没有为霍元武缴纳这些社会保险,霍元武可向用人单位提出补缴要求,单位应该予以补缴。

讨论题

单位为被征地农民缴纳社会保险费,缴费基数如何确定?

六、模拟练习:医保办理

本练习模拟用人单位和劳动者在医疗保险管理过程中出于各自利益考虑出现的矛盾。首先,模拟用人单位人力资源部负责社会保险的人员,在为职工办理医疗保险时主要考虑哪些因素?其次,模拟在上级限制人力资源成本的情况下,如何制定风险最小的医保管理办法,确定切实可行的方案。最后,模拟不同类型的员工(新入职员工、正式员工、农民合同制员工)在面对社保办理和缴费的情景,分别为他们制定适合的社会保险方案,规范管理。学生通过实际操作体验医保管理过程中业务人员应具有的典型行为。操作指导如下:

(1)教师向学生阐明训练目的和知识准备。

(2)学生分组,每一大组又分为行为模拟小组和行为观察小组。

(3)教师指导大组选择情景主题。例如,医保制度解读,不同类型员工的缴费方案确定,职工患病后的医保申报操作等情景。

(4)行为模拟小组和行为观察小组分别进行模拟行动准备和观察准备。

(5)教师指导实施行为模拟观察。

(6)观察组阐述行为观察结果。

(7)每一大组提交一份行为观察模拟训练总结报告。

任务五 工伤保险

工伤保险，指国家立法建立的，通过社会统筹的办法，集中用人单位缴纳的工伤保险费，建立工伤保险基金，对在生产、工作过程中受伤致残、患职业病丧失或部分丧失劳动能力的劳动者及对劳动者死亡后无生活来源、无劳动能力的遗属提供经济帮助，既包括医疗、康复等费用，也包括保障基本生活的费用。

中华人民共和国成立后，我国历届政府都十分重视保护劳动者，试图建立完备的劳动过程保护制度，对劳动者身体健康施以必要保护，以最大限度减少劳动者在劳动过程中身体受伤甚至死亡的事故发生率，尽最大努力降低劳动者的风险。1951 年 2 月 26 日，当时的中华人民共和国劳动部颁布了《劳动保险条例》，确立了我国的工伤保险制度。1996 年劳动部根据劳动法的有关规定发布了《企业职工工伤保险试行办法》。2003 年 4 月 27 日国务院颁布了《工伤保险条例》，共分八章六十四条，自 2004 年 1 月 1 日起施行。2010 年 12 月 12 日，国务院颁发 586 号令，对《工伤保险条例》若干条目进行了修改，并自 2011 年 1 月 1 日起施行。2015 年 7 月底，人社部和财政部联合印发《关于调整工伤保险费率政策的通知》和《关于适当降低生育保险费率的通知》。经国务院批准，自 2015 年 10 月 1 日起，调整现行工伤保险费率政策，并在生育保险基金结余超过合理结存的地区降低生育保险费率。《关于调整工伤保险费率政策的通知》明确了单位费率确定与浮动办法。各统筹地区社保经办机构根据用人单位工伤保险费使用、工伤发生率、职业病危害程度等因素，确定其工伤保险费率，并可依据上述因素变化情况，每 1 年至 3 年确定其在所属行业不同费率档次间是否浮动。初步测算，工伤保险费率经过调整，全国一年可减轻企业负担 150 亿元。调整费率后，工伤职工的工伤待遇水平不会受到任何影响。

随着信息技术的迅猛发展，“互联网＋”深度渗透进各行各业，网络经济飞速发展，越来越多的劳动者加入了“网约工”的行列，“网约工”在全体劳动者中所占比例越来越高，数量越来越多，成为我国社会主义事业建设者中新的组成部分。根据国家信息中心分享经济研究中心发布的《中国共享经济发展报告(2020)》显示，2019 年我国共享经济参与者人数约 8 亿人，平台员工数为 623 万。然而，由于法律的滞后性，“网约工”的权益也面临诸多问题，我国的工伤保险基本与劳动关系挂钩，但由于新兴的“网约工”职业群与传统的劳动关系认定标准不匹配，我国立法机构和劳动主管部门还没有出台相应的政策明确“网约工”与用工方(平台或代理商)存在劳动关系，所以“网约工”很难获得工伤保险的保障。现行法律法规规定的工伤认定条件很难在“网约工”中实施，主要原因在于“网约工”的工作时间、地点非常灵活，一旦“网约工”遭受意外伤害，很难判断是否为工伤，因受伤给“网约工”带来的身体伤害、经济损失无法获得社会救济，给“网约工”带来不可预知的风险。但是，我国的改革始终与时俱进，从未停止脚步。2021 年 1 月份，广东省人力资源和社会保障厅等部门推出的《关于单位从业的超过法定退休年龄劳动者等特定人员参加工伤保险的办法(试行)》(以下简称《办法》)开始试行。该《办法》

将“网约工”纳入了工伤保险的范畴，为其他省市乃至国家出台对“网约工”的保障制度提供了参考。

一、定义

工伤，又称职业伤害，是指职业危险因素给处在劳动过程中的劳动者造成的伤害，包括急性伤害和慢性伤害。急性伤害即因工伤亡；慢性伤害即职业病，是指劳动者在生产劳动及其他职业性活动中，因接触职业有毒有害物质和在不良气候、恶劣卫生条件下工作而引起的、由国家主管部门明文规定的疾病。

工伤认定，是指法律规定在特定情形下，职工的伤亡虽然不是由于工作原因导致的，但也可以认定为工伤。

工伤保险基金，是指国家为实施工伤保险制度，通过法定程序建立起来用于特定目的的资金，这是实施工伤保险的基础，工伤保险基金是社会保险基金中的专项基金。

“网约工”是一种新的就业形态，特指那些通过互联网服务平台获得就业机会、从事相对自由灵活工作的劳动者，如外卖送餐员、网约车司机、网约厨师、网约保洁工、网约保健师等，都属于“网约工”。

二、典型行为与风险来源

我国《工伤保险条例》于 2003 年 4 月 27 日，经中华人民共和国国务院令第 375 号公布，2010 年 12 月 20 日国务院修订《工伤保险条例》，颁布《国务院关于修改〈工伤保险条例〉的决定》，并于 2011 年 1 月 1 日施行。修订后的工伤保险条例包括工伤保险基金、工伤认定、劳动能力鉴定、工伤保险待遇、监督管理、法律责任等共六十七条。《工伤保险条例》规定的工伤认定条件基于劳动关系，适用于相对固定的工作场合、工作时间和工作职责，随着“互联网＋”新经济业态的快速发展，已经逐渐显现出与当前我国劳动力使用状况的不适应性。近年来，工伤案件直线攀升，新情况、新问题不断出现。由于工伤内涵的界定不清、工伤保险待遇的性质不明、民事侵权赔偿与工伤待遇之间的关系存在较大分歧，“工作时间”“工作场所”“工作原因”“机动车”等概念的内涵也不十分清晰。这决定了工伤行政案件法律适用问题必然成为行政审判所面临的一个热点和难点问题。

工伤保险管理过程中的典型行为和风险来源见表 7-4。

表 7-4　工伤保险管理过程中的典型行为与风险来源

典型行为	1.用人单位主要领导、高层管理人员重视工伤保险参保与管理，按照国家规定责成本单位人力资源部门社会保险管理人员根据社会保险经办部门确定的缴费费率和缴费基数为全体员工缴纳工伤保险费。 2.重视劳动安全和劳动保护，根据国家规定制定科学的劳动规程，严防工伤事故，尽最大努力降低职工人身安全事故发生率和伤害性，将人身安全事故发生率控制在目标范围内。 3.发生工伤事故时，第一时间拨打 120，对受伤员工进行救治；社保管理人员在规定时间内按照流程向工伤保险部门申报工伤认定。 4.单位雇佣的灵活用工人员发生工伤事故，采取与正式员工相同的处理流程，积极处理。 5.员工发生视同工伤情景，积极收集证据，向工伤保险部门报案，配合主管部门，提供必要证据，完成视同工伤鉴定

续表

风险来源	1.用人单位领导授意人力资源管理人员不缴、停缴或缓缴部分或全体职工的工伤保险费，造成职工没有工伤保险。 2.人力资源管理人员业务素质差或盲目顺从上级，不为职工缴纳社会保险或断缴社会保险。 3.不按国家规定提供应有劳动保护，缺乏有效的安全生产操作规程，将劳动中职工人身安全置于危险境地，人身伤亡事故发生率高、代价高、成本高。 4.发生工伤事故时，想方设法推脱责任，置职工利益于不顾甚至错失救治良机、错过工伤报案时效等。 5.发生视同工伤情景时，主观认为“与单位无关”，冷漠地置之不理，错失良机，致使单位社会保险管理出现重大风险。 6.未尽到用人单位的应尽义务和责任，如在工伤保险基金支付之前，未垫付医药费，影响治疗

工伤保险费的征缴按照《社会保险费征缴暂行条例》关于基本养老保险费、基本医疗保险费、失业保险费的征缴规定执行[①]。用人单位和职工应当遵守有关安全生产和职业病防治的法律法规，执行安全卫生规程和标准，预防工伤事故发生，避免和减少职业病危害。

发生工伤时，用人单位应当采取必要措施，确保工伤职工得到及时救治。

用人单位应当按时缴纳工伤保险费。职工个人不缴纳工伤保险费。《社会保险费征缴暂行条例》规定，用人单位缴纳工伤保险费应根据本省(自治区、直辖市)人民政府的规定进行[②]。

劳动者发生意外伤害或者依照职业病防治法的规定被诊断为职业病的，所在单位应当自意外伤害发生之日或者被诊断为职业病之日起三十日内，向统筹地区社会保险行政主管部门申请工伤认定。如果有特殊情况，经社会保险行政主管部门批准，可以适当延长申请期限[③]。

用人单位未按前款规定提出工伤认定申请的，工伤职工或者其近亲属、工会组织在事故伤害发生之日或者被诊断、鉴定为职业病之日起1年内，可以直接向用人单位所在地统筹地区社会保险行政部门提出工伤认定申请[④]。

用人单位分立、合并、转让的，承继单位应当承担原用人单位的工伤保险责任；原用人单位已经参加工伤保险的，承继单位应当到当地经办机构办理工伤保险变更登记[⑤]。

用人单位实行承包经营的，工伤保险责任由职工劳动关系所在单位承担[⑥]。

职工被借调期间受到工伤事故伤害的，由原用人单位承担工伤保险责任，但原用人单位与借调单位可以约定补偿办法[⑦]。

用人单位应当建立工伤救助机制，工伤事故伤害发生后，工伤事故发生部门的相关负责人

① 《社会保险费征缴暂行条例》第二十九条。
② 《社会保险费征缴暂行条例》第二十九条。
③ 《工伤保险条例》第十七条。
④ 《工伤保险条例》第十七条。
⑤ 《工伤保险条例》第四十三条。
⑥ 《工伤保险条例》第四十三条。
⑦ 《工伤保险条例》第四十三条。

及同事应协助受伤员工于事故发生的第一时间送往就近医院救治，待危险过后可考虑转往社保定点医院。

用人单位人力资源部的社会保险负责人须在工伤认定期内向社保行政管理机构报案，准备好工伤认定的全部材料，向社保行政管理部门提出书面工伤认定申请，并依照程序申请医疗补助。

劳动能力鉴定：根据用人单位所在地社保局规定，提交材料进行工伤员工劳动能力鉴定。

工伤申领待遇（工伤医疗待遇与工伤补偿待遇需一同预约时间办理）：按照用人单位所在地社保局规定准备材料并提交社保局为工伤员工申领待遇。

三、情景解析

工伤保险的规范管理对于用人单位来说，主要情景包括：按照国家规定为全体职工参加工伤保险、按时缴纳工伤保险费用；提供劳动保护减少人身伤害事故的发生概率；万一发生事故，降低人身伤害程度；工伤事故或视同工伤事故发生后，第一时间救治伤员，在规定时间内向工伤保险部门报案；准备相关材料申报工伤认定、工伤待遇、劳动能力鉴定、职工恢复劳动能力后的安排等。这些情景均可在《工伤保险条例》以及单位所在地社保局工伤处理政策规定中找到相对固定的办事流程和规范，按照规定和流程办事即可。

工伤保险处理中还存在一些特殊情形，列举如下：

职工在从事本职工作中存在过失，只要不属于《工伤保险条例》第十六条规定的“故意犯罪、醉酒或者吸毒、自残或者自杀情形”[①]的，对工伤认定不产生影响。根据本条规定，只有在上述三种法定情形下，才能排除工伤认定。员工在履行工作职责时因疏忽受伤，不能排除工伤认定，也不能把员工的工伤与其工作之间的关联性割裂开来。建立工伤保险制度的一个重要原则是“无过错赔偿原则”，即无论工伤事故的责任方是企业、受伤员工本人还是其他职工，对伤残职工或死亡职工的遗属，都应当按照法定的工伤保险待遇标准给予经济补偿。如果把劳动者的主观过错当成排除工伤认定的条件，那么就违背了工伤保险制度的基本原则，不符合《工伤保险条例》保护劳动者合法权益的立法意图。一些用人单位主观上认为，如果他们订立了规章制度，就可以把职工主观犯错而造成伤害的情况“合法”地排除在工伤之外，是不可能得到法律支持的。例如，有的企业规定“职工应严格按照安全操作规程操作，违反安全操作规程造成伤害的，不予认定为工伤”，这样类似的表述都是无效的。

《工伤保险条例》第十四条第一项规定的“工作场所”，是指职工为履行岗位职责必须在其上作业的实际活动区域，根据岗位工作性质可以分为固定区域、非固定区域和临时活动区域。固定区域是指员工为履行岗位职责在工作时间内进行作业的主区域，比如，工作场所相对固定的办公室工作人员、流水线操作工等；非固定区域是指某些职位工作内容比较特殊，不能固定在特定工作场所，例如，邮递员、快递员；临时活动区域是指受上级派遣或实际需要，临时到某个工作场所，完成任务后即行离开，这样的工作场所就是临时活动区域。例如，发生突发性机械故障，抽调工程师到现场紧急抢修、某一员工受派遣临时参加会议等。在实践中，我们不难发现，由于工作场所的定义涵盖了与员工履行工作职责相关的所有区域，以及为履行岗位职责

---

① 《工伤保险条例》第十六条。

而必须扩大的合理延伸区域。所以，如果与员工工作职责相关的活动区域存在多个工作场地，则该员工的工作场所就应包含员工在多个工作场地之间发生位移过程经过的所有合理区域。这里提到的与其工作职责相关的多个工作场地之间的合理区域因为跟员工履行工作职责直接相关，是为完成岗位职责必须经过的空间，所以是工作场所的合理延伸，应当认定为工作场所。如果职工在这些合理区域受到意外伤害，应当认定为工伤。

以下资料是来自最高人民法院劳动争议司法意见指导案例大全(2015)的典型案例。

在天津经济开发区就业的孙先生接领导指示，去机场接一位客户，孙某在从位于鑫盛工业园区中心八楼的津燃重力有限公司办公室去停车场时不慎摔倒受伤，该伤害应该被认定为工伤，理由如下：位于鑫盛工业园区中心八楼的津燃重力有限公司办公室是孙先生的固定工作场所，而孙先生要履行去机场接回客户的职责，首先必须要到达汽车所在的停车场，从而可以认为停车场是孙先生履职的非固定工作场所。汽车停在工业园区内、商业中心外的一楼停车处。为了完成驾驶任务，孙先生必须从园区中心的八楼下到一楼门外的停车位。因此，园区中心的八楼与停车场之间的空间就是孙先生的两个工作场所之间的合理区域，应该认定为孙先生的工作场所。园区劳动局认为孙先生摔倒的地方不是他的工作场所，等于是排除了跨过两个工作场所完成工作任务的合理途径，这违反了生活常识，更不符合社会保险法立法的初衷。因此，“工作场所”应理解为包括工作时间内在多个工作场所之间来往的合理区域。

《工伤保险条例》第十四条第一项规定的“因工作原因”，是指职工受伤与其从事本职工作之间存在关联关系[①]。《工伤保险条例》第十四条第一项规定的“因工作原因”，指的是劳动者受到的伤害由其履行岗位职责引起的，履行岗位职责与伤害之间紧密相关。《工伤保险条例》第十四条规定：在工作时间和工作场所内，因工作原因受到事故伤害的，应当认定为工伤。这里，工作原因是核心要素，即使员工不是在工作时间、工作场所内受的伤，只要是因为工作原因，也应当被认定为工伤。工作场所和工作时间在工伤认定中的作用主要是突出工作原因，并在无法认定工作原因时用于推断其是否属于工作原因。基于这种精神，《最高人民法院关于审理工伤保险行政案件若干问题的规定》第四条第一项明确指出，在工作场所和工作时间内，如果没有证据证明员工的伤害是非工作原因造成的，也应认定为工伤。遗憾的是，对于“工作原因”这一重要概念，《工伤保险条例》却没有作出进一步的解释。在长期的工伤认定司法实践中，人们习惯于从《工伤保险条例》第一条的含义出发，“保护工伤……”，将这一“工作原因”定位为工作与伤害之间的“因果关系”。这种看似自然的理解有许多缺陷：从逻辑上讲，“因果关系”要求作为“原因”的“工作”对于作为“结果”的伤害起决定性作用，也就是说，它应该形成逻辑上的充分条件。然而，在实践中，意外伤害并不总是单独或直接因工作造成，其中总是混合了多种其他因素，出现“多因一果”的状态。在这种情况下，“多种原因一个结果”中的每个“原因”和“结果”之间在逻辑上就成为必要条件关系，而不是充分条件关系。此时，作为原因的“工作”与作为结果的“伤害”之间的关系就不属于严格逻辑意义上的“因果关系”。

劳动者超时加班发生工伤，用工单位、劳务派遣单位应当承担连带赔偿责任。《中华人民共和国劳动法》第三十八条规定：“用人单位应当保证劳动者每周至少休息一日。”第四十一条规定：“用人单位由于生产经营需要，经与工会和劳动者协商后可以延长工作时间，一般每日不

---

① 《工伤保险条例》第十四条。

得超过一小时;因特殊原因需要延长工作时间的,在保障劳动者身体健康的条件下延长工作时间每日不得超过三小时,但是每月不得超过三十六小时。"《中华人民共和国劳动合同法》第九十二条规定:"用工单位给被派遣劳动者造成损害的,劳务派遣单位与用工单位承担连带赔偿责任。"《国务院关于职工工作时间的规定》第三条规定:"职工每日工作8小时、每周工作40小时。"休息权是劳动者的基本劳动权利。即使用人单位向工人支付了加班费,劳动者的总工作时长也依然受到法定的可延长工作时间限制。在劳务派遣中,劳动者被安排加班,在这期间发生工伤时,劳务派遣服务公司和实际使用劳务派遣员工的用人单位应当对劳动者的损失承担连带赔偿责任。劳动者与劳务派遣服务机构、用人单位达成赔偿协议的,如果赔偿协议违反法律、行政法规的强制性规定,或者有欺诈、胁迫、乘人之危而签订时,该赔偿协议就应当被视为无效协议;当赔偿协议存在重大误解或明显不公平时,应当支持劳动者依法行使撤销权。

四、模拟案例:劳务派遣员工发生工伤,工伤待遇谁来承担?

2017年8月,津善津美劳动服务公司(已依法取得劳务派遣行政许可证)与星耀九洲传媒有限公司签订了劳务派遣服务协议,同意津善津美劳动服务公司为星耀九洲传媒有限公司提供劳务派遣服务,双方约定被派遣劳动者每天工作11个小时,保证每人每月最少工作时间不低于286小时。2017年9月,津善津美劳动服务公司雇用了李彦真,并将其派遣到星耀九洲传媒有限公司,但劳动服务公司没有为李彦真办理工伤保险。2018年8月、9月和11月,李彦真分别工作319小时、293小时和322.5小时,每个月休息时间最多3天。2018年11月30日,李彦真值夜班,工作时间为当天20点开始,次日早晨7点换班。12月1日凌晨5点多,李彦真晕倒在单位公共卫生间里,被早上打扫卫生的保洁员发现,报告领导后送医院抢救,经医院救治无效于当天死亡,死因为急性心肌梗死。2018年12月,星耀九洲传媒有限公司与李彦真家属签订了赔偿协议,约定由星耀九洲传媒有限公司支付工亡相关赔偿金共45万元,家属不得再向星耀九洲传媒有限公司提其他赔偿要求。

上述协议签订后,星耀九洲传媒有限公司实际支付李彦真家属各项费用共计450000余元。在这期间,李彦真家属向社会保险行政部门申请工伤认定并最终被认定为工伤,因为用人单位没有为李彦真办理工伤保险,根据规定,李彦真的工伤死亡待遇应由用人单位全部承担。根据《工伤保险条例》中工亡待遇的规定,需向李彦真家属一次性支付工亡补助金、丧葬补助金、供养亲属抚恤金合计770000元。仲裁裁决,由津善津美劳动服务公司和星耀九洲传媒有限公司共同赔偿,减去已经给付的45万元,尚有32万元须在规定期限内支付给李彦真家属。津善津美劳动服务公司和星耀九洲传媒有限公司不服仲裁裁决,诉至人民法院。法院一审判决结果与仲裁裁决结果一致,两家公司不服,继续提起上诉。二审经当地高级人民法院审判,判决结果是驳回上诉,维持原判。至此,本案用人单位与劳务派遣单位只得吞下不为员工缴纳工伤保险的苦果。

面对激烈的市场竞争,为了降低劳动力成本,实现利润最大化,个别用人单位长期安排劳动者加班,严重影响了劳动者的身心健康、家庭和谐和正常社会活动,在极端情况下,可能会对劳动者的生命健康造成威胁。本案是关于劳动者长时间超时加班工作发生工伤而引起的保险待遇纠纷,长期夜间加班工作可能是引起劳动者健康出现问题的重要原因。本案的判决明确了类似本案情况之下,需要用人单位与劳务派遣服务机构承担连带赔偿责任,这有助于避免劳务派遣中与劳动相关责任的真空现象的发生,体现了法律对劳动者合法权益的充分保护。同时,用人单位应当依法为劳动者缴纳工伤保险费、构建工伤保险体系,保护劳动者的权益,同时分散劳动者的风险和自身风险。

讨论题

(1)用人单位为了节约人工成本，是否可以不为员工办理工伤保险？

(2)单位不为员工办理工伤保险的风险有哪些？

五、观察练习：劳动争议案件审理过程

通过多种渠道查询当地劳动争议仲裁厅或者人民法院将要开庭审理的工伤争议案件，申请旁听。以小组形式到庭审现场观察工伤争议案件的审理经过，有条件的尽量争取从劳动争议仲裁厅或法院收集案件的详细资料，通过观察审理过程中用人单位、劳动者双方的争议焦点，以及劳动争议仲裁人员/法官的调解、审理行为和依据，梳理案情，还原案件情形，结合案件资料(如果能够拿到)，分析该案件发生的原因，指出用人单位和劳动者双方哪些行为符合本节列出的工伤保险管理过程中的典型行为，哪些行为属于产生这一劳动争议案件的风险来源。

六、模拟练习：工伤事故处理过程

本练习主要模拟用人单位和劳动者在工伤保险事故发生后的处理经过。第一，模拟用人单位人力资源部负责社会保险的人员在职工出现工伤保险事故时的行为，包括组织现场救护、拨打120救护、单位垫资等；第二，模拟向工伤保险管理机构报案行为，包括各种资料的准备、表格填写；第三，模拟为员工申请工伤保险支付，重点模拟各种资料准备以及表格填写；第四，模拟申请劳动能力鉴定，重点模拟准备各种必需的资料以及表格填写。学生通过实际操作体验医保管理过程中业务人员应具有的典型行为；第五，模拟工伤保险管理机构受理工伤报案、劳动能力鉴定机构接受鉴定申请等。操作指导如下：

(1)教师向学生阐明训练目的和知识准备。

(2)学生分组，每一大组又分为行为模拟小组和行为观察小组。

(3)教师指导大组选择情景主题。例如，工伤保险事故发生，向工伤保险管理机构报案，申请工伤保险支付等情景。

(4)行为模拟小组和行为观察小组分别进行模拟行动准备和观察准备，重点模拟合乎本节要求的典型行为。

(5)教师指导实施行为模拟观察。

(6)观察组阐述行为观察结果。

(7)每一大组提交一份行为观察模拟训练总结报告。

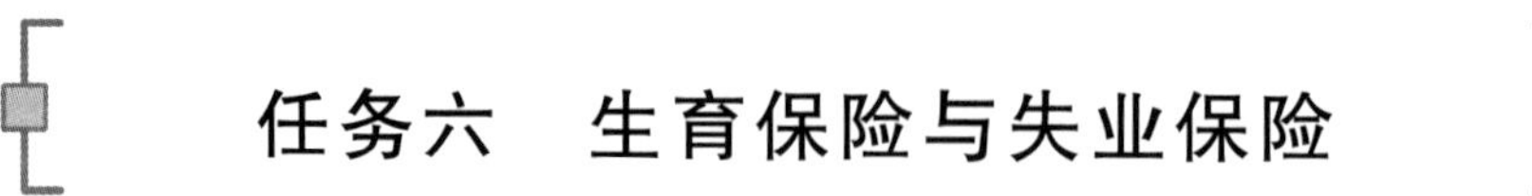

任务六　生育保险与失业保险

生育保险是国家通过立法形式明确的，是我国社会保障体系的重要组成部分。建立生育保险的目的在于，当女性劳动者因生育子女而中断劳动时，由国家和社会对她们提供必要的生活保障和物质帮助。国家通过生育保险基金可以为生育子女的女性劳动者提供生育津贴、医疗服务

和产假待遇，减轻其负担，保障其生活所需，维持其身体健康，并为婴儿的哺育和健康成长创造良好条件。从立法意图可以看出，生育保险对社会劳动力的生产具有十分重要的意义和作用。

在我国，生育保险是社会保险当中建立和运行时间比较晚的一个险种。1986 年卫生部、劳动人事部、全国总工会、全国妇联联合印发了《女职工保健工作暂行规定》。该规定是在全国范围内开展了 6 年调查研究，在此基础上经过科学论证，参考了世界上主要国家女性劳动者的劳动保护规定后制定的，对我国建立女性劳动者合法权益保障体系有重大作用。1988 年 7 月，国务院颁布了《女职工劳动保护规定》，对女职工就业、工作时间、产假待遇、孕期保护及其他福利等与女性劳动者权益密切相关的内容进行了详细规定，《女职工劳动保护规定》的适用范围是中国境内一切国家机关、团体、企事业单位，军队系统参照执行。1994 年 12 月，中华人民共和国劳动部发布了《企业职工生育保险试行办法》，适用范围明确为城镇企业及其职工，遵循属地原则组织生育保险，费用实行社会统筹。2019 年 3 月 25 日，国务院办公厅印发《关于全面推进生育保险和职工基本医疗保险合并实施的意见》。

概括来说，生育保险的作用主要是维护女性职工的基本权益，在女性职工孕期、产期、哺乳期以及流产期期间，减少其因生理原因带来的特殊困难，保证女性职工在上述特殊期间获得必要的经济收入和医疗照顾，保障女性及时恢复健康。具体来说，生育保险的作用有以下几个方面：

(1)施行生育保险是对妇女生育价值的认可。繁衍后代是人类得以延续的根本保障，女性职工生育是社会发展的需要，也是劳动力再生产的需要，妇女生育理应得到全社会合理的补偿，这是世界上大多数国家的共识，各国都制定有相应的政策予以保护。

(2)施行生育保险能够为女性职工生育提供基本生活保障。生育期间，妇女需要离开工作岗位，把大部分时间和精力用于照看孩子，生育保险制度通过生育假期、生育津贴、医疗服务等给予特殊保护，保障孕产妇的生活质量和身体健康。

(3)施行生育保险是提高人口素质的需要。生育保险为女职工从怀孕到生育全程的医学检查、保健、生产提供了齐全的服务，对胎儿健康生长进行监测，对于妇女在妊娠期间防病治病提供指导，对接触有毒有害物质的妇女采取特殊措施，重点保护，避免出现畸形儿，对哺乳期妇女进行辅导，从而提高人口质量。

失业保险制度是国家通过立法强制实行的一项社会保险制度，由社会统一建立失业保险基金，在一定时期内，为失业劳动者提供基本生活收入。

在我国，被认定为失业人员需满足三个条件：第一，失业是由客观原因造成的，而不是本人不愿意工作；第二，需到社区或失业保险管理机构办理失业登记；第三，主动求职。根据这三个条件，一些成员虽然没有工作但不能认定为失业人员，如在学校就读的大学生、军人等，或者处于劳动年龄阶段，没有工作但也不愿到社会上工作的人。

一、定义

生育保险，是指国家通过立法确立的、在参保的女性职工因生育子女而暂停提供劳动时，由国家和社会提供生活保障和物质帮助的一项社会保险制度。

生育津贴，是指女性劳动者因生育不能提供劳动而失去工资收入期间，为其支付的生活费用。

失业保险金是失业保险经办机构依法从失业保险基金中提取，支付给失业人员的基本生活费用，它是对失业人员在失业期间失去工资收入的临时补偿。

我国目前的法定劳动年龄范围是：16 周岁以上，男性 60 岁以下，党政机关、人民团体中的正、副县处级及相应职务层次的女干部，事业单位中担任党务、行政管理工作的相当于正、副处级的女干部和具有高级职称的女性专业技术人员，60 岁以下；一般女性工人 50 岁以下。

有劳动能力，是指失业人员具有从事社会劳动的正常行为能力。

虽然处在法定劳动年龄范围，但如果不具备正常的劳动能力，没有工作的，也不能视为失业人员，如精神病人、完全伤残不能从事任何社会性劳动的人员等。

二、典型行为与风险来源

生育保险和失业保险管理过程中的典型行为与风险来源如表 7-5 所示。

表 7-5　生育保险和失业保险管理过程中的典型行为与风险来源

典型行为	1. 用人单位主要领导、高层管理人员重视生育保险和失业保险参保与管理，按照国家规定责成本单位人力资源部门社会保险管理人员根据社会保险经办部门确定的缴费费率和缴费基数为全体员工缴纳生育和失业保险费。 2. 女性职工生育子女，人力资源管理部门社会保险管理人员提醒并提供报销生育保险待遇需要提交给生育保险管理部门的材料清单：计划生育证明（原件及复印件）；医疗部门出具的婴儿出生（死亡）证明（原件及复印件）；生育女职工、计划生育手术职工本人身份证（原件及复印件）；《企业职工生育医疗证申领表》；《企业职工计划生育手术医疗证申领表》；《企业职工生育医药费报销申请单》；《企业职工生育保险待遇核准结算表》；《企业职工生育保险外地就医申请表》；生育医疗费用票据、费用清单、门诊病历、出院小结等原始资料；收款收据。 3. 女职工怀孕后、流产或计划生育手术前，由用人单位或街道、镇劳动保障服务站工作人员携带申报材料到区社会劳动保险处生育保险窗口；工作人员受理核准后，签发医疗证；生育女职工产假满 30 天内，由用人单位或街道、镇劳动保障服务站工作人员携带申报材料到区社会劳动保险处生育保险窗口办理待遇结算；工作人员受理核准后，支付生育医疗费和生育津贴。 4. 女职工生育期间，领取《独生子女优待证》的男配偶享受 10 天假期，以孩子出生当月本单位人平缴费工资计发。 5. 劳动者失业后，根据规定向户籍所在地的街道社会保障事务所递交退工单、劳动手册。 6. 劳动者重新就业后，自觉告知社会保障事务所，停止领取失业金
风险来源	1. 用人单位领导授意人力资源管理人员不缴、停缴或缓缴部分或全体职工的生育保险和失业保险费，造成职工失去生育保险和失业保险。 2. 人力资源管理人员业务素质差或盲目顺从上级，不为职工缴纳社会保险或断缴社会保险。 3. 未对生育子女的女性职工尽到提醒责任，未提供需要留存的材料清单，造成女性职工无法享受生育保险或申请生育保险过程中遇到不应有的困难而付出大量额外努力。 4. 女职工怀孕后、流产或计划生育手术前，未及时到区社会劳动保险处生育保险窗口递交材料申请生育保险。 5. 女职工生育期间，以工作需要等为由不批准其配偶享受应有假期，或者批准假期但不予发放工资或未按规定足额发放。 6. 劳动者失业后，不按规定向户籍所在地的街道社会保障事务所递交退工单、劳动手册。 7. 劳动者重新就业后，隐瞒就业信息继续领取失业金

三、情景解析

当劳动者更换工作或跨省流动时，生育保险和失业保险、工伤保险不能随本人转移，养老保险可以随本人跨省转移，医疗保险可以转划，住房公积金也可以一次性转移账户全部余额。

女职工在休产假期间领取生育津贴，也就是以前所说的产假工资（为了与国际术语保持一致，产假工资改称为生育津贴）后，用人单位可以不向其支付工资。依据《中华人民共和国妇女权益保障法》第二十七条和《女职工劳动保护特别规定》第五条的规定，用人单位不得因女职工怀孕而降低其工资。京人社医发〔2011〕334 号文规定，生育津贴高于本人产假工资标准的，用人单位不得克扣；生育津贴低于本人产假工资标准的，差额部分由用人单位补足，各地也都出台了类似的法律规定。因此，如果生育津贴低于女职工生育或是实施计划生育前工资水平的，差额部分由用人单位补足。

《企业职工生育保险试行办法》第七条规定："女职工生育或流产后，由本人或所在企业持当地计划生育部门签发的计划生育证明，婴儿出生、死亡或者流产证明，到当地社会保险经办机构办理手续，领取生育津贴和报销生育医疗费。"故女职工流产的视情况不同而有区别。如果女职工流产后不能依法出具当地计划生育证明、流产证明的，比如未婚先孕并流产的，其流产费用就不能由生育保险基金支付。若流产女职工能出具领取生育保险金必要的证明，则其流产费用由生育保险基金支付。女职工流产期间无法工作，其经济收入会受到影响，本着保护女职工健康的原则，生育保险基金应当支付女职工流产产生的医疗费用。

《劳动法》第九条第一款第三项规定："女职工在孕期、产假、哺乳期内，用人单位不得以濒临破产需要裁员等为由与其解除劳动合同。"这一规定体现了法律对妇女权益的保护，女职工在生育期间的权利是受国家保护的，任何单位不得以休产假为由解除女职工的劳动合同。但是，"三期"女职工并非不可解除劳动合同，如果因为"三期"女职工符合可以解除劳动合同的法定情形，如严重违反用人单位管理规定，用人单位仍可依据《劳动合同法》予以解除。

《劳动合同法》第四十二条规定女职工在孕期、产期、哺乳期的，用人单位不得按照本法第四十条、第四十一条的规定解除劳动合同。根据《劳动合同法》第四十五条的规定，女职工在孕期、产期、哺乳期内劳动合同期限届满的，劳动合同应当延续至哺乳期满。用人单位不能因女职工在孕期、产期、哺乳期内劳动合同期限届满而解除劳动合同，必须待哺乳期满才能与之解除劳动合同，这是对女职工在此期间的特殊保护。

《中华人民共和国社会保险法》第五十六条第二款规定，"生育津贴按照职工所在用人单位上年度职工月平均工资计发。"①目前，各地区的生育津贴支付期限一般与产假期限相一致。根据 2021 年各地出台的产假规定，全国各地产假在 128 天至 190 之间，其中 128 天的有天津和江苏，产假有 190 天的是河南，多数省份将产假调整到了 158 天左右。男性陪产假为 7 天到 30 天不等，陪产假最少的是天津，为 7 天，最多的有甘肃、江西、河南等省份，为 30 天。各地规定的生育津贴支付标准大体上有四种方式：①按照女职工生育前的工资标准支付。②按照本单位上年度月平均工资计发。③按照职工缴纳社会保险费的基数计发。④按照社会平均工资标准计发。参加生育保险的人员，如果在异地生育，其相关待遇按照参保地政策标准执行。具

① 《中华人民共和国社会保险法》第五十六条。

体涉及生育医疗费用结算范围和标准，由各地区根据当地实际情况制定。

国家规定，单位必须为职工缴纳生育保险。如果未缴纳，职工生育保险待遇由单位承担。实际中，单位不给职工缴纳生育保险的现象并不少见。为了让这项社保福利真正落实，国家做出明确规定：用人单位不依法为职工缴纳生育保险，造成职工不能享受生育保险待遇的，由用人单位支付相关待遇费用，同时，社保管理机构应根据规定对未缴纳生育保险的用人单位征收社保滞纳金。

2019 年 3 月，国务院办公厅印发《关于全面推进生育保险和职工基本医疗保险合并实施的意见》，将生育保险基金与基本医疗保险基金合并。生育保险基金并入职工基本医疗保险基金，统一征缴，统筹层次一致。按照用人单位参加生育保险和职工基本医疗保险的缴费比例之和确定新的用人单位职工基本医疗保险费率，个人不缴纳生育保险费。同时，根据职工基本医疗保险基金支出情况和生育待遇的需求，按照收支平衡的原则，建立费率确定和调整机制。

两险合并后，职工基本医疗保险基金严格执行社会保险基金财务制度，不再单列生育保险基金收入，在职工基本医疗保险统筹基金待遇支出中设置生育待遇支出项目。探索建立健全基金风险预警机制，坚持基金运行情况公开，加强内部控制，强化基金行政监督和社会监督，确保基金安全运行。

两项保险合并实施后实行统一定点医疗服务管理。医疗保险经办机构与定点医疗机构签订相关医疗服务协议时，要将生育医疗服务有关要求和指标增加到协议内容中，并充分利用协议管理，强化对生育医疗服务的监控。执行基本医疗保险、工伤保险、生育保险药品目录以及基本医疗保险诊疗项目和医疗服务设施范围。

促进生育医疗服务行为规范。将生育医疗费用纳入医保支付方式改革范围，推动住院分娩等医疗费用按病种、产前检查按人头等方式付费。生育医疗费用原则上实行医疗保险经办机构与定点医疗机构直接结算。充分利用医保智能监控系统，强化监控和审核，控制生育医疗费用不合理增长。

两项保险合并实施后，要统一经办管理，规范经办流程。经办管理统一由基本医疗保险经办机构负责，经费列入同级财政预算。充分利用医疗保险信息系统平台，实行信息系统一体化运行。原有生育保险医疗费用结算平台可暂时保留，待条件成熟后并入医疗保险结算平台。完善统计信息系统，确保及时全面准确反映生育保险基金运行、待遇享受人员、待遇支付等方面情况。

生育保险待遇包括《中华人民共和国社会保险法》规定的生育医疗费用和生育津贴，所需资金从职工基本医疗保险基金中支付。生育津贴支付期限按照《女职工劳动保护特别规定》等法律法规规定的产假期限执行。

《中华人民共和国社会保险法》和《失业保险条例》规定失业人员重新就业后，再次失业的，缴费时间重新计算，领取失业保险金的期限可以与前次失业应领取而尚未领取的失业保险金的期限合并，但最长不能超过 24 个月[①]。对其中“最长不得超过 24 个月”的正确理解是：失业人员就业后再失业的，领取失业保险金的时间应根据每次就业期间的缴费年限单独计算，再次失业后领取失业保险金的时长，应将前一次失业领取失业保险金时长的剩余时长与再失业后

① 《中华人民共和国社会保险法》第四十六条。

应该享受的时长合并在一起计算。

根据《失业保险条例》和《失业保险金申领发放办法》的相关规定：在职劳动者在本省内跨地区调动，或者到其他省份就业，应当到失业保险经办机构办理失业保险关系转移手续。由经办机构出具劳动者参保及缴费情况证明，劳动者执此证明到迁入地失业保险经办机构接续失业保险关系，不需要转移资金。

失业人员领取失业保险金期间在本省内跨统筹地区调动的，由迁出地失业保险经办机构出具证明，失业人员凭证明和《职工失业保险手册》到迁入地经办机构接续失业保险关系，并按迁入地标准领取失业保险金，不需要划转资金。

四、模拟案例："三孩"政策实施之后生子，能享受什么样的生育保险待遇？

徐晓萍今年 27 岁，是黑龙江省牡丹江市爱民区一家人力资源服务公司的职员，在公司已经连续工作 6 年，目前工作稳定。2021 年 5 月 31 日，中共中央政治局召开会议，审议《关于优化生育政策促进人口长期均衡发展的决定》，就积极应对人口老龄化、调整生育政策等问题作出了部署，黑龙江省迅速出台了鼓励育龄妇女生育的"三孩"政策，不但提高了生育妇女的待遇，产假从 98 天延长到 180 天，配偶陪产假也延长至 15 天。同时，提高优生优育服务水平，发展普惠托育服务体系，推进教育公平与优质教育资源供给，降低家庭教育开支。完善生育休假与生育保险制度，加强税收、住房等支持政策，保障女性就业合法权益。在有利的政策环境面前，徐晓萍和丈夫考虑到工作、家庭等各方面情况已经趋于稳定，计划在 2022 年要一个孩子。2021 年 8 月份，徐晓萍到医院检查时，发现自己已经怀孕。成为一名准妈妈，徐晓萍和丈夫非常高兴，但由于是第一次计划要孩子，缺乏经验，两口子兴奋之余，也有点手足无措：一方面，怀孕之后觉得不管做什么事都有点畏首畏尾，格外紧张，生怕一不小心动了胎气，对胎儿发育不利；另一方面，公司已经为员工足额缴纳了五险，徐晓萍开始着手办理生育保险的相关手续，以保证自己怀孕以及未来生产期间能够享受到生育保险相关待遇。但是，由于徐晓萍并不是人力资源部管理人员对生育保险的各项规定她也是一知半解，以前偶尔也听亲戚朋友和同事们聊过生育津贴、生育小孩的医疗费用等事情，但总觉得生孩子离自己还很远，所以了解得并不清楚，自己能享受什么样的生育保险待遇也是一片茫然。于是她找公司负责社保的同事咨询，这才比较详细地了解了国家有关生育保险的相关规定，知道了职工在缴纳生育保险累计满 1 年的情况下，如果生育（流产）时仍在参保的，在产假期间就可以享受社保中心发放的生育津贴、住院生育相关费用、营养补助费、计划生育手术费用等。

据徐晓萍了解，其实产假工资和生育津贴是一回事，只是叫法不同，以前叫产假工资，后来为了与国际惯用的术语一致，用生育津贴代替了产假工资的叫法。如果所在单位已经为本单位员工缴纳了生育保险，那么生育津贴就会由生育保险基金支付；如果单位没有为员工缴纳生育保险，那么生育津贴就由单位按照有关规定支付。因为徐晓萍所在的单位按规定足额为每位员工缴纳了五险，这就意味着在她怀孕到生育期间，生育保险基金会支付孕检、住院费用、营养费、生育津贴等。其中生育津贴如果低于自己平时的工资性收入，公司还要补足差额部分。由于徐晓萍丈夫所在的单位也为员工缴纳了生育保险，这也就意味着在她生育期间，丈夫同样能够按规定享受一次性生育补贴。徐晓萍目前每个月工资性收入为 5200 元。

讨论题

(1)假设徐晓萍将来会采取顺产方式顺利产子，请说明她丈夫能够获得的补贴、陪产假等福利。

(2)请计算徐晓萍能够获得的生育津贴。

五、观察练习：生育保险办理流程

选择学校所在地的社会保障局社会保险业务办理大厅，现场观察生育保险待遇申请过程，收集大厅内各类社会保险的办事流程宣传资料等，了解当地社会保险办理所需提交的资料和办理业务流程，结合现场观察情况，对照本节典型行为和风险来源，与同学讨论塑造典型行为的方式方法和规避风险的措施。

六、模拟练习：办理生育保险和失业保险

在“大众创业，万众创新”的国家政策激励之下，众多的中小微企业应运而生。中小型民营企业和中小微企业由于资金紧张、业务范围窄、市场占有率低，往往想方设法降低人工成本，有时甚至不惜违反劳动法、社保法等法律。请以本学校学生“双创”成立的企业为对象，利用实习或勤工俭学的机会，深入了解该企业内部是否按规定为员工缴纳了足额的生育保险和失业保险。对照本节生育保险和失业保险风险控制要素和典型行为，找出该企业在哪些方面符合典型行为，控制得力，还需要在哪些方面做出改进。利用观察结果和收集到的资料，设计生育保险和失业保险管理特定情景，模拟该企业生育保险和失业保险管理过程，学生通过实际操作生育保险和失业保险业务办理过程，体验应具有的典型行为。操作指导如下：

(1)教师向学生阐明训练目的和知识准备。

(2)学生分组，每一大组又分为行为模拟小组和行为观察小组。

(3)教师指导大组选择情景主题。例如，在有限资源条件下，决策人员讨论确定本公司的社会保险制度、管理人员提出本部门生育保险和失业保险需求，人力资源部社保管理人员办理各项业务等。

(4)行为模拟小组和行为观察小组分别进行模拟行动准备和观察准备。

(5)教师指导实施行为模拟观察。

(6)观察组阐述行为观察结果。

(7)每一大组提交一份行为观察模拟训练总结报告。

项目八 女性与特殊群体劳动关系管理

引导案例

女性求职遭遇性别歧视，维权能否成功？

2021年6月24日，某高职院校文科应届毕业生郭晶莹在58同城网上看到苏州市吴中区东方烹饪职业技能培训学校在招聘文案人员，她认真阅读了招聘广告上对文案人员的任职资格要求、工作职责和薪资待遇等，认为自己完全具备招聘职位的资格要求，自己的实习工作经历证明有能力履行好这个岗位的工作职责，况且这个单位提供的岗位薪资待遇自己也能接受，便在网上提交了简历。

等待多天后没有得到任何回复，郭晶莹又浏览了58同城网上的招聘页面，才发现岗位要求有一条写着“本岗位限男性”的要求。郭晶莹觉得不可理解，明明这个职位男女都适合啊，怎么会有这样的规定？她带着疑问多次向东方烹饪职业技能培训学校人力资源管理部门咨询，没有得到满意的回答，郭晶莹干脆到学校当面了解，但人力资源部负责招聘的工作人员却坚持该岗位只招男性，并表示这个岗位不适合女生。

郭晶莹无奈，就此事向该学校求证是否认为女生比男生能力低，人事部一位负责人表示，他们没有性别歧视的意思，而是这个岗位的人经常要和男厨师一起出差，女生不方便。郭晶莹不服，于2021年7月向法院提起了诉讼。“企业拒绝女生的理由太多了，女生们不能再忍气吞声。”

2021年11月12日，这起“江苏就业性别歧视第一案”在苏州市吴中区人民法院宣判，法官认为被告不对原告是否符合其招聘条件进行审查，而直接以原告为女性、其需招录男性为由拒绝原告应聘，其行为侵犯了原告平等就业的权利，对原告实施了就业歧视。判令东方烹饪职业技能培训学校改正招聘广告中含有性别歧视内容的招聘信息，确保发布的信息真实、合法、有效。公开向郭晶莹道歉并根据实际情况决定是否录用郭晶莹，如果不录用则需给出明确的拒聘依据。

积极帮扶特殊群体稳健就业

齐明莉是重庆市涪陵区石泉乡金山村3组村民，出生于1996年5月。2021年8月，齐明莉突发疾病，虽然后来经多方就医治疗痊愈，但留下了视力残疾的后遗症。2021年11月，齐明莉在涪陵区启航助残公益中心南部项目部建立档案，由该公益中心帮助就业。在母亲的带领下，齐明莉来到南部项目部，在项目部的热心帮助下找到了众创空间的老师们。齐明莉的母亲讲述了三个月来带女儿四处求医的心酸，以及治愈疾病后留下视力残疾的后遗症现实，同时齐明莉表示，希望自己能够找到一份适合的工作，实现自立，期待得到公益中心和众创空间老师们的帮助。针对齐明莉的情况，南部残联首先为她办理了残疾证。众创空间的老师们详细了解了齐明莉的情况，首先对她进行了心理辅导，使她安然接受现状并进一步安抚她的情绪，使她心情更加平静。之后，老师们为齐明莉分析了一下残疾人就业的劣势，讲解了国家在保障残疾人就业方面的政策，从她自身文化水平、工作经历、能力特长等多个角度分析在就业市场上的可能选择。此外，老师们为她做了一个简单的面试培训，讲解了一些面试的小知识和小技巧，来提高齐明莉求职的自信心。最后启航公益中心的老师推荐齐明莉去涪陵区南部自强按摩店面试，老师们当场就与按摩店的老板汪小菲总经理联系，汪总表示，非常欢迎齐明莉。第二天下午，汪总打电话高兴地告诉启航公益中心的老师，齐明丽通过了面试，两天后就可以正式报到上班。同时，考虑按摩店的业务高峰期在晚上，下班的时间一般在凌晨00:00前后，齐明莉作为视力残疾的单身女孩子上下班不方便，公司特意安排了四人员工宿舍供其免费住宿，每天公司提供员工餐，象征性收取成本费。汪总表示，齐明莉比较满意公司环境和工作条件。

残疾人作为社会上的一个特殊就业群体，其就业需求比较迫切，同时，许多残疾人情绪表现出急躁性和偏激性，需要引导公益组织等专业群体加强对残疾人的专业心理辅导，提升他们的思想觉悟，引导和树立他们正确的职业心态，同时根据他们的就业需求，实现高效率高质量的精准帮扶。

以上案例涉及本项目我们将要讨论的女性就业和特殊群体就业相关知识及其就业风险管理，主要学习女性就业保护、权益、女性就业禁忌，特殊群体就业相关规定以及劳动关系建立、存续、解除、终止等管理当中可能产生的风险、原因及规避风险的措施。通过对我国关于女性就业、特殊群体就业法律法规的梳理、分析与解读，把法律法规对用人单位和女性职工、特殊群体在劳动过程中涉及的其自身以及利益相关者的权利、义务具体规定一一罗列出来，总结这些群体的劳动关系管理过程中的风险控制要素，规范用人单位及劳动者的行为，提出实践中用人单位和特殊劳动者双方的典型行为，指出风险来源，通过行为塑造，达到降低风险的目的。

任务一　项目目的

本项目目的是，系统学习我国关于女性就业、女性劳动权益保护、女性劳动禁忌、特殊群体相关劳动法律法规，总结用人单位日常对女性以及特殊群体劳动关系管理过程中惯常做法、流程、内容，明确劳动法律风险因素，确定风险环节，提出规避风险措施。分别从用人单位、女性劳动者、特殊群体、利益相关者等多个角度，分别总结归纳劳动关系管理过程中的典型行为和风险来源。通过观察、模拟相关行为，形成行为规范，降低女性及特殊群体劳动关系管理中的法律风险，保护用人单位及劳动者的合法权益。

任务二　风险控制要素与管理规范

女性劳动者因为其身体及生理特殊性，劳动过程涉及众多的劳动关系风险控制要素，如表8-1所示。

表 8-1　女性劳动过程中风险控制要素表

控制要素	管理规范
招聘与录用	1. 用人单位在招录职工的时候，除了《女职工劳动保护特别规定》中明确的不适合女性职工的工种或者岗位之外，不得以性别为由拒绝录用女性职工或者提高对女性职工的录用标准。 2. 用人单位在招录女性职工时，严格审查，禁止招收未满十六周岁的女工。 3. 招聘录用女性职工时，遵守人力资源社会保障部、教育部、司法部等九部门联合印发的《关于进一步规范招聘行为促进妇女就业的通知》，规避招聘环节中的就业性别歧视问题
薪酬、福利待遇和晋升	1. 用人单位在招用女工时，实行男女同工同酬。 2. 用人单位在制定分配住房、福利待遇制度时应坚持男女平等。 3. 用人单位在晋职、晋级、评定专业技术职务等方面，从制度设计到评定程序、流程都应当坚持男女平等的原则，不得歧视女性员工
劳动禁忌	1. 任何单位都应该根据女性员工的特点，依法保护女性员工在工作和劳动时的安全和健康，不得安排不适合女性职工从事的工作和劳动。 2. 女性职工在经期、孕期、产期、哺乳期受特殊保护。 3. 任何单位不得以女性职工结婚、怀孕、产假、哺乳等作为辞退她们的理由，也不得以之作为单方解除女职工劳动合同的根据
维护权益	1. 任何人不得侵害女职工的合法权益，当侵害女职工权益事件发生时，被侵害人有权要求有关部门依法处理，或者向人民法院上诉。 2. 有人侵害女职工的合法权益时，被侵害人可以向妇联投诉，妇联应当要求女职工所在单位依法查处，保护女职工的合法权益
性骚扰	1. 不得以任何方式对女职工进行性骚扰。女职工遭受性骚扰时，可以依法请求有关机关做出让骚扰者承担民事责任的处置。 2. 女性劳动者不得对他人实施性骚扰。 3. 政府、机关、团体、企事业单位等各类组织均应当采取合理的措施，如预防、受理投诉、调查处置等，防止和制止利用职权、从属关系等对他人实施性骚扰

续表

控制要素	管理规范
服役、退役军人	1.用人单位员工被征集服兵役的，按照规定为服兵役员工办理劳动关系中止手续。 2.服兵役员工退出现役后，要求继续回原单位工作的，用人单位按规定接收
残疾人	1.用人单位不得基于残疾对劳动者歧视，不得采取任何方式侮辱、侵害残疾人。 2.用人单位不得通过任何大众传播媒介或者其他方式贬低损害残疾人人格。 3.国家机关、社会团体、企业事业单位、民办非企业单位应当按照《中华人民共和国残疾人保障法》规定的比例安排残疾人就业，并为残疾人选择适当的工种和岗位①。 4.用人单位在职工的招用、转正、晋级、职称评定、劳动报酬、生活福利、休息休假、社会保险等方面，不得歧视残疾人②。 5.劳动条件和劳动保护。残疾职工所在单位应当根据残疾职工的特点，提供适当的劳动条件和劳动保护，并根据实际需要对劳动场所、劳动设备和生活设施进行改造③。 6.职业技能。残疾职工所在单位应当对残疾职工进行岗位技术培训，提高其劳动技能和技术水平④。 7.任何单位和个人不得以暴力、威胁或者非法限制人身自由的手段强迫残疾人劳动⑤
外国人	1.外国人在中国就业，需拿到Z字签证。获准来中国工作的外国人，应凭许可证书及本国有效护照或能代替护照的证件，到中国驻外使、领馆处申请Z字签证⑥。 2.用人单位聘用外国人须为该外国人申请就业许可，经获准并取得《中华人民共和国外国人就业许可证书》后方可聘用⑦。 3.用人单位聘用外国人从事的岗位应是有特殊需要，国内暂缺适当人选，且不违反国家有关规定的岗位⑧。 4.除了经文化和旅游部批准持有《临时营业演出许可证》进行营业性文艺演出的外国人外，用人单位不得聘用外国人从事营业性文艺演出⑨。 5.外商投资企业聘雇外国人，无须行业主管部门审批，可凭合同、章程、批准证书、营业执照和所需文件直接到劳动行政部门发证机关申领许可证书⑩。 6.用人单位与被聘用的外国人应依法订立劳动合同，劳动合同期限最长不得超过五年。劳动合同期限届满即行终止，但按《外国人在中国就业管理规定》第十九条的规定履行审批手续后可以续订⑪。

① 《中华人民共和国残疾人保障法》第三十三条。
② 《中华人民共和国残疾人保障法》第三十八条。
③ 《中华人民共和国残疾人保障法》第三十八条。
④ 《中华人民共和国残疾人保障法》第三十九条。
⑤ 《中华人民共和国残疾人保障法》第四十条。
⑥ 《外国人在中国就业管理规定(2017 修改版)》第十四条。
⑦ 《外国人在中国就业管理规定(2017 修改版)》第五条。
⑧ 《外国人在中国就业管理规定(2017 修改版)》第六条。
⑨ 《外国人在中国就业管理规定(2017 修改版)》第六条、第九条。
⑩ 《外国人在中国就业管理规定(2017 修改版)》第十三条。
⑪ 《外国人在中国就业管理规定(2017 修改版)》第十七条。

续表

控制要素	管理规范
外国人	7. 被聘用的外国人与用人单位签订的劳动合同期满时，其就业证即行失效。如需续订，该用人单位应在原合同期满前三十日内，向劳动行政部门提出延长聘用时间的申请，经批准并办理就业证延期手续①

女性就业和特殊群体就业管理均比较特殊，不但受《中华人民共和国劳动法》《中华人民共和国劳动合同法》等普适性法律法规的调节，而且我国分别制定了针对不同特殊人群的相应法律法规，在对这些群体劳动关系实施管理的过程中，需要详细、综合考虑，注意管理行为的合法性和规范性。

任务三　女性劳动者劳动关系管理

女性和特殊群体就业一直是社会各界广泛关注的问题，中华人民共和国成立以后，我国政府立法保护女性合法权益、倡导男女平等，女性在各行各业都取得了杰出的成就，社会地位得以迅速提升。据世界经合组织的报道，近年来，在接受调查的 35 个国家中，25 岁以下女性接受高等教育的比例平均高于男性 11%，而且这一趋势未来将继续。在毕业生中，受到高等教育的男性收入高于女性，而同等学力的情况下，男性就业率要高于女性。在我国，随着高等教育的快速发展，女性接受高等教育机会不断增加。2021 年 12 月 22 日，中国信息报刊登国家统计局根据《中国妇女发展纲要（2011—2020 年）》的监测指标数据和相关资料，对《中国妇女发展纲要（2011—2020 年）》提出的中国妇女在健康、教育、经济、决策和管理、社会保障、环境、法律等七个领域的实施情况进行了终期统计监测。结果表明，2011 年至 2020 年的十年间，我国女性的社会地位显著提高，促进男女平等和女性全面发展取得了历史性的新成就，妇女的获得感、幸福感、安全感显著增强。2020 年，我国在校女研究生的人数接近一百六十万人，在全部研究生中占比超过 1/2，比 2010 年提高 3.1%；普通高校在校生中女生人数将近一千七百万，全体在校大学生的男女比例为 49∶51，比 2010 年提高 0.1%；成人高校女大学生数量突破四百五十万人，在读男女比例为 42∶58，比 2010 年提高 4.9%。第七次全国人口普查结果显示，2020 年全国 15 岁及以上人口平均受教育年限为 9.91 年，其中男性 10.22 年，女性 9.59 年，十年来，这一差距减少了 0.2 年，男性和女性平均受教育水平差距进一步缩小。2020 年，全国文盲率 2.67%，其中女性文盲率是 4.10%，十年间下降 2.1%，文盲率的性别差距十年间缩小了 1.3 个百分点。教育水平的不断提高，使女性在社会经济生活各方面都拥有了进一步实现价值、发挥作用、赢得话语权的坚实基础。

我国女性职工就业渠道不断拓宽，女性就业人数稳步增长，全社会就业人员中女性比重保持在四成以上。2020 年，城镇单位中，女性就业人员数量达到 67 794 000 人，比 2010 年增加

① 《外国人在中国就业管理规定（2017 修改版）》第十八条。

19 179 000 人，增长率接近 40%。全社会就业人员中男女比例为 56.5∶43.5，用人单位对女职工的劳动保护大大加强。2012 年，国务院颁布《女职工劳动保护特别规定》，这部行政法规的出台和实施，进一步有力地维护了女性劳动者在劳动中的合法权益。它是为了保护女性劳动者的健康，减少和解决女职工在劳动中由于生理特点造成的特殊困难而推出的，大大推进了女职工劳动条件的持续改善。2020 年，全国企业中有 71.3%都在贯彻执行《女职工劳动保护特别规定》，在企业经营管理当中，女性的参与程度更加深入。进入 21 世纪的 20 多年来，在中国共产党的坚强领导下，我国经济社会发展速度明显加快，社会大众的思想观念不断更新，干部选拔任用机制向着公开化、透明化、择优选良方向持续完善，在政府决策、社会事务、企事业单位管理中，女性占据的地位越来越重要。2020 年，企业职工董事中，女性比例达到了 34.9%，比 2010 年提高 2.2 个百分点；企业职工监事中，女性比例达到了 38.2%，比 2010 年提高了 3 个百分点。女性代表占到了企业职工代表大会代表总数的百分之三十以上，达到 30.2%，比 2010 年提高 1.2%。我国妇女事业取得了长足的进步，同时，也应该看到，妇女事业发展还存在比较突出的不平衡不充分问题，需要进一步加强相关领域中女性职工的权益保障工作。例如，北京师范大学劳动力市场中心发布的《2016 中国劳动力市场发展报告》指出，我国女性劳动参与率低于男性，平均工资水平也比男性低，女性劳动者在就业和晋升中受到一定的限制。从世界各国的女性劳动参与率横向比较来看，中国女性劳动参与率为接近 70%（世界银行数据），排在世界前列。同时，世界各国男性劳动参与率均高于女性（如图 8-1 所示），这是普遍现象，原因在于，适合男性的工作比女性多出很多，这一点，从《女职工禁忌劳动范围的规定》可见一斑。

对此，有些专家表示，女性在就业、晋升、工作稳定性、薪酬等方面都可能受到阻碍，认为"隐性歧视"已经成为就业领域对女性歧视的新趋势。对于此观点，许多专家也表达不同看法，认为女性遭受歧视在个别地方个别组织的确存在，但中华人民共和国成立以来，我国政府在促进男女平等方面付出了持续不断的努力，成效显著，在绝大多数地方和各类组织中，女性的地位都空前提高，男女平等早已实现，很多地方女性的地位高于男性并不鲜见。同时，我们也应该看到，随着高校女生比例不断上升和"全面二孩"政策的放开，中央和地方鼓励"三孩"政策的陆续出台，女性在职场上将承受越来越大的压力。女性在职场上遭受的种种不公应当被消除，这不仅是男女性别平等的需要，也是在经济发展中发挥"性别红利"的深层次需要，有利于促进我国经济发展。

一、定义

女性就业：指女性进入劳动力市场谋得职业，参加社会工作，获取劳动报酬。

就业性别歧视：结合国际劳工组织《1958 年消除就业和职业歧视公约》中明确界定的就业歧视，即"基于种族、肤色、性别、宗教、政治见解、民族血统或社会出身等原因，具有取消或损害就业或职业机会均等或待遇平等作用的任何区别、排斥或优惠；有关会员国经与有代表性的雇主组织和工人组织（如存在此种组织）以及其他适当机构协商后可能确定的、具有取消或损害就业或职业机会均等或待遇平等作用的其他此种区别、排斥或优惠"以及 1979 年第 34 届联合国大会通过的《消除对妇女一切形式歧视公约》对性别歧视的界定"基于性别而作的任何区别、排斥或限制，其影响或其目的均足以妨碍或否认妇女不论已婚未婚在男女平等的基础上认识、享有或行使在政治、经济、社会、文化、公民或任何其他方面的人权和基本自由"。就业性别歧

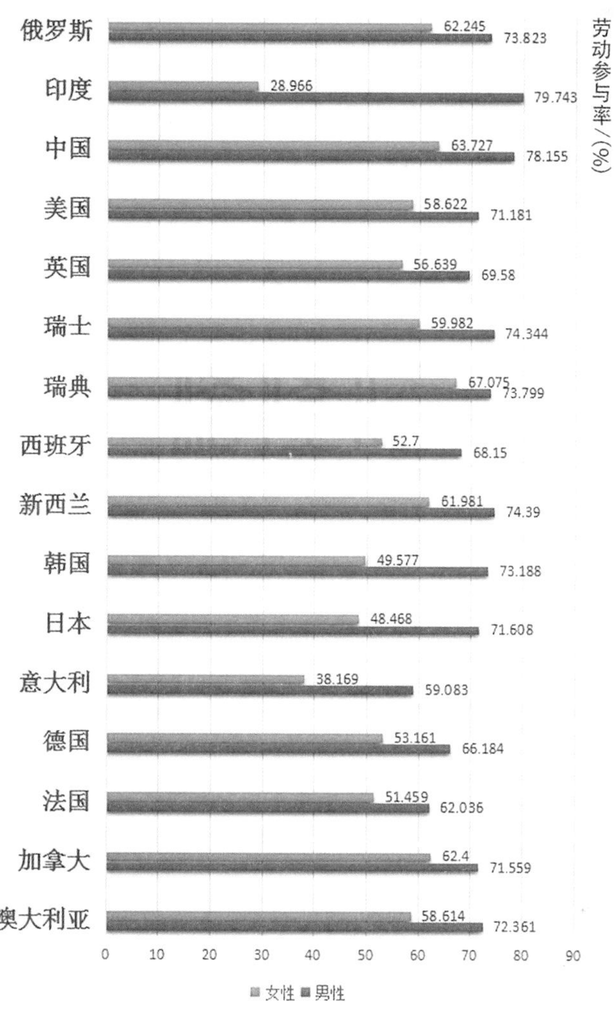

图 8-1 世界主要国家男女劳动参与率情况

视可以被定义为“基于性别的、具有取消或损害就业方面的机会平等或待遇平等作用的任何区别、排斥或优惠”。

就业性别歧视可分为直接就业性别歧视和间接就业性别歧视。

直接就业性别歧视(也称显性就业性别歧视)是指公开地、有明显意图地将女性群体置于不利境况,使其在其他条件相同的情况下受到不公平的区别对待的行为。比如,一些用人单位在招聘中,时常针对女性公开设置额外“门槛”,使求职女性处于不利境地:招聘广告中公开宣称“本职位仅限男性”,或者“男性优先考虑”等表达;筛选简历时把性别设置为过滤性条件,直接拒绝女性求职者的简历;候选条件相当时,提高对女性的某方面要求;对于女性求职者,添加与完成工作无关的个人条件,如身材、容貌、属相等;公开要求女性求职者入职后的一定时间内不得结婚或生育等。

间接就业性别歧视(也称隐性就业性别歧视)是指非公开地、看似无意图地将某些个人或群体置于不利境况,使其在其他条件相同的情况下由于女性身份受到不公平的区别对待的行为。间接歧视在现实社会中普遍存在,通常较难发现,但却具有实质性的不利影响,因此也被称为实质性歧视。例如，一些用人单位的招聘广告中虽然没有出现歧视性语言，但在后续的招聘环节中出现排斥女性候选人的言行或措施：以各种理由拒绝女性候选人参加后续考核；在面试、笔试、评价中心等环节有意无意地表露出对男性求职者的偏向；询问女性求职者与履职无关的家庭情况，如何时结婚、打算什么时候生小孩等；以招聘职位需要经常加班、出差或到艰苦地方工作等为由，探问女性候选人的家庭负担情况。

职场性骚扰：联合国《消除对妇女一切形式歧视公约》第 19 号一般性建议将性骚扰定义为："一种不受欢迎的与性相关的行为，例如身体接触和接近、以性为借口的评论、以文字或者行为表现出来的与色情和性相关的要求 。"国际劳工组织专家委员会采纳的性骚扰定义更为宽泛，这个定义把与性有关的评论、玩笑、暗示，以及与性相关联的淫荡的表情或者身体接触（例如触摸、爱抚、拧捏或者伤害等行为）均纳入性骚扰范围。

言语性骚扰是指任何人当面讲让受害者感到尴尬或不舒服的关于性的言论，如当面或当众讲黄色笑话或者用污秽的言语对受害者评头论足。主要特点是语言中有意出现较为露骨的性暗示，或者使人产生性联想的表述，甚至直接赤裸裸地表达性要求。骚扰与出于爱慕的表白、求爱存在本质的区别，后者建立在真诚、尊重甚至是崇拜的基础上，是发自内心的情感表露，而骚扰是以寻求心理刺激、感官快感为目的，是猥琐心理的外在表现。

行为性骚扰一般是指对被骚扰者做出令其感觉不适的低俗下流的动作，例如抚摸、拧、掐对方的身体部位，或者暴露自己的性器官、做出下流动作等。

环境性骚扰指的是通过布置环境给受害者以不适和被侵犯的方式，比如摆放性刺激图片、淫秽书刊物品，播放淫秽音像制品等。

校园性骚扰的受害人多是学生，并且许多人属于未成年人，他们面对来自学校内部的性骚扰行为有时是无法做出界定和表述的，甚至并不知道自己受到了性骚扰。而由于校内活动和环境较为封闭，学生遭遇性骚扰往往在旁人难以察觉的情况下发生，特别是高校具有利益关系的导师与学生之间的性骚扰行为更难以举证。

校园性骚扰的核心不在于施害者与受害者的性别、地点等外在因素，而在于二者之间具有的"校园关系"，这类关系中的强势方通过"权力"滥用而实行性骚扰行为。这段关系中的弱势方只能是学生，强势方可以是教师、校领导等影响学生前途的角色。校领导对教师、教师对教师的性骚扰更应该属于职场性骚扰的范围。

公共场所性骚扰通常是针对女性发生的，男性几乎没有在公共场所被评论、骚扰的恐惧，而女性则经常与这些事件和恐惧作斗争。这种性骚扰广泛出现于大量女性走出自己的家庭，开始独立于男性、进出公共场所之后。这种发生在公共场所的性骚扰主要分为非身体形式的骚扰和身体形式的骚扰。非身体形式的骚扰有：吹口哨、打响指、尾随、粗俗手势发出亲吻声等，身体形式的骚扰可能包括：触摸、掐、抓、阻挡等。

在职业场所中，由于上下级的地位、权力的不对等，下级很容易受到来自上级的性骚扰。大体可以分为非身体形式和身体形式两种，但是相比于公共场所性骚扰，职业场所性骚扰的受害者由于自身处于权力更弱的一方，因此更难以发声维护自己的权利。受害者拒绝上级的骚扰行为可能会影响其职业发展，而服从这种行为会使其对工作环境产生反感，影响其工作表现。职业场所性骚扰的受害者不仅有女性，也有男性，但女性的比例要高一些。职业场所性骚扰与公共场所性骚扰也有相似的地方，两者都广泛出现于 20 世纪女性开始进入职场之后。这时候的女性走出家庭、独立于男性，受到性骚扰的概率大大增长。但女性的独立绝不是性骚扰发生的原因，问题根本还是在于性骚扰者的不轨行为。

家庭性骚扰一般发生在有一定亲属关系或在同一家庭内居住生活的人之间。这种情况更容易出现在兄弟对姐妹、继父对继女等关系之中，也有雇主对家庭佣工进行性骚扰的情况。有研究表明，与未婚女性家庭佣工相比，已婚女性家庭佣工遭受性骚扰的频率更高。当然，有的男性也会遭到家庭内部女亲属的骚扰。除此之外，在曾经有过婚姻关系的男女之间，离婚之后也很容易受到来自前任伴侣的性骚扰。

网络性骚扰属于一种网络侵权行为，但并不是一种具有特别构成要素的侵权行为，而是特指发生在网络环境下的侵权行为。网络性骚扰是通过网络实施，违背他人意愿，影响他人人格尊严的与性有关但没有身体接触的言行。受害者会被反感的言语骚扰，比如黄色笑话、性暗示、过问和评论私生活，还有看到一些具有性含义的用户名、收到一些令人反感的色情文学或者图片等。网络性骚扰不一定会带来实际威胁，但同样对受害者的心理和人格造成伤害。

二、典型行为与风险来源

涉及女性劳动关系管理过程的典型行为与风险来源均与女性相关的法律法规关联，由于复杂的历史原因，我国女性劳动者遭受的不公正待遇较多，对她们劳动权益的保护也在不断加强，所以相关法律法规多，政令源头多、政令涉及方方面面，这对于保护女性劳动者来说是好的。女性劳动关系管理中的典型行为和风险来源如表 8-2 所示。

表 8-2　女性劳动关系管理中的典型行为和风险来源

典型行为	1. 根据《中华人民共和国宪法》《中华人民共和国劳动法》和《中华人民共和国劳动合同法》《妇女权益保障法》《女职工劳动保护特别规定》等相关法律法规规定，遵守男女平等的原则，为女性提供适合的就业机会。 2. 用人单位在招录职工的时候，招聘广告中不出现涉嫌歧视女性的表述，如“男性优先”“女性要求未婚”“女性要求已婚已育”等。 3. 不得以性别为由拒绝录用女性职工或者提高对女性职工的录用标准，如“本岗位只招男性”“要求大专学历（女性要求本科以上）”。《女职工劳动保护特别规定》中明确的不适合女性职工的工种或者岗位除外。 4. 用人单位在招录女性职工时，严格审查，必要时向公安机关求证，避免招收未满十六周岁的女工（国家规定的特殊行业如文艺类除外）。 5. 用人单位确立劳动关系使用统一的规范劳动合同文本，体现男女员工同工同酬。同等条件下，薪酬谈判时不以对方为女性而有意给出比男性劳动者明显偏低的薪酬待遇。 6. 面试中避免询问女性婚姻状况、生育情况，未要求女性做妊娠测试，避免提出入职后限制女性生育等。 7. 用人单位在制定分配住房、福利待遇制度时坚持男女平等原则，员工在相同规则下分配各类福利待遇。涉及晋职、晋级、评定专业技术职务等，从制度层面到操作层面，都坚持做到男女平等。 8. 按照国家规定为处于生理期、孕期、产期、哺乳期的女性提供相应保护和保障，提供相应待遇。 9. 制定防止对女性的性骚扰制度并严格执行

续表

风险来源	1.违反我国相关法律法规关于保障男女平等就业的原则要求，在就业机会上公开歧视女性，或者采取潜规则歧视女性。 2.用人单位招聘广告中出现涉嫌歧视女性的表述，如“男性优先”“女性要求未婚”“女性要求已婚已育”等。 3.公开或暗地里以性别为由拒绝录用女性职工或者提高对女性职工的录用标准(《女职工劳动保护特别规定》中明确的不适合女性职工的工种或者岗位除外)。 4.安排女性职工从事《女职工劳动保护特别规定》中明确的不适合女性职工的工种或者岗位，或者安排女性职工在生理期、孕期、产期、哺乳期从事国家规定的禁忌劳动。 5.用人单位在招录女性职工时，审查不严或故意漏审，有意招入未满十六周岁的女工。 6.用人单位确立劳动关系使用男女有明显差别的劳动合同文本，压低女性薪酬待遇，同工不同酬。同等条件下，薪酬谈判时有意给女性开出比男性劳动者明显偏低的薪酬待遇。 7.面试中坚持询问女性婚姻状况、生育情况，把妊娠测试作为入职体检项目，要求女性提供未怀孕的证明，提出入职若干年内限制女性生育的入职条件。 8.用人单位在制定分配住房、福利待遇制度时偏向男性群体，或在操作分配各类福利待遇时对男性有实质性偏向。涉及晋职、晋级、评定专业技术职务等，从制度层面到操作层面，存在偏向男性或女性话语权偏弱等现象。 9.违反国家相关规定，对待处于生理期、孕期、产期、哺乳期的女性提出有违法律法规的要求、条件，做出违法安排，不提供保护或保障，降低相应待遇。 10.防止对女性性骚扰的制度缺失，性骚扰教育缺位，员工分不清性骚扰界限，在多个场合出现不同形式的对女性的性骚扰

三、情景解析

2018年3月11日第十三届全国人民代表大会第一次会议通过的《中华人民共和国宪法修正案》第四十八条规定：“中华人民共和国妇女在政治的、经济的、文化的、社会的和家庭的生活等各方面享有同男子平等的权利。国家保护妇女的权利和利益，实行男女同工同酬，培养和选拔妇女干部。”2018年12月29日，第十三届全国人民代表大会常务委员会第七次会议通过《关于修改〈中华人民共和国劳动法〉等七部法律的决定》，第二次修正《中华人民共和国劳动法》，新修正的劳动法第十三条规定：“妇女享有与男子平等的就业权利。在录用职工时，除国家规定的不适合妇女的工种或者岗位外，不得以性别为由拒绝录用妇女或者提高对妇女的录用标准。”《宪法》是我国的根本大法，《劳动法》是调节劳动关系的基础性法律，两部法律均对男女享有平等就业的权利做出了规定，成为我国各行各业、不同层次用人单位在提供就业机会时都应该遵循的基本原则，保障男女平等就业，保证同工同酬。

用人单位的规章制度需要在现行法律法规框架内制定，遵守男女平等的原则。在实际管理过程中，必须做到与法律法规、单位规章制度一致，不出现歧视女性的意思表述，不拒收女性，不提高女性招录标准，不因相同岗位劳动者性别不同而享受不同待遇。

2021年5月，中央制定出台放开“三胎”生育政策，这是应对我国老龄化和少子化并存这一严重问题的良方，但是，也可能会增加职场女性的担忧。2021年8月20日，十三届全国人大常委会第三十次会议通过了关于修改人口与计划生育法的决定。生育问题是维系国家民族人口繁衍的根本性问题，第七次全国人口普查结果显示，我国老龄人口占比显著提升，老龄人口占比不仅首次突破10%（达到13.5%），而且增幅高达4.63个百分点，显示人口老龄化正在加速。同时，我国总人口增速进一步减缓。2020年我国总人口为14.12亿人，2010—2020年间总人口增长了5.38%，低于2000—2010年（5.84%），明显低于1982—1990年（12.45%）和1990—2000年（11.66%）。以上数据说明，我国人口结构比例失调严重，完善生育假期制度势在必行，放开三胎的生育政策为此提供了契机。生育假期属于国家福利问题，涉及妇女权益保障、儿童成长以及家庭养老育幼功能实现等诸多方面，因此，对于其设立和落实需从多方位考量。设立生育假期，既要保障劳动者的平等就业权利，又不能妨碍企业的生产效率，必须考虑到各方利益平衡。国家制定政策放开"三胎"之后，各地纷纷出台诸如延长产假、护理假，新增育儿假，为生育孩子的家庭发放现金等"落实三孩政策福利"。

这份生育福利"大礼包"使不少职场女性感到欣喜，同时也心生隐忧，担心企业不会配合，更担心自己的就业会变难、从业环境会变差。焦虑不无道理。某招聘机构发布的《2021中国女性职场现状调查报告》显示，有近六成的女性在求职过程中被问及婚姻生育状况，而同一问题仅有两成男性会被问到。由于女性生育假成本大多是由用人单位直接承担的，所以育龄员工如果多次生育，无疑会给用人单位带来压力。许多人力资源工作负责人坦言，单位招聘时，虽然同岗位同专业的一些女性应聘者更加优秀，但考虑到用人成本，在招聘新员工的时候确实一直或多或少存在性别歧视现象。而在生育新政出台后，单位会更加顾虑重重，一般情况下会优先择优录取男性，这也是许多单位用人的潜规则。生育奖励假是对产假的进一步延长，增加女职工照顾子女的假期，可以缓解女性照料子女与就业之间的矛盾，也有利于增加纯母乳喂养时间。但是，各地出台的延长生育奖励假规定，成本全都由用人单位承担，压力全在用人单位，这会进一步增加用人单位在招聘女性时的顾虑，对女性就业产生消极影响。中华女子学院法学院讲师、研究生教研室主任唐芳指出，女职工生育休假的延长，会增加用工单位管理成本，更为严重的是，目前生育奖励假期间的待遇，除了个别省份规定由生育保险基金承担外，绝大多数省份都由女职工所在的用人单位承担，导致用人单位更倾向招用男职工并且更多投资于男性人力资本，增加了女性就业的困难。

当今中国，无论哪个领域，都有中国女性的身影，在社会的各个领域，女性也丝毫不逊色于男性。女性在社会各个领域拥有越来越重要的话语权，因此，用人单位在制定分配住房、福利待遇制度时坚持男女平等不只是口号，而是基本上都落到实处，在晋职、晋级、评定专业技术职务等事关每个人切身利益方面，用人单位基本上都做到了从制度层面到操作层面全面的男女平等。

处于生理期、孕期、产期、哺乳期的女性享受特殊保障和待遇。女职工在孕期、产期、哺乳期的，用人单位不得按《劳动合同法》第四十条、第四十一条解除劳动合同。用人单位不得因女职工怀孕、生育、哺乳而降低其工资、予以辞退、与其解除劳动或者聘用合同。女职工在孕期不能适应原劳动的，应根据医疗机构的证明，予以减轻劳动量或者安排其他能够适应的劳动。对怀孕7个月以上的女职工，不得延长劳动时间或者安排夜班劳动，并应当在劳动时间内安排一定的休息时间。怀孕女职工在劳动时间内进行产前检查，所需时间计入劳动时间。

用人单位应当遵守女职工禁忌从事的劳动范围的规定，应当将本单位属于女职工禁忌从事的劳动范围的岗位书面告知女职工。

用人单位要开展防范性骚扰的主题培训，使职工明白国家关于性骚扰的法律规定、性骚扰的范围，制定规章制度，防范各类性骚扰的出现。用人单位的领导干部都应该率先垂范，带好头、起好步，以上率下，做到对女性的应有尊重。

四、模拟案例：突如其来的职场性骚扰

谢雯婷是一个性格开朗、美丽善良的女孩子，出生于1995年，大学毕业后在深圳某公司工作，未婚。王某苛与谢雯婷在一个部门工作，是谢雯婷所在单位部门的负责人，已婚男，34岁。平时，因为工作的关系，两个人有一些工作上的往来，比较熟悉。

2020年6月21日下午下班后，王某苛邀请同部门包括谢雯婷在内的一行六人出去聚餐。饭后，六人感到意犹未尽，就商量又到饭店附近的一家歌厅去唱歌。六个人开了一个歌厅包间，服务生为六人送来了啤酒、小吃等。其间，六个人又喝了一些啤酒。谢雯婷平时很少喝酒，酒量很小，这天高兴多喝了一些，便感觉不胜酒力，有些头晕不舒服，便向另外五人提出想提前回家。王某苛提出送谢雯婷回家，扶着已经站立不稳的谢雯婷向歌厅外走去。走出歌厅大门，一阵风吹过，谢雯婷因走路摇动，加上风吹，引起了剧烈的酒精反应，开始呕吐，并挣脱王某苛的搀扶、踉踉跄跄地跑向卫生间。王某苛见状，跟随到卫生间，并从卫生间强行拽着谢雯婷胳膊走出了歌厅。

王某苛拉着谢雯婷站在路边，伸手叫到了一辆出租车，扶着谢雯婷上了出租车的后排座位。上车后，王某苛让谢雯婷先躺下，谢雯婷在酒精的刺激下，意识有些模糊，感到强烈的头晕目眩，所以一直不肯躺下。这时王某苛突然强行把谢雯婷摁倒在车座上，并伏身凑上嘴，强吻谢雯婷。谢雯婷又惊又羞又怒又怕，出于传统思想的束缚，以及王某苛领导的身份，没有大声地呼救，而是选择了挣扎着推开王某苛。反复多次之后，身体单薄加上酒精的作用，谢雯婷逐渐失去了抵抗的能力。此后，王某苛更加放肆地把手伸进谢雯婷的衣服里乱摸起来，并满嘴胡言乱语，要求谢雯婷与其保持不正当的男女关系。一路上王某苛一直没有停止对谢雯婷的侵犯，一直持续进行到谢雯婷家所在地。

下车后，谢雯婷由于在车上激烈反抗，激发了酒精反应，开始蹲在路边呕吐。这时，王某苛又拦下一辆出租车，把几乎没什么抵抗能力的谢雯婷又一次强行拽上车，一上车王某苛的手又开始继续在谢雯婷身上到处乱摸。车子开到一个茶座附近，谢雯婷忍不住又要呕吐，王某苛把谢雯婷扶下车，把出租车打发走后，把基本停止呕吐的谢雯婷拉进茶座的一个包厢。在包厢里，王某苛继续对谢雯婷动手动脚，并不断地表示对谢雯婷的好感。意识逐渐清醒的谢雯婷又羞又怒，趁着王某苛不注意时猛地挣脱他的搀扶冲出了茶座包间、跑出了茶座。王某苛随后追出，在茶座外追上谢雯婷后打了第三辆出租车。车辆行驶途中，王某苛依然对谢雯婷不停地进行言语和肢体骚扰。到谢雯婷家附近下车后，王某苛尾随着谢雯婷向她家走去。在楼道里，已经摸准了谢雯婷由于爱面子不会大声喊叫的情况下，王某苛趁机继续做出猥亵动作，一边强行搂住谢雯婷强吻，一边把手伸进她的内衣里……直到走到谢雯婷家门口，家人打开房门才罢。

事情发生后，谢雯婷常常半夜惊醒，精神始终处在一种紧张状态，害怕与人相处，害怕上班，更怕看到王某苛。在长时间的紧张状态下，谢雯婷患了应激障碍伴抑郁症。在家人的一再追问下，谢雯婷终于把郁结在内心的屈辱向家人哭诉出来，在家人的支持下，找到千千律师事务所，委托律师代理向法院提起了诉讼，要求人民法院判决王某苛对谢雯婷赔礼道歉并支付由王某苛性骚扰引起谢雯婷应激障碍及抑郁症治疗的医药费及精神损害抚慰金。法院经不公开审理后，于2021年3月14日做出一审判决：王某苛违背谢雯婷意愿，以含有淫秽色情内容的

语言和肢体行为对谢雯婷实施的骚扰行为，已构成对谢雯婷人格尊严的侵犯，并对谢雯婷造成了患创伤后应激抑郁状态的严重后果。判决被告王某苛于判决生效后七日内在本单位范围内向原告口头赔礼道歉并赔偿原告精神损害抚慰金15 000元。

讨论题

(1)根据本案例，你认为要避免职场性骚扰，需要注意哪些方面？

(2)受到性骚扰后，如何进行自我保护？如何维护自身权益、给予骚扰者有力的惩处？

五、观察练习：企业的性骚扰管理

选择一个用人单位，深入某个部门，近距离观察该部门的管理，分别记录部门负责人对男性职工和女性职工的管理，分析有何不同。查阅该单位及该部门的管理制度、劳动合同，看是否存在男女差异。将观察到的情形和查阅资料的情况与本节的管理规范、典型行为、风险来源进行对比，找出哪些符合管理规范，哪些存在风险。与同组同学讨论，分析原因并提出改进措施。

六、模拟练习：如何保护女性劳动者

在观察练习的基础上，模拟某个企业，就女性劳动关系管理设计符合现行法律法规规定的规章制度，依据规章制度开展管理活动。学生通过实际操作劳动合同拟订、工作安排，女性特殊的生理期、孕期、产期、哺乳期工作内容调整、待遇给付等，体验女性劳动者劳动关系管理中应具有的典型行为。操作指导如下：

(1)教师向学生阐明训练目的和知识准备。

(2)学生分组，每一大组又分为行为模拟小组和行为观察小组。

(3)教师指导大组选择情景主题。例如，员工招聘、劳动合同条款拟订、“三期”女性管理等情景。

(4)行为模拟小组和行为观察小组分别进行模拟行动准备和观察准备。

(5)教师指导实施行为模拟观察。

(6)观察组阐述行为观察结果。

(7)每一大组提交一份行为观察模拟训练总结报告。

任务四　残疾人劳动关系管理

世界上各个国家在残疾人立法方面有一个共同的重点，就是保障残疾人就业，为此，很多国家和地区制定有专门的法律，以促进残疾人就业。我国是社会主义国家，《中华人民共和国宪法》指出，中华人民共和国公民有劳动的权利和义务[①]，中央和各级人民政府尽一切努力保

---

① 《中华人民共和国宪法》第四十二条。

障公民平等就业。中华人民共和国成立伊始，国家实行计划经济，各级人民政府成立了合作社(组)，把残疾程度较轻、具有一定劳动能力的残疾人组织起来，参加生产劳动，自力更生。20世纪50年代中后期，各级政府开始创办福利工厂，其中很多工厂就是以合作社(组)为基础发展起来的，这些工作或合作社大多数都是生产自救性的，经营规模非常小。截至1979年，全国只有48 200名残疾人在一千一百多家福利性工厂就业。

改革开放以来，在国家法律的保护和优惠政策的支持下，残疾人就业得到了很大发展。1990年12月，全国人大常委会通过《中华人民共和国残疾人保障法》，提出实行集中与分散相结合的原则，要求采取优惠政策和扶持保护措施，通过多种渠道、多个层次、多种形式，逐步普及、稳定和合理化促进残疾人就业[①]。1992年，国家计委、劳动部、民政部、中国残疾人联合会联合发文，开展按用人单位用工比例安排残疾人就业试点工作。1995年，财政部制定了《残疾人就业保障金管理暂行规定》，对规范残疾人就业保障基金的筹集、使用和管理，促进按比例就业工作的开展发挥了积极作用。随后，各地方人大相继以立法的形式发布了《残疾人保障法》实施办法，明确和细化了残疾人的就业形式。全国各省(自治区、直辖市)都通过人大立法或政府令的形式，发布了按用工比例安排残疾人就业的地方规章。逐步完善了集中就业、个体就业等各项优惠政策和配套措施。

2007年2月，国务院制定了《残疾人就业条例》，进一步明确了促进和保护残疾人就业的措施，以法的形式明确残疾人就业的三种形式：集中就业、按比例在用人单位就业和个人就业[②]。规定："用人单位安排残疾人就业的比例不得低于本单位在职职工总数的1.5%。具体比例由各省、自治区、直辖市人民政府根据本地区的实际情况规定。"[③]"用人单位安排残疾人就业达不到其所在地省、自治区、直辖市人民政府规定比例的，应当缴纳残疾人就业保障金。"[④]"政府和社会依法兴办的残疾人福利企业、盲人按摩机构和其他福利性单位(以下统称集中使用残疾人的用人单位)，应当集中安排残疾人就业。"[⑤]

一、定义

残疾人是指在心理、生理、人体结构上，某种组织、功能丧失或者不正常，全部或者部分丧失以正常方式从事某种活动能力的人。包括视力残疾、听力残疾、言语残疾、肢体残疾、智力残疾、精神残疾、多重残疾和其他残疾的人[⑥]。

残疾人就业是指符合法定就业年龄有就业要求的残疾人从事有报酬的劳动[⑦]。

残疾人就业保障金是为了保障残疾人权益，由未按规定安排残疾人就业的机关、团体、企业、事业单位和民办非企业单位缴纳的资金[⑧]。

---

① 《中华人民共和国残疾人保障法》第三十一条。

② 《残疾人就业条例》第八条、第十条、第二十七条。

③ 《残疾人就业条例》第八条。

④ 《残疾人就业条例》第九条。

⑤ 《残疾人就业条例》第十条。

⑥ 《中华人民共和国残疾人保障法》第三条。

⑦ 《残疾人就业条例》第二十九条。

⑧ 《残疾人就业保障金征收使用管理办法》第二条。

医疗期是指企业职工因患病或非因工负伤停止工作治病休息不得解除劳动合同的时限①。

二、典型行为与风险来源

用人单位招用残疾人是国家制定的助残政策，受国家法律保护，用人单位必须执行。与《残疾人就业条例》等相关法律法规符合的行为即是残疾人劳动关系管理过程中的典型行为。残疾人劳动关系管理中的典型行为与风险来源见表 8-3。

表 8-3　残疾人劳动管理的典型行为与风险来源

典型行为	1.遵守国家规定，按照《残疾人就业条例》和本地劳动保障管理部门的要求，根据单位总人数的一定比例为残疾人提供适合的工作岗位。 2.用人单位在招录职工的时候，招聘广告中不出现涉嫌歧视残疾人的表述。 3.用人单位安排残疾人就业达不到其所在地省、自治区、直辖市人民政府规定比例的，应当缴纳残疾人就业保障金。 4.不能利用残疾人证免交残疾人就业保障金但不为残疾人安排工作，用人单位必须按规定为残疾人安排工作。 5.集中使用残疾人的用人单位，其在职职工总数中从事全日制工作的残疾人职工，应当不少于 25%。 6.用人单位招用残疾人职工，应当依法与其签订劳动合同或者服务协议。 7.用人单位应当遵循便利残疾人的原则，为残疾人职工提供适合其身体状况的劳动条件和劳动保护，且不得在晋职、晋级、评定职称、报酬、社会保险、生活福利等方面歧视残疾人职工。 8.用人单位应如实向劳动保障管理部门上报安排残疾人就业人数，享受因集中使用残疾人而受到的税收优惠待遇。 9.用人单位应当根据本单位残疾人职工的实际情况，对残疾人职工进行上岗、在岗、转岗等培训
风险来源	1.违反我国相关法律法规关于保障男女平等就业的原则要求，在向社会提供就业机会时公开歧视残疾人，或者采取潜规则歧视残疾人。 2.用人单位招聘广告中出现涉嫌歧视残疾人的表述。 3.公开或暗地里拒绝录用残疾人或者为残疾人提供的岗位明显不适合残疾人。 4.用人单位在与残疾人建立劳动关系时使用不同于正常劳动能力人的劳动合同文本，压低残疾人薪酬待遇，同工不同酬。同等条件下，薪酬谈判时有意给残疾人开出明显偏低的薪酬待遇。 5.用人单位在制定分配住房、福利待遇制度时偏向肢体正常的职工，或在操作分配各类福利待遇时有实质性偏向。涉及晋职、晋级、评定专业技术职务等，从制度层面到操作层面，对残疾人有歧视。 6.用人单位安排残疾人就业达不到其所在地省、自治区、直辖市人民政府规定的比例，通过弄虚作假以逃避缴纳残疾人就业保障金。

① 《企业职工患病或非因工负伤医疗期规定》第二条。

续表

风险来源	7.利用残疾人证免交残疾人就业保障金但不为残疾人安排工作。 8.集中使用残疾人的用人单位，其在职职工总数中从事全日制工作的残疾人职工比例少于国家规定。 9.用人单位招用残疾人职工，不依法与残疾人签订劳动合同或者服务协议。 10.用人单位使用残疾人职工，却未提供适合残疾人身体状况的劳动条件和劳动保护。 11.用人单位虚报安排残疾人就业的人数，从而享受因集中使用残疾人而受到的税收优惠待遇。 12.用人单位不为残疾人职工提供上岗、在岗、转岗等培训

三、情景解析

用人单位通过利用残疾人证免交残疾人就业保障金，但是不给残疾人安排工作是违法的。根据《残疾人就业条例》的规定，用人单位应当按照一定比例安排残疾人就业，为其提供适当的工作岗位，并支付相应的劳动报酬。用人单位如果没有适合残疾人就业的岗位可供安排的或者安排的残疾人数量达不到有关规定的比例的，应当依法缴纳残疾人就业保障金。用人单位不给残疾人安排工作的，仅仅利用残疾人证免交残疾人就业保障金，是违法的。

按比例安排残疾人就业是法律赋予用人单位的法定责任，用人单位如果有适合残疾人的工作岗位，应当首先予以安排，不得通过缴纳残疾人就业保障金的方式拒绝安排残疾人就业。

用人单位不得在招聘广告中明确声明不录用残疾人。一旦出现类似的广告语表述就涉嫌对残疾人造成就业歧视，残疾人可能到劳动行政主管部门投诉，或向人民法院起诉，用人单位将面临违法风险。

用人单位不能因肢体残疾人的身体不方便而安排残疾人职工在家休息，为其缴纳社会保险，但是不发工资。用人单位录用残疾人之后，应该向残疾人支付工资，且支付工资不得低于当地的最低工资标准。如果残疾人因工负伤需要治疗的，应当享受工伤待遇。非因工负伤或患有疾病需要治疗不能工作的，在规定的医疗期之内，用人单位发给残疾人的工资可以低于最低工资标准，但是不能低于最低工资标准的80%。

用人单位不能以职工是残疾人为由，实行同工不同酬，而应当坚持按劳分配的原则确定劳动报酬，实行同工同酬，不能以职工身体残疾为由，在薪酬待遇方面歧视残疾人。用人单位应当为残疾人职工提供适合其身体状况的劳动条件和劳动保护，不得在晋职、晋级、评定职称、报酬、社会保险、生活福利等方面歧视残疾人职工。

任何人不能强迫残疾人为其提供无偿劳动，如果遇到类似情况，残疾人可以向用人单位反映，或者向劳动监察部门投诉，或者向人民法院起诉，以维护自己的权益。

用人单位安排残疾人加班的，应当按国家规定为残疾人发放加班费。休息日安排加班的，可以安排补休。安排补休的，用人单位可以不再支付加班费。法定节假日加班或者平时工作延长劳动时间的，用人单位应当按国家规定足额支付加班费。

用人单位使用精神残疾人职工的，精神残疾职工在发病期正在治疗过程中的，单位不能随意辞退。职工因病治疗，在规定的医疗期内，单位不得解除劳动合同。根据职工参加工作的年限长短给予相应的医疗期，职工享受的医疗期时长按照《企业职工患病或非因工负伤医疗期规定》执行。

在用人单位连续工作10年以上的残疾人职工，用人单位应当与其签订无固定期限的劳动合同，除非职工本人要求签订固定期限劳动合同，签订无固定期限劳动合同的残疾人职工，用人单位不得随意辞退。但是，这并不意味着无论发生什么事情，用人单位都不能辞退残疾人劳动者。因劳动者严重违反规章制度、劳动者被追究刑事责任的或者用人单位因客观情况发生变化经营遇到严重困难，无法履行合同的，用人单位可以解除合同。

四、模拟案例：残疾人入职隐瞒不影响其履职的残疾人证违法吗？

牛小群是湛江市徐闻县和安镇赤坎村村民，中专毕业，考有叉车操作工证书，在当地一个仓库当叉车工。2017年，牛小群由于工作中操作不当，左手大拇指受到严重的割裂伤，因处置不及时感染坏死，最终大拇指被截肢，成为左手大拇指缺失残疾人。养好伤后，牛小群于2019年10月10日到某通物流公司应聘叉车司机，公司人力资源部提供了一份新员工信息登记表，登记表上列明有无大病病史、家族病史、工伤史、传染病史，并列了“其他”栏，牛小群均勾选了“无”选项，提交了在有效期内的叉车证。过了两天，公司电话通知牛小群到指定医院进行入职体检。牛小群入职体检合格，被公司录用为叉车工，分配到仓库工作。2020年7月，某通物流公司了解到牛小群左手大拇指残疾且持有残疾人证，遂以牛小群隐瞒持有残疾人证，入职时提供了不实信息为由解除劳动合同。2020年7月20日，牛小群申请劳动仲裁，要求某通物流公司支付违法解除劳动合同赔偿金30 000元。2020年9月23日，劳动人事争议仲裁委员会裁决某通物流公司支付牛小群违法解除劳动合同赔偿金5860元。牛小群对仲裁结果不服，向湛江市中级人民法院起诉，请求裁决某通物流公司支付其违法解除劳动合同赔偿金30 000元。

湛江市人民法院经审理认为，某通物流公司招聘的是叉车工，牛小群已向公司提供了处于有效期内的叉车证，且入职时体检合格，符合公司录用标准。从工作情况来看，牛小群是否持有残疾人证并不影响其从事叉车工履行工作职责。故某通物流公司以牛小群隐瞒残疾人证为由解除劳动合同，理由不能成立，其解除劳动合同的行为违法。据此判决某通物流公司支付牛小群违法解除劳动合同赔偿金5860元。

讨论题

(1)牛小群入职时隐瞒残疾人身份信息能否成为公司解除劳动合同的理由？

(2)不影响正常工作情况下，入职时提供不实信息有哪些风险？

五、观察练习：用人单位的残疾人劳动关系管理

选择学校或其他有条件自由进出的用人单位，观察哪些岗位有残疾人就业，以小组为单位选择一些残疾人作为观察对象，观察并记录他们的日常劳动。与残疾人职工取得联系、建立相互信任的关系，向观察对象询问用人单位是如何管理他们的，可以就残疾人职工人数、劳动合同、工资待遇、劳动时间、履行职责、入职方式等开展调查。与肢体正常的职工相比，用人单位对残疾人职工的管理有何不同之处？单位管理是否均符合本节列出的典型行为，哪些方面存在风险？总结出来后，与其他组同学开展讨论，对比哪些单位在残疾人职工管理方面做得好，哪些做得不好，提出有针对性的改进措施。

六、模拟练习：如何规范管理残疾人职工劳动关系

以实际经营中的某企业为例，收集该企业经营信息，重点是残疾人职工劳动关系管理方面的资料和信息，让学生们熟悉该企业残疾人职工使用情况。本练习把该企业作为被模拟经营管理环境，学生分别扮演不同的角色，如企业人力资源管理人员、残疾人职工、用人部门负责人员、工会人员以及普通职工，模拟残疾人职工招聘、分配、使用等过程，学生自主分工，准备相关资料。通过模拟这些过程，让学生体验单位残疾人管理过程中管理者应具备的典型行为，以及如何避免劳动风险。操作指导如下：

(1)教师向学生阐明训练目的和知识准备。

(2)学生分组，每一大组又分为行为模拟小组和行为观察小组。

(3)教师指导大组选择情景主题。例如，涉及残疾人的招聘广告的撰写，残疾人职工分配到具体的用人部门，安排残疾人上岗以及根据不同的残疾情况制订特殊管理措施等情景。

(4)行为模拟小组和行为观察小组分别进行模拟行动准备和观察准备。

(5)教师指导实施行为模拟观察。

(6)观察组阐述行为观察结果。

(7)每一大组提交一份行为观察模拟训练总结报告。

任务五　外国人劳动关系管理

随着中国经济的高速发展和市场包容性的不断提高、对外开放的深入和政策的日臻完善，中国在国际舞台上发挥着越来越重要的作用，吸引了越来越多的外国人到中国谋求职业，其中不乏具有高学历和高技术经验的人才。外国人具有语言优势以及中国巨大的外国语言学习应用市场，使他们比较容易就能在中国谋得非常体面的职业，比如外语教师，这一职业也被认为是在华外国人的主要工作。实际上，随着市场对人才需求的迫切程度不断提高，高科技公司对拥有熟练技能的外国人需求越来越多，这使得在华工作的外国人更多地存在于高级劳工团体中。根据国家外国专家局的统计数据，外籍来华就业人员中管理人员占 60.6%，其中中层管理人员占 35.7%，高级管理人员占 21.1%，基层管理人员占 3.8%。从事技术工作的外国人数量相对较少，占在华就业外国人总数的 9.2%，他们也集中在高级和中级职位。根据出入境管理局的统计，从 2009 年到 2018 年，在中国工作的外国人数量从 23 万增加到 90 万。因此，外国人才在中国人才市场上有很多适合的职位，璀璨的中华文明和包容性极强的文化吸引着众多的外国人留在中国。

在中国就业的外国人国籍复杂。根据国家外国专家局 2017 年对在北京工作的外国人才的随机抽样调查，北京约有 14 万名永久外国人员，其中美国人占总数的 17.5%，其次是韩国人，占比为 15.8%，排在第三位的是日本人，占比为 8.8%。在中国就业的外籍雇员大多数年龄在 31 至 45 岁之间，占总数的 45.4%。青少年工人(18 至 30 岁)的增长率高于中老年工人(56 至 87 岁)，老年工人的数量正在逐渐减少。来华就业的外国人受教育程度普遍较高，根据中国国际交流与人才发展研究会发布的 2018 年不完全统计数据，在中国寻求就业的外国人才

中，大学学士学位的占12%，本科生占37%，硕士占43%，博士占8%。来华就业的外国人中，有一半以上具有本科学历及以上。外国人在华就业的热门职业主要是商业和贸易相关的工作，其次是制造业、IT互联网技术、教育、培训和金融等。不难发现，越来越多的外国高端人才来到中国后更愿意在其专业领域工作，例如国际精算师、网络工程师、建筑设计师等职位。与此对应的是，对行业和技术经验要求相对较低的教育行业的从业人员比重小于金融和税收行业。

越来越多的外国人喜欢到中国就业、发展、定居，其主要原因如下。

中国对外开放进一步扩大，国际形象提升。首先，加入WTO以后，国际经济贸易往来进一步拓展延伸，外国企业更多地投资中国，外国人更多了解中国并进入中国就业。中国政府一直以来致力于宣传中国文化的各项活动，促进了中国与世界各国的友好关系，增进世界各国人民对中国现代社会、中国文化的理解。

其次，中国政府一直奉行和平崛起的外交政策，与世界各国之间保持良好的外交关系，加大了国际援助，加强了国际协作，增强了国际影响力。

第三，中国加大了对世界的国家形象宣传，让世界更了解中国。2004年成立“孔子学院”，截至2010年10月，在全球91个国家(地区)建立了322所孔子学院和369个孔子课堂，共计691所。

第四，中国政府在重大事件中表现卓越，显著提升了中国的国际形象。1998年亚洲金融危机中，中国政府的表现充分显示出中国是一个负责任的大国；2008年汶川地震中的紧急动员能力和全民抗震救灾行动，让全世界看到一个人性化的中国社会和一个执行力非常强的中国政府；2008年北京奥运会的成功举办，让世界看到了中国的强劲生命力和全民参与的精神；中国对2020年暴发、延续至今的新冠肺炎疫情防治的能力和效果……所有这些，都让世界更加了解中国，让中国更加走近世界。

中国经济持续稳定发展，提供比较好的就业及职业发展机会。一是改革开放以来，中国的GDP呈现出持续增长的态势，经济规模大幅度增长，提供了大量的就业机会；二是在经济发展的过程中，中国的产业结构进一步优化升级，尤其是第二和第三产业的发展，对国际高端人才的需求加大，为来自外国的教师、科学家、设计师、工程师、管理者等提供了良好的职业发展机会；三是中国本土的企业发展壮大，纷纷开始拓展海外市场，对国际化人才的需求加大，外国人因此来华找到用武之地；四是外商投资企业看好中国不断加大投资，在外商投资企业就业的外国人不断增多；五是中国广阔的市场，吸引世界上很多地区的外国人来中国商务淘金，在中国长期居留。一份问卷调查中，关于吸引外国人来华就业的最主要因素，选择“经济发展迅速，有比较好的就业及职业发展机会”的占到84.3%，排在第一位。由此可见，中国经济持续发展以及随之而来的良好的职业发展机会，是吸引外国人来华就业的重要因素。

中国稳定的社会环境、良好的自然环境、包容的人文环境，吸引外国人来华工作和生活。改革开放以来，中国总体上保持了比较稳定的社会局面，是外国人来华就业的重要因素。中国国土面积较大，大部分处在温带和亚热带，物产丰富，尤其是在经济比较发达的地区，较少出现地震、海啸等破坏力较强的自然灾害，自然环境总体比较不错。中国有着悠久的历史，多民族和谐共处，中国具有包容性很强的人文环境，这对外国人来华就业具有很强的吸引力；从工资收入与购买力之比来看，外国人在华就业能保持较高的生活水平，中国饮食在世界上独占鳌头，这些都成为吸引外国人在华就业和长期生活的重要因素。关于吸引外国人来华就业的最主要因素，中国政治稳定，社会安定，有比较安全的生活环境排在第二位。民众对外国人比较友好，有比较好的人文环境，自然环境比较好，历史文化环境比较吸引人等都形成对外国人的莫大吸引力。

中国人力资源市场发生变化，"就业难"与"招工难"现象并存，需要外国人来华就业弥补一部分缺口。随着我国产业的升级和转移，东南沿海地区的很多产业转移到中西部地区，原本去东南沿海地区工作的中西部人力资源，可以直接在本地就业，东部地区因此出现了招工难的情况（例如东北地区大量引进来自朝鲜的缝纫工）。在我国云南、广西等边境地区，在播种和收获的农忙季节，缺少"季节工"，因此出现了需要短期雇佣边境地区越南、缅甸人"帮工"的现象。

2020年以来，世界范围内新冠肺炎疫情暴发且呈患病国家和地区范围愈来愈大、患病人口愈来愈多的发展趋势，病毒变异快、传染性强，使疫苗的防护作用大大降低，特效药研制迟缓也使得人们对新冠肺炎谈之色变。迄今为止，最有效的防范方法就是隔离，而隔离措施必然限制人员流动，进而限制消费、生产，对经济产生不利的影响。2020年世界主要经济体中，除了中国实现经济正增长之外，其他国家和地区均为负增长。2021年的情况与此相似。因此，从世界范围来看，疫情影响下，唯有中国经济一枝独秀，促使更多的外国人希望来中国获得发展机会。

一、定义

涉外：concerning foreign affairs，即在公务上涉及外国的，和外国有关系的。例如，涉外单位，即与外国有关系的、在中国境内从事活动的单位。

涉外就业：指的是不具有中国国籍且没有取得定居权的外国人在中国境内就业，即涉及外国人的就业。

外国人，指依照《中华人民共和国国籍法》规定不具有中国国籍的人员。

外国人在中国就业，指没有取得定居权的外国人在中国境内依法从事社会劳动并获取劳动报酬的行为。

Z字签证，即中华人民共和国公安部出入境管理局发给申请在中国境内工作的外国人员的工作签证。

二、典型行为与风险来源

外国人在中国境内参加劳动、建立劳动关系、劳动管理过程比较复杂，涉及的政府部门多、法律和管理规定繁复，需格外小心慎重，其管理中的典型行为与风险来源如表8-4所示。

表8-4 外国人劳动管理中的典型行为与风险来源

典型行为	1. 用人单位聘用外国人，遵守《外国人在中国就业管理规定》关于聘用外国人从事岗位的规定，即"聘用外国人从事的岗位应是有特殊需要，国内暂缺适当人选，且不违反国家有关规定的岗位"。 2. 用人单位聘用外国人之前，填写"聘用外国人就业申请表"，向其与劳动行政主管部门同级的行业主管部门提出申请，并提供《外国人在中国就业管理规定》第十条规定的有效文件：拟聘用的外国人履历证明；聘用意向书；拟聘用外国人原因的报告；拟聘用的外国人从事该项工作的资格证明；拟聘用的外国人健康状况证明；法律、法规规定的其他文件。

续表

典型行为	3.用人单位的聘用申请经行业主管部门批准后，用人单位持申请表到本单位所在地区的省、自治区、直辖市劳动行政部门或其授权的地市级劳动行政部门办理核准手续。 4.如果用人单位无行业主管部门，那么聘用外国人时直接到劳动行政部门发证机关提出申请和办理就业许可手续。 5.在被聘用的外国人入境后十五日内，用人单位持许可证书、与被聘用的外国人签订的劳动合同及其有效护照或能代替护照的证件到原发证机关为外国人办理就业证，并填写“外国人就业登记表”。 6.用人单位保证在本单位就业的、已办理就业证的外国人，在入境后三十日内，持就业证到公安机关申请办理居留证。 7.在聘用外国人期间，用人单位必须在签发就业证的机关规定的就业证有效区域内安排外国人的工作。如需变更外国人的就业区域或单位，向劳动行政部门提出申请，经批准后办理就业证变更手续，之后，在十日内到当地公安机关办理居留证件变更手续。 8.用人单位聘用外国人，依法与其订立劳动合同。劳动合同的期限不超过五年，劳动合同期限届满即行终止，外国人的就业证即行失效。 9.用人单位需要与外国人续订合同，则在原合同期满前30天内向劳动行政部门提出延长聘用时间的申请，经批准后办理就业证延期手续。之后，在十日内到当地公安机关办理居留证件延期手续。 10.用人单位与被聘外国人的劳动合同解除后，用人单位及时报告劳动、公安部门，交还该外国人的就业证和居留证件，并到公安机关办理出境手续。 11.用人单位支付所聘用外国人的工资不得低于当地最低工资标准，其工作时间、休息休假、劳动安全卫生以及社会保险按国家有关规定执行
风险来源	1.用人单位聘用外国人从事未经文化和旅游部批准并持“临时营业演出许可证”，而进行营业性文艺演出，或者在规定时间内、在国内能够招聘到适当人选的岗位聘用外国人，或者招用外国人的岗位非特殊需要、违反国家有关规定。 2.用人单位聘用外国人而未履行审批手续，或者由于没有提供全部的审批所需有效文件导致审批未获通过、没拿到就业许可证的情况下，先行安排外国人就业。 3.没有行业主管部门的用人单位主观认为无法为拟聘用的外国人申请和办理就业许可手续，而不办理手续直接安排外国人工作。 4.用人单位在被聘用的外国人入境后超过规定的15日期限为其办理就业证或不办理就业证，或者因材料准备不齐全而导致多次往返，增加成本甚至超出规定时限。 5.用人单位疏忽大意没有为在本单位就业且持有就业证的外国人在规定的30日期限内为其办理居留证。 6.在聘用外国人期间，用人单位因业务需要将外国人安排在就业证有效区域外工作且未履行变更申请手续。 7.用人单位聘用外国人不与其签订劳动合同或劳动合同期限超过五年，或者超过劳动合同期限后不办理就业证延期手续、居留证延期手续等而与外国人续订劳动合同，继续聘用。

续表

风险来源	8.用人单位与被聘外国人的劳动合同解除后,用人单位未在规定时间内报告劳动、公安部门。 9.用人单位支付所聘用外国人工资低于当地最低工资标准,或违反国家规定随意延长其工作时间,不按规定提供劳动安全卫生条件、劳动保护,不按规定安排外国人休息休假,不按规定为其缴纳社会保险等。 10.个体经济组织或公民个人聘用外国人

三、情景解析

以上我们列出了用人单位聘用外国人应遵循的规范行为以及可能产生风险的来源,下面将主要总结风险较高、出现频率高的劳动管理情景。

非法聘用外国人。非法聘用外国人将会给用人单位带来严重损失和后果。根据《中华人民共和国出境入境管理法》第四十三条的规定,外国人有下列行为之一的,属于非法就业:

(1)未按照规定取得工作许可和工作类居留证件在中国境内工作的。

(2)超出工作许可限定范围在中国境内工作的。

(3)外国留学生违反勤工助学管理规定,超出规定的岗位范围或者时限在中国境内工作的[①]。

在华非法就业的外国人可能面临的最高罚款额为人民币 20 000 元。情节严重的,还将面临五至十五天的拘留,直至遣送出境,并可能自遣送出境之日起十年内不准入境[②]。非法聘用外国人的用人单位,可能面临的最高罚款额为人民币 100 000 元。《中华人民共和国出境入境管理法》第八十条同时规定,外国人非法就业的,处五千元以上二万元以下罚款;情节严重的,处五日以上十五日以下拘留,并处五千元以上二万元以下罚款。介绍外国人非法就业的,对个人的处罚规定是:每非法介绍一人罚款 5 000 元,罚款总额不超过 50 000 元。对介绍外国人非法就业的单位的处罚规定是:每非法介绍一人罚款 5 000 元,罚款总额不超过 100 000 元;有违法所得的,没收违法所得。非法聘用外国人的,每非法聘用一人处以 10 000 元罚款,罚款总额不超过 100 000 元。有违法所得的,没收违法所得[③]。

外国人就业应当办理就业手续,得到审批后用人单位方能聘用。聘用后双方才能构成劳动关系,依法签订劳动合同。如果未得到审批而为外国人提供就业岗位,就导致非法就业。

未依法取得"外国人工作许可证"的外国人,与企业签订劳动合同,不构成劳动关系。这一点,可以从《最高人民法院关于审理劳动争议案件适用法律若干问题的解释(四)》第十四条规定可知。该解释第十四条规定:外国人、无国籍人士未依法取得就业证而跟中国境内的用人单位签订劳动合同,或者中国香港、澳门、台湾居民未依法取得就业许可证而与内地用人单位签订劳动合同的,当事人要求确认与用人单位存在劳动关系的,人民法院不予支持。未依法取得

① 《中华人民共和国出境入境管理法》第四十三条。

② 《中华人民共和国出境入境管理法》第六十二条。

③ 《中华人民共和国出境入境管理法》第八十条。

外国人工作许可证的外国人，与用人单位签订的劳动合同无效。已经在用人单位工作的，用人单位应当参照双方约定支付劳动报酬。

根据国家规定，从 2017 年 4 月 1 日起，正式启用《外国人工作许可通知》和《外国人工作许可证》，实行“两证整合”，即对于来华工作九十日以上的，将不再发放“外国专家证（外国专家来华许可）”和“就业证（外国人入境就业许可）”。

还有一些外国人在中国工作可以免办外国人工作许可证，他们主要为以下四类人员[①]：

（1）由我国政府直接出资聘请的外籍专业技术和管理人员，或由国家机关和事业单位出资聘请，具有本国或国际权威技术管理部门或行业协会确认的高级技术职称或特殊技能资格证书的外籍专业技术和管理人员，并持有外国专家局签发的《外国专家证》的外国人。

（2）持有《外国人在中华人民共和国从事海上石油作业工作准证》从事海上石油作业、不需登陆、有特殊技能的外籍劳务人员。

（3）经文化和旅游部批准持《临时营业演出许可证》进行营业性文艺演出的外国人。

（4）持有中国《外国人永久居留证》的外籍人员。

根据《外国人在中国就业管理规定》，外国人依法成功受雇于国内用人单位的，应当签订劳动合同，劳动合同期限不得超过五年[②]。因而可知，合法就业的外国人与用人单位建立的是劳动关系，适用于中国有关劳动法律法规的调整。因此，用人单位应当自聘用之日起一个月内与外国人签订劳动合同，否则外国人有权要求用人单位承担不签订劳动合同的法律责任。劳动合同期限届满即行终止，按照《外国人在中国就业管理规定》第十九条的规定履行了审批手续的，用人单位可以与外国人续订劳动合同。

依法就业的外国人与用人单位建立的劳动关系，如果在法定工作时间外加班，依法享受加班工资的权利。实践中，用人单位里的外国人一般都身居管理岗位或者属于专业技术人才，薪资相对较高，因此，用人单位试图直接与外国人达成协议，约定不支付加班费，以此规避高昂的用人成本。事实上，这样的协议没有法律效力。如果外国人持有加班证据，要求用人单位支付加班费并申请仲裁或上诉至法院，用人单位会面临较高的法律风险。当然，用人单位如果确实想降低因加班而额外付出的人工成本，可以用特殊工时制、不定时工时制等合法方式来规避，从而达到目的。

在中国就业的外国人应当依法缴纳社会保险。《中华人民共和国社会保险法》第九十七条规定：“外国人在中国境内就业的，参照本法规定参加社会保险”[③]。这是我国法律中第一次出现的强制在中国境内就业的外国人缴纳社保的条文。之后，人力资源和社会保障部发布《在中国境内就业的外国人参加社会保险暂行办法》，其中进一步明确了在中国境内合法就业的外国人，必须依法缴纳社会保险。

《在中国境内就业的外国人参加社会保险暂行办法》还规定，具有与中国签订社会保险双边或者多边协议国家国籍的人员在中国境内就业，其参加社会保险的办法按照协议规定办理[④]。应当指出，与中国签订社会保险双边协议并不构成拥有这些国籍的外国人在中国就业

---

① 《外国人在中国就业管理规定》第九条。

② 《外国人在中国就业管理规定》第十七条。

③ 《中华人民共和国社会保险法》第九十七条。

④ 《在中国境内就业的外国人参加社会保险暂行办法》第九条。

期间免缴社会保险的充分条件，如果这些外国人在本国没有缴纳社会保险，或者已经超出了双边社会保险协议约定的免缴期限，那么用人单位仍需为他们缴纳社会保险。

截至2020年10月份，我国已经与德国、韩国、丹麦、加拿大、芬兰、瑞士、荷兰、西班牙、卢森堡、日本、法国等十一个国家签订了双边或多边社保协议，可以按照国际上的通行做法来处理跨国就业人员的社会保障权利义务，十分便利。

依照我国有关法律、法规，外国劳动者在国内用人单位合法工作期间享受劳动者的假期。也就是说，外国人在中国也可以享受法定的年休假、法定节假日、婚假、产假等。实际上，许多雇主都会顾及外籍人士在异国他乡工作，有与家人团聚的现实需求。因此，他们会同意给外籍人士一段特定的假期，让他们回家和自己的亲人相聚。这是雇主给予外国雇员的一项福利，并得到了法律的保障。但是请记住，在这里，所谓的探亲休假和其他法定休假并没有重叠或互相抵消。因此，应该尽可能地将相关的法定休假时间提前安排好，避免造成不必要的诉讼。比如，在每年休假的时候，可以将年休假、探亲假等合法休假的时间都纳入其中，再适当增加一些额外的休假时长，从而解决了休假问题，同时可以防止外国人既享受了休假福利，雇主还要支付其年休假的工资。外籍人员合法受雇于国内用人单位，在履行法定义务后，其工资水平应不低于本地区的最低工资。

对于在用人单位依法就业的外国人，其提供正常劳动后的工资标准不得低于当地最低工资标准。

来华外国人尤其注意不能非法就业、非法居留，需要来华就业的外籍人员必须按规定办理好外国人工作许可证和工作类居留许可签证。

四、模拟案例：外籍男子骑摩托车撞倒中年妇女

2013年12月2日，发生在北京朝阳区香河园路与左家庄东街交叉口处斑马线的一起交通事故，引发公众关注并迅速传播。事件双方是一名骑摩托车的外籍男子和一位过马路的中年妇女。离事发地不到20米远有一家商店，据该商店老板回忆，交通事故发生在10时30分许，“当时大妈拎着菜，正从斑马线上过马路。这时，一辆黑色摩托车从左家庄东街往香河园路口方向驶来，在香河园路口右拐时，与马路对面走过来的大妈在斑马线上碰撞，大妈摔倒在地。驾驶摩托车的是个外国人，后座载着一名穿黑大衣的女子。”

一名全程目击者称，大妈被撞后外籍男子赶紧下车，第一时间去扶大妈，态度挺好，并一直努力想把大妈移到路边，但大妈手脚都在抽搐，扶不起来。当外籍男子跟大妈说“再不起来我就走了”时，大妈突然起身抱住外籍男子大腿，同时撕扯外籍男子的衣服，一直喊“撞人了、撞人了”。

商店老板称，双方的争执声吸引了附近数十名路人围观。两名目击者提供的3段现场视频显示，数十名围观者议论纷纷，大妈趴在外籍男子的摩托车上喊着“要报警”。

其中一段视频显示，外籍男子解下围巾后，朝着围观人群及大妈用中文大骂，中文不算流利，但很清晰。商店老板称，外籍男子曾在现场对大妈反复说“你骗人”，还说“你看我是外国人想讹我钱”。

一个目击者称，视频中外籍男子骂人，是遭围观群众“打他打他”相威胁而气愤所致。另一名目击者证实，现场曾有围观者喊“外国人欺负中国人了”。“双方都有错。”目击者说，外国人撞了人，有错在先，不过，被撞的女士表现显得很夸张，与她的实际病情并不符合，“可能有表演

成分”。有一名目击者将自己在现场拍的照片配上了文字发到一家图片社网站,引发了舆论。

双方报警后,120 急救车和警察先后赶到。120 急救车先把受伤大妈送往煤炭总医院接受治疗。在煤炭总医院的急救车上,年届五旬的受伤大妈初步诊断结果为“外伤”,送院途中并未使用药物,血压为 120/85,脉搏数为 129,脉搏数较正常范围偏高。到医院后,医生给受伤大妈肩关节、踝关节和足部拍片检查,拍片子费用约为 168 元,经诊断膝盖部分有皮外擦伤,但并未骨折。

警察赶到后,调取了监控录像,初步查明,撞人的外籍男子是意大利人,在英国长大,之前曾在北京经营餐馆,来北京已经 6 年。外籍男子系无证驾驶,所驾摩托车无牌照,已于当日暂扣了肇事摩托车,其交通违法行为将依法处罚。

北京警方证实,当事外籍男子无证驾驶无牌照摩托车,通过路口时在人行横道上撞到当事女子,双方随后发生纠纷,后妇女被送医检查,因伤情轻微,双方在交警调解下,最终外籍男子支付了精神损失费、医药费等共 1800 元赔偿金。

事情并没结束。交通肇事案完结之后,北京警方在调查外籍男子身份信息时获悉,该男子在中国的居留证和就业证早在 2 年前就已经到期,目前跟他的中国女友租住在朝阳区某小区,其本人在一家少儿英语教育机构担任英语教师。原来,这家教育机构为了提升知名度,以便招收更多的学生,非法聘请该男子从事英语教学。查明案情后,朝阳区公安局根据《中华人民共和国出境入境管理法》第八十条的规定,对非法就业的意大利人做出行政拘留 10 天、并处罚款 2 万元人民币的处罚;对非法聘用外国人从事英语教学的这家少儿英语培训机构处以罚款 3 万元人民币的行政处罚。由于该外籍男子在本次交通事故中有多种违法行为,所以他还将面临违法行为的行政处罚。警方判令非法聘用他的英语培训机构待行政处罚结束后将其礼送出境,由此产生的一切成本由该培训机构承担。

讨论题

1. 案例中的用人单位在聘用外国人时哪些行为不符合本节列出的典型行为?
2. 结合案例回答:用人单位聘用外国人时,应如何做才能成功规避风险?

五、观察练习:国内用人单位对外国人的管理

选择一家聘用有外国人的中国用人单位(高校、外语培训机构、从事跨国经营业务的企业、涉外酒店、航空公司等),调查该单位聘用外国人从事的岗位,分析该岗位特点,思考是否为国家规定的特殊岗位,国内是否暂时缺少相应人才。与该单位人事部门相关管理人员交流,调查单位对外国人的管理与对国内劳动者的管理有何差异,薪资待遇、休息休假、加班工资、社会保险等是否与国内劳动者保持同一标准。将观察及调查所得结论与其他组同学交流,讨论你们的观察对象、单位性质与上述对外国人的管理差异,思考原因。

六、模拟练习:合法聘用外国人

在观察练习的基础上,到聘用外国人所需办理各类证件和手续的管理机构,调查、学习办事流程和所需材料。之后,模拟需要聘用外国人的企业以及行业主管部门、劳动行政部门、公安机关出入境管理机构、公安机关等,就聘用外国人所需办理的就业证、居留证、工作签证、获准聘用外国人的行业审批、劳动合同签订等具体业务进行操作。重点在于办理各类证件时所

需准备的材料，办事流程，办理过程中的行为和材料的合法性。学生通过实际操作聘用外国人的系列业务，体验合法聘用外国人以及与其建立并延续劳动关系期间用人单位应具有的典型管理行为。操作指导如下：

(1)教师向学生阐明训练目的和知识准备。

(2)学生分组，每一大组又分为行为模拟小组和行为观察小组。

(3)教师指导大组选择情景主题。例如，拟聘用外国人的身份、条件证明，申请 Z 字签证、工作证、行业审批、居留证、劳动合同签订等情景。

(4)行为模拟小组和行为观察小组分别进行模拟行动准备和观察准备。

(5)教师指导实施行为模拟观察。

(6)观察组阐述行为观察结果。

(7)每一大组提交一份行为观察模拟训练总结报告。

参考文献

[1] 马安妮.工人受伤休息竟按旷工辞退[J].工友,2022(01):29.

[2] 毛艾琳.新就业形态劳动者权益保障问题研究——基于平台责任的理论思考[J].长白学刊,2022(01):90-97.

[3] 刘静.新就业形态从业人员参加工伤保险的思考[J].四川劳动保障,2021(12):31.

[4] 姚懿容,王龙. 工伤保险 织密劳动者“安全网”[N]. 常德日报,2021-12-30(015).

[5] 施婧葳.论过劳自杀的工伤认定[J].河南大学学报(社会科学版),2022,62(01):53-58+153-154.

[6] 孙振清,谷文姗,成晓斐.工业发展与资源环境压力互动关系研究[J].河北环境工程学院学报,2022(2):1-6.

[7] 国家统计局.《中国女性职工发展纲要(2011-2020 年)》终期统计监测报告[N]. 中国信息报,2021-12-22(002).

[8] 方强, 方海韵. 论性骚扰——性骚扰问题面面观[J]. 中国性科学, 2002(04): 2-6.

[9] 廉启国,左霞云,楼超华. 大学生遭受言语性骚扰及其与健康危险行为的关系[J]. 中国学校卫生, 2012, 33(04): 407-409.

[10] 任海涛, 孙冠豪. “校园性骚扰”的概念界定及其立法意义[J]. 华东师范大学学报(教育科学版), 2018, 36(04): 150-157+168.

[11] Tang, T. , & Mccollum, S. Sexual Harassment in the Workplace[J]. PublicPersonnel Management, 1996, 25(1):53-58.

[12] Gilani,I. ,& Waqar, S. Sexual harassment and coping strategies usedby female domestic workers[J]. Pakistan Journal of Psychological Research,2018. 33(2):557-571.

[13] 于雪锋, 刘维. 网络性骚扰的法律规制[J]. 内蒙古社会科学(汉文版), 2009, 30(06): 24-28.

[14] 夏晶,刘思妍.浅谈非全日制用工形式对企业的影响[J].法制博览,2020(24):101-102.

[15] 中华人民共和国劳动合同法实施条例[N].人民日报,2008-09-19(014).

[16] 劳务派遣暂行规定[N]. 中国劳动保障报,2014-01-28(002).